HERMANN BAUER
Philosophenpunsch

SCHÖNE BESCHERUNG Weihnachtszeit in Wien. Im Café Heller finden zeitgleich die Weihnachtsfeier der Bekleidungsfirma Frick und die vorweihnachtliche Debatte eines Philosophenzirkels statt. Die ganze Aufmerksamkeit gilt der offenherzigen Veronika Plank, die mit mehreren Männern des Zirkels auf die eine oder andere Weise verbandelt zu sein scheint. Auch der mysteriöse Fremde an der Bar kann seine Augen nicht von ihr abwenden. Doch die Studentin hat sich nicht nur Verehrer gemacht, schon gar nicht bei den weiblichen Gästen.

Nach einigen Gläsern heißen Punschs kommt es unter den Philosophen zum Streit und Veronika verlässt das Kaffeehaus. Am Abend wird an einem abgelegenen Platz ihre Leiche im frischen Schnee entdeckt. Offenbar wurde sie mit einem Schal erwürgt.

Ganz klar, dass dieser delikate Fall auch Chefober Leopold nicht kalt lässt. Sofort nimmt er die Ermittlungen auf …

 *Hermann Bauer wurde 1954 in Wien geboren. 1961 kam er nach Floridsdorf, wo er 30 Jahre seines Lebens verbrachte. Während seiner Zeit am Floridsdorfer Gymnasium begann er, sich für Billard, Tarock und das nahe gelegene Kaffeehaus Café Fichtl zu interessieren, dessen Stammgast er lange blieb. Seit 1983 unterrichtet er Deutsch und Englisch an der BHAK Wien 10. 1993 heiratete er seine Frau Andrea, der zuliebe er seinen Heimatbezirk verließ. 2008 erschien mit »Fernwehträume« sein erster Kriminalroman, dem neun weitere Krimis um das fiktive Floridsdorfer Café Heller und seinen neugierigen Oberkellner Leopold folgten.*

Bisherige Veröffentlichungen im Gmeiner-Verlag:
Stiftertod (2017)
Kostümball (2016)
Rilkerätsel (2015)
Schnitzlerlust (2014)
Lenauwahn (2013)
Nestroy-Jux (2012)
Verschwörungsmelange (2010)
Karambolage (2009)
Fernwehträume (2008)

HERMANN BAUER

Philosophen-punsch

Ein Wiener Kaffeehauskrimi

GMEINER

SPANNUNG

Personen und Handlung sind frei erfunden.
Ähnlichkeiten mit lebenden oder toten Personen
sind rein zufällig und nicht beabsichtigt.

Besuchen Sie uns im Internet:
www.gmeiner-verlag.de

© 2011 – Gmeiner-Verlag GmbH
Im Ehnried 5, 88605 Meßkirch
Telefon 0 75 75/20 95-0
info@gmeiner-verlag.de
Alle Rechte vorbehalten
1. Auflage 2017

Lektorat: Claudia Senghaas, Kirchardt
Herstellung: Julia Franze
Umschlaggestaltung: U.O.R.G. Lutz Eberle, Stuttgart
unter Verwendung eines Fotos von: sborisov / fotolia.com
Druck: CPI books GmbH, Leck
Printed in Germany
ISBN 978-3-8392-2184-6

»Für meine treueste Leserin, meine Mutter.«

1

Schnee!

Wie zu keiner anderen Zeit im Jahr hofften die Menschen jetzt, ein paar Tage vor Weihnachten, darauf. Sie hofften mit erstaunlicher Beharrlichkeit, obwohl diese Hoffnung durch keine statistischen Daten untermauert wurde und auch der tägliche Wetterbericht keineswegs vielversprechend war. Die Stadt Wien präsentierte sich grau in grau und blieb so für gewöhnlich bis ins neue Jahr hinein. Was nützte es aber, wenn der Himmel sich dann, im Jänner oder Februar, einmal öffnete und seine weiße Pracht über die Straßen ausschüttete? Die Autofahrer fluchten, die Schneeräumungsdienste kamen nicht nach, und die Menschen konstatierten verärgert: »Des ham ma braucht!« Jetzt, zu Weihnachten sollte es weiß sein, einen Tick zumindest, nicht nur auf den Postkarten, in den Schaufenstern und in den kitschigen Filmen, sondern auch in der Wirklichkeit.

Weiße Weihnachten – das gab dem Fest doch erst seinen Sinn, oder? Beinahe jeder erinnerte sich verklärt an Momente seiner Kindheit, als die Flocken genau im richtigen Moment zur Erde niedergefallen waren, um die Herzen der Menschen zu erwärmen und ein Leuchten in ihre Augen zu bringen. Blieb der Schnee zum Weihnachtsfest aus, galt das als schlechtes Omen, vielleicht sogar als Vorbote des Klimawandels. Man war dann einfach nur mit der halben Freude dabei.

Frau Heller, die Chefin des gleichnamigen Floridsdorfer Traditionscafés, hielt sich in diesen Tagen weniger als sonst in ihrer kleinen Küche auf. Auch das Legen von Patiencen oder das Lösen von Rätseln, wenn gerade wenig zu tun war, ließ sie bleiben. Immer öfter stand sie hinter der Theke, blies den Rauch ihrer Zigarette sinnierend durch ihre Nasenlöcher und schaute durch die großen Fenster hinaus ins Freie. Wie so viele andere, hoffte auch sie auf Schnee.

»Ein paar Flankerln könnte es doch wenigstens herunterschneien«, meinte sie kopfschüttelnd zu Leopold, während sie die Asche abstaubte. »Da käme man gleich ein bisschen in weihnachtliche Stimmung.«

Oberkellner Leopold enthielt sich jeglichen Kommentars. Schweigend, nur begleitet von einem diensteifrig genäselten »Bitte sehr, der Herr«, »Wohl bekomm's die Dame«, ging er von Tisch zu Tisch und servierte den kleinen Braunen, die Melange oder das Achtel Rot. Schnee! Bloß das nicht, oder zumindest so spät wie möglich, denn ganz verhindern ließ sich diese Caprice des Winters offenbar nicht. Schnee war für Leopold etwas, das endgültig seinen flüssigen Aggregatzustand einnahm, sobald ein Gast von der Kälte draußen in die lauschige Wärme des Kaffeehauses wechselte. Dann rann der Saft unweigerlich von den Haaren auf die Brille, von der Brille auf den Mantel, vom Mantel auf die Schuhe und von dort oder irgendwo anders auf den Boden. Überall bildeten sich Tröpfchen, kleine Lackerln und Pfützen. Und wenn ein Gast dann noch unvorsichtigerweise seinen Mantel anbehielt, während er auf der gepolsterten Bank Platz nahm, war das Unglück vollends geschehen. Dann konnte es Stunden, Tage und Wochen dauern, bis alles trocken wurde und man wieder jemanden dorthin setzen konnte.

Frau Heller blickte verklärt zur Straßenbahnhaltestelle, die unmittelbar vor dem Café Heller lag, hinaus. »Wissen Sie noch, wie es früher war, Leopold?«, erinnerte sie sich. »Früher, als hier noch offene Straßenbahngarnituren gefahren sind? Da haben unsere Schüler vom Gymnasium nebenan nur auf den ersten Schnee gewartet. Kaum war es so weit, haben sie sich unweit der Haltestelle versammelt und die armen Menschen in der Straßenbahn mit Schneebällen beworfen, sobald ein Zug losfuhr. Und unsere Fenster haben natürlich auch etwas abgekriegt.«

»Heute schießen die Schüler bereits mit ganz anderen Dingen«, bemerkte Leopold knapp. »Da wären die Menschen in der Straßenbahn tot und unsere Fenster kaputt.«

»Leopold, Leopold, Ihnen fehlt jeglicher Sinn für Nostalgie und Romantik«, seufzte Frau Heller. »Glauben Sie, ich bemerke es nicht? Sie denken schon wieder an alle möglichen Verbrechen. Dabei steht Weihnachten vor der Tür! In dieser Zeit sollten die Menschen doch wirklich friedlich miteinander umgehen.«

»Friedlich? Das würde Ihnen so passen!«, zischte Leopold jetzt angriffslustig in Richtung seiner Chefin. Er gab es nicht gern zu, aber mit dem Tod seiner Eltern war der Zauber der Weihnacht für ihn erloschen. Er hatte nun niemanden mehr, dem das Feiern des Festes, das traute Zusammensein um den Christbaum, das Geben und Nehmen von Geschenken ein Anliegen war. Aus Gewohnheit blieb er stets noch zur Bescherung der Familie Heller im Kaffeehaus, wo er dann auch ein schönes Packerl mit wertvollem Inhalt erhielt, verabschiedete sich aber immer beizeiten mit einem »Vielen Dank und fröhliche Weihnachten, wir sehen uns eh bald wieder, die Feiertäg gehen ja auch einmal vorbei.« Damit zog er sich in die Heiligkeit seiner eigenen vier Wände zurück.

»Zu Weihnachten kommen die Menschen zusammen, um sich zu zeigen, wie viel sie einander bedeuten«, machte ihn Frau Heller jetzt aufmerksam.

»Diese Ansicht kann ich nicht mit Ihnen teilen«, erwiderte Leopold. »Die meisten Menschen, die zu Weihnachten zusammenkommen, mögen einander nicht, müssen aber so tun als ob und lieb zueinander sein. Und das bietet natürlich ungeahnte Möglichkeiten für Streitigkeiten, Aggressionen und verdeckten Hass, bis zu dem Punkt, wo einer einfach beschließt, den anderen auszulöschen, weil er sein Gesicht nicht mehr sehen kann. In Weihnachten steckt ein geradezu ungeahntes Potenzial für Verbrechen, wenn Sie mich fragen!«

»Das habe ich geahnt, dass Sie nicht nur hinter jeder Ecke, sondern auch hinter jedem Christbaum einen Mörder lauern sehen. Das ist bei Ihnen schon chronisch«, schüttelte Frau Heller den Kopf. »Aber ich werde mir meine gute Laune nicht von Ihren griesgrämigen Bemerkungen verderben lassen, Leopold. Ich kann auch nichts dafür, dass Sie höchstwahrscheinlich wieder einmal niemanden haben, der das Fest mit Ihnen feiert.«

»Das ist es nicht«, verteidigte sich Leopold. »Sie schätzen die Lage leider völlig falsch ein. Sie wollen nicht einsehen, dass gerade der Zwang zur Nähe und zum friedlichen Umgang miteinander, der von Weihnachten ausgeht, zur Gewalt führt. Schauen Sie sich doch die ganzen Weihnachtsfeiern an, zum Teil auch die in unserem Lokal: Zuerst schenken sich die Leute etwas, dann trinken sie, dann fangen sie an zu streiten, und dann fliegen die Fetzen.«

Leopold erinnerte sich an eine derartige Weihnachtsfeier, bei der sich ein junger Angestellter in betrunkenem Zustand seinem Chef gegenüber zu viel herausgenommen hatte und von diesem dafür auf äußerst entwürdigende Art vor der restlichen Belegschaft bloßgestellt worden war. Beinahe wäre es daraufhin zu Handgreiflichkeiten gekommen. Herr Heller hatte die Angelegenheit schnell unter Kontrolle gehabt, aber ein unguter Nachgeschmack war bei allen Beteiligten und Gästen geblieben.

»Wenn Sie die Feier der Firma Elektro-Hahn meinen, so war das eine Ausnahme«, beeilte sich Frau Heller zu bemerken. »Ansonsten verlaufen die vorweihnachtlichen Feste bei uns ausgesprochen harmonisch. Heute kommt zum Beispiel die Bekleidungsfirma Frick, und unser Philosophenzirkel hat die letzte Diskussionsrunde vor dem Heiligen Abend. Ich verspreche Ihnen, es wird geradezu idyllisch.«

Idyllisch! Mit einem solchen Wort konnte man Leopold vertreiben. Es war so nichtssagend, so ohne Ecken und Kanten. Es klang nach barockem Schäferroman und hatte mit der Wirklichkeit etwa so viel zu tun wie die Fernsehverfilmung eines Buches von Rosamunde Pilcher. Gerade deshalb schien es seiner Chefin offenbar zu gefallen. Ihn würde jedenfalls am heutigen Abend alles andere als eine Idylle erwarten. Seinem Kollegen Waldemar ›Waldi‹ Waldbauer war nämlich die Herrenbekleidungsfirma zugeteilt worden wie jedes Jahr. Dort würde er wieder verkrampft höflich herumscharwenzeln und sich ein einigermaßen anständiges Trinkgeld holen. Ihm, Leopold, blieben damit die Philosophen, wo man aufpassen musste, dass die Leute die spärliche Anzahl an Getränken, die man ihnen an den Tisch servieren durfte, auch wirklich bezahlten. Auf Trinkgeld zu hoffen, war in diesem Fall äußerst verwegen. Schon jetzt kam sich Leopold vor wie das arme Jesulein in der Krippe im Stall, aber ohne Aussicht auf die Heiligen Drei Könige und ihre Geschenke.

Dabei hatte er im Laufe der Zeit einige Sympathien für den Philosophenzirkel entwickelt. Eigentlich war der Begriff ein liebevoller Ausdruck für eine Gruppe einsamer Menschen, die nach und nach durch lebhafte Diskussionen im Café Heller zueinander gefunden hatten. Begonnen hatte alles mit einem Mann und einer Frau, die ein Problem gewälzt und von allen möglichen Seiten betrachtet hatten. Das Gespräch hatte einen älteren Herrn angelockt – ob wegen der Frau oder wegen des aktuellen Themas, wurde nie ganz geklärt – und in dieser Tonart ging es weiter. »Darf ich mich kurz zu Ihnen setzen?« – »Entschuldigen Sie, aber meiner Meinung nach verhält sich die Sache ganz anders.« – »Wenn ich mir einen kleinen, bescheidenen Einwand erlauben dürfte.« – Mit der Zeit waren noch ein paar neue Menschen dazugestoßen, die sonst allein saßen und von denen man bisher nie genau gewusst hatte, was sie dachten, wenn sie fortwährend gedankenverloren in die Luft starrten. Man begann, sich in der Gruppe wohlzufühlen, die rasch auf eine Größe von etwa acht Teilnehmern anwuchs, und traf sich nun regelmäßig. Auch Leopolds Freund Thomas

Korber, Lehrer für Deutsch und Englisch am benachbarten Gymnasium, war bereits Mitglied des Zirkels. So hörte Leopold dem Disput gern zu, wann immer er konnte, die Philosophen wiederum beanspruchten ihn als ihren ›Stammober‹. Schade nur, dass diese gegenseitige Zuneigung an Tagen wie heute mit empfindlichen materiellen Einbußen verbunden war.

Da blieb Leopold nichts anderes übrig, als sich manchmal, wenn er sich unbeobachtet fühlte, zu trösten, indem er ehrfurchtsvoll hinauf in die luftigen Höhen oberhalb der Theke blickte, von wo ein stattlicher Adventkranz herunterleuchtete, an dem bereits drei Kerzen brannten und auf diese Art und Weise das Nahen der Geburt Christi verkündeten. Es war ein schöner, ein herrschaftlicher Kranz, der das gesamte u-förmige Lokal zu überblicken schien: den großen hinteren Teil mit den Kartentischen, der noch ein wenig dahinschlummerte, die drei Billardtische in der Mitte, an derem mittleren bereits eine Partie gespielt wurde, sowie den vorderen Bereich mit den runden Tischen, kleinen Logen und Fensterplätzen, in dem die meisten Gäste jetzt mit Kaffeetrinken und dem Lesen von Zeitungen beschäftigt waren und das taten, was sie im übrigen Kaffeehaus nicht mehr tun durften – sie rauchten. Es war ein Kranz, der sofort die Aufmerksamkeit jedes Eintretenden auf sich zog und ihn zu einem kurzen, demutsvollen Nicken nötigte. Wenn alles gut ging, konnte Leopold dann nach einigen bescheidenen Hinweisen auf die lange Tradition dieses Kranzes, seine Besonderheiten und seine Vorzüge gegenüber allen anderen Adventkränzen der Umgebung von Menschen, die guten Willens waren, eine kleine Kranzspende einstecken und seinen Etat damit ein wenig aufbessern.

Mehr traute er sich von Weihnachten ja gar nicht zu verlangen.

*

Frau Heller stand jetzt bei den Billardtischen, wo sich ein Mann mit leicht ergrautem Haar, der mit seinem weißen Kittel aussah wie ein Apotheker in der Mittagspause, allein im Karambolespiel übte. Sie schaute nachdenklich zum Fenster hinaus. Sie wartete immer noch auf Schnee.

Leopold dachte aus einem anderen Grund nach. Er wartete auf seinen Freund Thomas Korber, der bald kommen musste, um wie beinahe jeden Tag nach der Schule einen großen Braunen zu trinken und ein wenig mit ihm zu plauschen. Dabei hatte sich Leopold vorgenommen, diesmal ein heikles Thema anzuschneiden.

Er wusste, dass Thomas Korber mit ziemlicher Sicherheit den Heiligen Abend so wie er allein verbringen würde. Die letzten Jahre schon hatten beide Weihnachten still und zurückgezogen, jeder für sich, gefeiert, keinem war es aber jemals eingefallen, den anderen zu fragen, ob man sich nicht einmal unter dem Motto ›gemeinsam statt einsam‹ an diesem Tag zusammensetzen wolle. Warum, wussten die zwei wohl selbst nicht. Leopold konnte immerhin für sich ins Treffen führen, dass er Korbers kompliziertes Liebesleben genau kannte. Da war man auch zu Weihnachten nie vor einer Überraschung sicher.

Aber was sprach eigentlich sonst gegen einen Heiligen Abend zu zweit? Man konnte eine Kleinigkeit essen, gemeinsam etwas trinken und so die Zeit verstreichen lassen. Man brauchte den dummen Fernsehapparat nicht aufzudrehen. Man schaute nicht auf die Uhr, wann es endlich Zeit war, zu Bett zu gehen. Andererseits würde es keinem der beiden leichtfallen, einen solchen Schritt zu setzen, auch wenn Thomas und er schon lange gute Freunde waren. Es gehörte ein gewisses Maß an Überwindung dazu, die alten, eingefahrenen Wege zu verlassen. Dann musste man sich auch noch einigen, in welcher der beiden Wohnungen das Ganze stattfinden sollte, und so weiter, und so weiter.

Darum scharwenzelte Leopold jetzt auch ein wenig nervös zwischen den Tischen hin und her, brachte einen Tee hierhin und eine Melange dorthin und immer wieder ein frisches Glas Wasser zu einem jungen Mädchen, das allein an einem Tisch beim Fenster saß, fahrig in den Zeitungen und Journalen herumblätterte und seit mehr als einer Stunde an einem kleinen Braunen herumzuzelte. Neben sich hatte sie einen prall gefüllten Rucksack stehen. Eine Studentin, die kein Geld einstecken hat, schlussfolgerte Leopold. Von der ist nicht viel zu erwarten. Aber wenigstens lächelt sie mich jedes Mal freundlich an, wenn ich bei ihr vorbeikomme. Ich glaube, die kenne ich sogar. Die war früher einmal öfters hier.

Kaum begann er jedoch, in seiner Erinnerung zu kramen, sicherte sich Thomas Korber seinen Stammplatz an der Theke und bestellte lautstark seinen Kaffee. »Na, wie geht's, Leopold?«, erkundigte er sich dann und fragte mit einem Seitenblick auf Frau Heller: »Was ist denn mit der heute los?«

»Es ist jedes Jahr dasselbe«, erteilte Leopold Auskunft. »Weihnachten kommt, und die Chefin wird sentimental. Sie wartet auf ein bisserl was Weißes von oben, dann geht's ihr wieder besser.«

»Ja, Weihnachten. Das lässt eben immer noch niemanden kalt. Außer vielleicht mich«, meinte Korber augenzwinkernd, während er in seiner Kaffeetasse umrührte.

»Was wirst du denn zu Weihnachten Schönes machen?«, fragte Leopold vorsichtig.

»Das weißt du doch genau«, sagte Korber. »Ich werde mich mit einer Flasche Rotwein vor den Fernseher setzen und den Abend so richtig genießen. Das Programm ist gar nicht so übel. Wenn ich da an früher denke …«

»Also wieder allein«, murrte Leopold. »Das ist typisch. Anstatt dass du einmal mit jemandem gemeinsam …«

»Aber mit wem soll ich denn feiern?«, fiel Korber ihm ins Wort. »Meine Eltern wohnen in Baden, 30 Kilometer von hier, aber ohne Auto ist das ein ganz schönes Stück. Und dann noch mitten in der Nacht zurück. Nein, das ist nichts, die besuche ich lieber am Stefanitag. Und sonst? Fortgehen mag ich nicht. Ich brauche Ruhe, in der Schule ist es jetzt ohnehin so hektisch.«

»Es gibt auch noch andere Möglichkeiten«, versuchte Leopold, eine Andeutung zu machen. Dabei fiel sein geschulter Blick wieder auf das junge Mädchen beim Fenster, das jetzt wie wild nach vorn gestikulierte. Er füllte deshalb erneut ein Glas mit Wasser und brachte es an ihren Tisch. Aber diesmal schien sie ihn gar nicht zu beachten. Es war Korber, den sie anstrahlte. »Thomas!«, rief sie. »Thomas, so schau doch endlich her. Erkennst du mich denn gar nicht?«

»Mein Gott, Julia!«, entfuhr es Korber, der sich soeben eine Zigarette in den Mund stecken wollte. »Was machst du denn da?«

»Auf dich warten«, antwortete sie und winkte ihn dabei zu sich. »Macht es dir etwas aus, meinen Kaffee zu zahlen? Ich bin im Augenblick verdammt knapp bei Kasse.«

»Nein, nein, kein Problem.« Korber lächelte verlegen. »Wie geht es dir?« Er setzte sich ein wenig gedankenverloren zu Julia an den Tisch. Julia Leichtfried war eine ehemalige Schülerin von ihm, die vor zwei oder drei Jahren maturiert hatte. Seither hatte er sie nicht mehr gesehen. Was tat sie hier? Und warum behauptete sie, sie habe auf ihn gewartet?

»Im Moment geht's mir gar nicht gut«, seufzte Julia. »Mit einem Wort: Ich sitze so richtig in der Tinte. Mein Freund hat mich hinausgeworfen. Einfach so. Und das vor Weihnachten.«

»Das ist nicht schön«, gab ihr Korber recht. »Aber wenn es mit euch nicht mehr geklappt hat, ist es wahrscheinlich besser so.«

»Von wegen. Kannst du mir bitte sagen, wo ich schlafen soll?«

Korber erinnerte sich, dass Julia aus einem intakten Elternhaus kam. »Ich denke, dein Vater und deine Mutter werden nichts dagegen haben, dich wieder bei sich aufzunehmen«, sagte er.

»Das ist es ja gerade, was überhaupt nicht geht«, erklärte Julia ihm. »Ich bin damals wegen Freddy mit großem Tamtam von zu Hause ausgezogen. Mein Vater hat deswegen einen halben Herzinfarkt gekriegt. Er hat mich angebrüllt, dass alles schieflaufen würde, ich aber dann ja nicht mehr zu Mutter und ihm zurückzukommen bräuchte.«

»Aber zu Weihnachten wird es doch nicht gar so streng abgehen. Da werden sie schon ein Platzerl für dich haben, bis du etwas anderes gefunden hast«, versuchte Korber, sie zu beschwichtigen.

»Die arme Studentin wird wieder in den Kreis der Familie aufgenommen? Und versammelt sich mit den anderen reumütig unterm Christbaum, dass sogar dem Papa eine Träne im Aug zerquillt? Niederlage! Du glaubst doch selbst nicht, dass ich das tue«, erklärte Julia entschieden.

»Dann gibt's sicher eine Freundin, bei der du kurz unterschlüpfen kannst«, überlegte Korber.

»Gäbe es«, berichtigte Julia im lupenrein geformten Konjunktiv. »Aber Elfriede bekommt zu Weihnachten Besuch, da wird es eng, und sie kann mich nicht brauchen.«

Korber dachte angestrengt nach, schien aber jetzt mit seinem Latein am Ende zu sein.

»Ich dachte, ich könnte ein paar Tage bei dir bleiben«, sagte Julia plötzlich.

Diese Worte schreckten ihn jäh aus seinen Gedanken auf. »Bei mir? Unmöglich!«, wehrte er ab.

»Warum? Du wohnst doch immer noch allein. Und bist nach wie vor überzeugter Single«, meinte Julia ungerührt. »Das habe ich in deinem Porträt auf der Schulhomepage gelesen.«

»Trotzdem kommt es eher ungelegen«, versuchte Korber zu retten, was zu retten war. Er geriet nun ein wenig ins Schwitzen. Für Verhandlungen dieser Art war er einfach nicht geschaffen.

»Es ist doch nur für kurze Zeit«, redete Julia, die im Gegensatz zu ihm immer bestimmter wurde, auf ihn ein. »Nach Silvester reisen Elfriedes Freunde wieder ab, und dann kann ich bei ihr wohnen.«

»Schau mal. Wenn ich es mir überlege, ist das alles mit zu großen Schwierigkeiten ...«

»Kannst du dich noch an unsere Maturafeier erinnern?«, unterbrach sie ihn jetzt beinahe ein wenig grob.

Und ob Korber das konnte. Es war ein heiterer, ausgelassener Abend gewesen, an dem er sich zu späterer Stunde im kleinen Kreis ein wenig an Julia herangemacht hatte. Ein wenig nur, und alles im Rahmen des guten Anstandes, wie er zu wissen glaubte.

»Du warst damals ganz schön in Fahrt«, fuhr Julia unbeirrt fort. »Es war schon okay, das bisschen Schmusen hat mich nicht gestört. Hast mir ja auch vorgeschwärmt, dass ich immer deine Lieblingsschülerin gewesen bin. Was aber das Wichtigste ist: Du hast mir damals etwas hoch und heilig versprochen, nämlich dass du immer für mich da sein wirst, wenn ich dich brauche. Richtig aufgedrängt hast du dich. Und jetzt willst du auf einmal nichts mehr davon wissen.«

Leider hatte Julia recht. Korber fiel's wie Schuppen von den Augen. Manchmal, wenn ihn der Alkohol in die richtige Laune versetzt hatte, neigte er zu einer solchen unvorsichtigen Gönnerhaftigkeit. Wenngleich er sich nicht eingestehen wollte, dass es leicht dahingesagte

Worte waren, fielen sie doch stets im Vertrauen darauf, dass der oder die Angesprochene keinen Gebrauch von diesem Angebot machen würde.

»Na, erinnerst du dich?«, bohrte Julia nach.

»Natürlich, natürlich. Andererseits kommt das alles jetzt doch ein wenig überraschend.«

»Ja, entschuldige, gestern hab ich's auch noch nicht gewusst. Das ist nämlich ein wirklicher Notfall, und es wäre total mies von dir, wenn du mir nicht aus der Patsche helfen würdest.«

Leopold, der über die unerwartete Unterbrechung seines mit Thomas Korber angebahnten Gespräches alles andere als erfreut war und natürlich große Teile der Unterhaltung mitverfolgt hatte, brachte Julia mit versteinertem Gesicht ein weiteres Glas Wasser und knallte Korber noch einen Kaffee vor die Nase. »Vorsicht, heiß«, raunte er ihm dabei zu. »Nur nicht die Finger verbrennen.« Es war ein letzter Versuch, das Unvermeidliche abzuwenden.

Korber blickte nur kurz auf, dann seufzte er, hin- und hergerissen seinen Kaffee umrührend, zu Julia: »Ich weiß gar nicht, wie du dir das vorstellst. Wie soll denn das gehen?«

»Ganz einfach. Erstens: Ich bin brav und genügsam. Zweitens: Meine wichtigsten Sachen sind da in dem Rucksack. Drittens: Den Rest hole ich mir gleich von Freddy. Viertens: Ich weiß, wo du wohnst. Fünftens: Es wäre hilfreich, wenn du einen zweiten Schlüssel hättest. Ist doch einfach, oder?«

»Langsam, langsam. Ich habe noch nicht Ja gesagt.« Korber spürte, dass er weich wurde.

Julia spürte das auch und bearbeitete ihn noch kurz auf die sanfte Tour. »Ich weiß, es ist nicht leicht für dich«, flötete sie. »Ich hab dich so richtig überfallen, stimmt's? Aber ich hab halt so auf dich gehofft. Und gefreut hab ich mich auch, dich wiederzusehen, nach so langer Zeit. Bitte versteh mich nicht falsch, ich lass dir schon dein Eigenleben, aber ein bisschen wären wir ja doch zusammen und könnten uns sicher so einiges erzählen.«

»Also gut«, gab Korber zähneknirschend nach. »Aber nur die paar Tage, hörst du? Nur bis Neujahr. Längstens!«

Ein Ausdruck der Erleichterung huschte über Julias Gesicht, und zum Dank kniff sie ihn kurz in die Wange. »Ich hab gewusst, dass du ein feiner Kerl bist«, sagte sie. »Ich hole nur noch schnell meine paar Sachen, dann komme ich zu deiner Wohnung. Könntest du vielleicht in der Zwischenzeit meinen Rucksack …«

»Mitnehmen? Ja, natürlich! Und den Kaffee zahlt der Herr Professor natürlich auch. Er wird überhaupt in nächster Zeit so einiges bezahlen, wenn ich mich nicht sehr täusche.« Leopold, der plötzlich wieder neben den beiden stand, machte seinem Ärger ordentlich Luft. Den gemeinsamen Heiligen Abend mit seinem Freund Thomas konnte er sich jetzt wohl in die Haare schmieren.

*

Kein gemeinsames Fest, kein Verbrechen. Leopold war über die Entwicklung der Dinge alles andere als glücklich. »Ich verstehe dich nicht. Wie kannst du dir so etwas antun, jetzt, knapp vor Weihnachten?«, fragte er Korber, kaum dass Julia gegangen war.

Korber prüfte das Gewicht des Rucksackes. »Was hätte ich denn tun sollen?«, verteidigte er sich achselzuckend. »Irgendwie muss man dem Mädchen doch helfen. Immerhin war sie meine Schülerin, eine gute auch noch dazu. Außerdem: Hast du dich nicht gerade vorhin darüber ausgelassen, dass ich zu Weihnachten ständig allein bin?«

»Das heißt ja nicht gleich, dass du dich mit dem nächstbesten Mädchen, das hereinschneit, unter den Christbaum legen sollst«, reagierte Leopold wütend.

»Jetzt tust du Julia aber gewaltig Unrecht.«

»Unrecht? Sei vorsichtig. Das Mädchen hat keinen Groschen Geld in der Tasche. Das werden teure Feiertage.«

»Und wenn schon. Es kommt der Heilige Abend, Leopold. Da soll man Gutes tun. Die Arme tut sich sonst vielleicht noch etwas an.«

»So hat sie mir nun wirklich nicht ausgeschaut. Eher so, als ob sie *dir* etwas antun würde.«

Korber zog die Augenbrauen in die Höhe. »Oh, sind der Herr etwa eifersüchtig?«, fragte er mit leisem Spott. »Ich kann leider nichts dafür, dass du dich zum Weihnachtsfest immer einmauerst und keinen Menschen sehen willst. Ich bin eben ein offener Mensch. Ich muss dir ja nicht alles nachmachen.«

»Musst du nicht. Musst du überhaupt nicht«, grantelte Leopold weiter. »Aber eine gewisse Ordnung solltest du schon in deine Weibergeschichten bringen. Warst du nicht unlängst mit der Bauer Geli im Kino? Hast du mir nicht vorgeschwärmt, wie prächtig ihr euch unterhalten habt? Na, die wird schön schauen, wenn sie erfährt, wie großzügig du auf einmal über die Feiertage Logis gibst.«

Korber musste zugeben, dass er sich in letzter Zeit ein wenig für Geli, die vor einigen Jahren auch zu seinen Schülerinnen gehört hatte, interessierte, und er wusste, dass Leopold die Entwicklung dieser Beziehung mit besonderem Interesse verfolgte. »Das mit der Geli läuft auf rein freundschaftlicher Basis«, entgegnete er schnell. »Und die Geschichte mit Julia ist ein Akt der Nächstenliebe, sonst nichts. Ich sehe nicht, warum es da zu irgendwelchen Problemen kommen sollte.«

»Wie du meinst. Wenn der Herr alles im Griff hat – wozu ich mich jetzt nicht mehr äußere –, ist es ja gut. Aber verlang ja nicht, dass ich dir zur Seite stehe, wenn du dich wieder einmal nicht auskennst. Diese Weihnachten brauche ich meine heilige Ruhe, da will ich niemanden hören und niemanden sehen.«

»Na schön, ich muss jetzt gehen. Vielleicht sehen wir uns ja noch am Abend, beim Philosophenzirkel. Ich hoffe, es geht sich aus. Das ist heute wieder ein furchtbar komplizierter Tag«, sinnierte Korber. Dabei fasste er kurz in die Innentasche seines Mantels. »Ach ja, ehe ich es vergesse«, erinnerte er sich plötzlich. »Da habe ich noch diesen Brief von deiner Tante Agnes. Du wolltest ihn mir gestern zeigen. Dann hast du ihn auf meinen Schulnotizen liegen lassen, und ich habe ihn aus Versehen eingesteckt.«

Korber nahm das immer noch verschlossene Kuvert heraus. Am Vortag war Leopold plötzlich damit vor ihm aufgetaucht und hatte behauptet, er bekäme eben im Gegensatz zu Korber noch Weihnachtspost von Verwandten. Es hätte der Ausgangspunkt zu einer kleinen Pflanzerei werden sollen, aber über einer größeren Bestellung, um die sich Leopold kümmern hatte müssen, war der Brief schnell wieder in Vergessenheit geraten und schließlich ungeöffnet in Korbers Schultasche gelandet.

»Ja, die Tante Agnes aus Weitra im Waldviertel«, entfuhr Leopold jetzt wieder ein Lächeln. »Die schreibt halt noch richtige Weihnachtsgrüße, keine E-Mails und so.«

»Woher willst du das wissen? Du hast den Brief immer noch nicht aufgemacht.«

»Mein Gott, was soll die Agnes denn sonst schreiben?« Hastig nahm Leopold das Kuvert in die Hand. Es würde doch nichts passiert sein? Leopold bekam jetzt doch ein schlechtes Gewissen, denn er dachte nicht oft an seine Tante, seit sie da oben auf der Landkarte, weit weg von ihm, wohnte. Seit kurzer Zeit lebte sie ja allein. Ihr Mann, sein Onkel Ignaz, hatte im Sommer plötzlich das Zeitliche gesegnet. Beim Begräbnis an einem kühlen, regnerischen Julitag hatte Leopold Agnes Windbichler zum letzten Mal gesehen. Damals hatte sie ihm leidgetan. Ein wenig kleiner als früher war sie ihm vorgekommen, ein wenig zarter, wohl gezeichnet von der Trauer und dem Schicksalsschlag. Ob sie sich schon wieder erholt hatte?

Ein bisschen hatte sie schon wieder gelächelt, als er ihr nach der Trauerfeier zum Abschied die Hand gedrückt und anstandshalber gemurmelt hatte: »Weißt eh, Tante Agnes, wenn du einmal etwas brauchst ...«

»Tschopperl«, hatte sie da gleich abgewunken. »Ich komm schon zurecht. Ich hab genug Freunde hier, die mir helfen, und deine Cousine Gerda ist zwar in München mit ihrem Mann und den Kindern, aber gelegentlich wird sie ja vorbeischauen.«

Das war's dann auch schon wieder gewesen. Na ja, seine Tante einmal besuchen fahren hätte Leopold schon können an einem Sonntag, einfach schauen, was sie so trieb. Aber der Alltag hatte ihn sie und ihr Schicksal allmählich wieder vergessen lassen. Er hatte darauf vertraut, dass sie immer eine robuste Frau gewesen war, die mit dem Leben gut fertig wurde. Nicht einmal angerufen hatte er sie und sich damit getröstet, dass sie das Telefonieren nie so wirklich gemocht hatte. Es war schon ein Kreuz mit den Verwandten. Ihre Anwesenheit ging einem zwar oft auf die Nerven, aber wenn man sie nicht ständig um sich hatte, konnte es leicht sein, dass man übersah, dass es sie gab. Und jetzt hielt Leopold diesen Brief in seinen Händen, den er schon wieder beinahe vergessen hatte und der so bei seinem Freund Thomas Korber gelandet war.

»Nun mach endlich auf«, drängte Korber. »Ich will wissen, was drin steht.«

»Geht dich eigentlich gar nichts an«, gab Leopold unwirsch und auch ein bisschen nervös zurück. Schön langsam war er selbst neugierig auf den Inhalt des Briefes. Jedenfalls sah er auf den ersten Blick, dass es da mehr zu lesen gab als bloß ein paar Weihnachtswünsche.

›Lieber Leopold!‹, begann er mühsam, die Schrift seiner Tante zu entziffern. ›Ich möchte mich jetzt, knapp vor Weihnachten, noch einmal für deine Anteilnahme anlässlich des Todes meines geliebten Mannes, deines Onkels Ignaz, bedanken. Nun sind bereits wieder einige Monate ins Land gezogen, und das Schicksal lässt sich langsam leichter ertragen. Deine Cousine Gerda ist immer wieder aus München gekommen, hat mich besucht und sich ein wenig um mich gekümmert. Die Leute hier in Weitra sind auch sehr lieb und lassen mich nicht im Stich. Trotzdem – es kommt der Winter, Leopold, es wird kalt, und die Nächte sind furchtbar lang. Da ist es schwer für eine arme, alte Frau wie mich. Ich denke zu viel nach. Gerda kommt mich erst übers neue Jahr wieder mit ihrem Mann besuchen. Aber ich gehöre doch jetzt auch unter die Leute, wo das schönste Fest des Jahres seinen Einzug hält. Da habe ich an dich und deine nette Einladung gedacht.‹

Einladung? Leopolds Hände begannen unmerklich zu zittern. Konnte man wirklich so weit gehen, sein damaliges Höflichkeitsangebot als *Einladung* aufzufassen? Angespannt las er weiter:

›Ich werde deshalb zu Weihnachten zu dir kommen. Ich war schon lange nicht in Wien und freue mich auf diese große, schöne Stadt. Vielleicht kennen mich noch ein paar Leute von früher, das heißt, hoffentlich leben meine Bekannten überhaupt noch. Jedenfalls werden wir uns ein paar schöne Tage machen und ein friedliches Fest miteinander feiern. Für deine Unkosten werde ich selbstverständlich aufkommen.

Ich komme am Freitag, dem 20. Dezember, um dreiviertel elf bei euch am Franz-Josefs-Bahnhof an. Es wäre furchtbar nett, wenn du mich abholen würdest, aber wenn sich das mit deinem Dienst nicht ausgeht, weiß ich ja immerhin, wo das Kaffeehaus ist, in dem du arbeitest.

Ich freue mich schon sehr auf unser Wiedersehen!

In Liebe, deine Tante

Agnes Windbichler‹

Leopolds Gesicht nahm eine kreideweiße Farbe an, während er den Brief zusammenfaltete. Er musste einen äußerst besorgniserregenden Eindruck machen, denn Thomas Korber war auf das Schrecklichste gefasst. »Was ist los mit deiner Tante?«, fragte er. »Ist sie krank? Geht es zu Ende mit ihr?«

Leopold versuchte mit Mühe, seine Fassung wiederzuerlangen. »Viel schlimmer«, kam es kaum hörbar aus seinem Mund. »Sie kommt. Morgen schon. Und über die Feiertäg bleibt sie dann auch.«

2

Es wurde jetzt früh dunkel. Die Dämmerung kroch ab dem Mittag heran, unbarmherzig wie die Kälte. In den Wohnungen musste man oft schon zeitig am Nachmittag das Licht aufdrehen, um noch etwas zu sehen. So entstand an den Häusern rasch ein heller Tupfen neben dem anderen, die zusammen mit der Straßenbeleuchtung bald eine unübersehbare Lichterkette bildeten, obwohl offiziell noch Tag war.

An den meisten dieser Lichttupfen deuteten geschlossene Vorhänge und heruntergelassene Jalousien an, dass man jetzt unter sich sein und niemandem Einblick in sein Privatleben gewähren wollte. Bei einer kleinen Wohnung in der Pilzgasse war das jedoch anders. Dort konnte an diesem Donnerstagnachmittag jeder hineinschauen, der Lust und Gelegenheit dazu hatte. Und das Dargebotene war nicht von schlechten Eltern: Ein nackter Frauenrücken vollführte allerlei laszive Bewegungen, vor allem dessen delikater unterer Teil wippte so schamlos hin und her, dass nicht viel Vorstellungskraft dazu gehörte, die Art des Vorganges und den männlichen Gegenstand, der darin verwickelt war, zu erraten.

Veronika Plank liebte es, sich öffentlich so zur Schau zu stellen. Es vervollkommnete ihre Befriedigung, wenn sie sich ausmalte, dass sie ein geiler alter Bock oder dessen angewiderte Ehefrau vom gegenüberliegenden Haus beobachteten. Im Sommer hatte sie ihre Fenster weit geöffnet, um die ganze Nachbarschaft auch akustisch an ihrem Liebesleben teilhaben zu lassen. Jetzt war es leider zu kalt dazu.

Aufgrund dieser exhibitionistischen Neigung und einer gewissen Unregelmäßigkeit in der Wahl ihrer Partner wurde sie in ihrer Umgebung nur ›die kleine Hure‹ genannt. Sicher ein zu hart gewählter Ausdruck, ein vorschnelles Urteil. Gerechter wurde man Veronika Plank, wenn man ihr eine allgemeine Unangepasstheit und eine Tendenz zum Flatterhaften attestierte. Für ihre Lebensauffassung war sie wahrscheinlich zu spät geboren. Sie hätte gut in die Zeit Ende der 60er-Jahre gepasst: Make love, not war! Sex, drugs – ein paar nicht nennenswerte Versuche – and rock and roll! Nieder mit der Bourgeoisie! Mit diesen Mottos von damals kam man der Wirklichkeit schon näher.

Sie hatte sich in einigen Studienrichtungen versucht, ehe sie schließlich beim Fach Biologie gelandet war. Dort hatte sie jenen Mann kennengelernt, der gerade unter ihr langsam dem höchsten Lustgewinn entgegenstrebte: Jochen Angerer, Anfang 30 und damit etwas älter als sie, ewiger Student. Er hatte sie zur Tierschützergruppe PTA gebracht, die mit manchen ihrer Aktionen bereits in der Tagespresse und vor Gericht gelandet war. Dort konnte Veronika ihrem Hang zu Protesten, Demonstrationen und jeder anderen Art des antibürgerlichen Sich-zur-Schau-Stellens freien Lauf lassen. Es verursachte bei ihr ein ähnliches Prickeln wie beim jetzigen halböffentlichen Geschlechtsakt, wenn sie dabei war, die Grenzen der Legalität auszuloten.

Als alles vorüber war, lehnte Veronika, angenehm entspannt, am offenen Fenster und blies den Rauch ihrer

Zigarette durch beide Nasenflügel ins Freie. Dabei ließ sie, obwohl sie sich in eine Decke eingehüllt hatte, genug von ihren Brüsten sehen, um Voyeuren wie Moralaposteln gleichermaßen einzuheizen. Sie dachte nach. Sie war sich seit geraumer Zeit ziemlich sicher, dass sie dieses Leben trotz allem nicht so weiterführen wollte.

Angerers hagere Gestalt lag auf dem Rücken im Bett. Er paffte ebenfalls und beobachtete mit seinen kurzsichtigen Augen durch die dicke Hornbrille, wie der Rauch Richtung Decke zog. »Du gehst heute Abend zu diesem ... Treffen?«, fragte er nach einer Weile.

»Zum Philosophenstammtisch? Ja, das weißt du doch«, kam die Antwort. Veronika blieb dabei von ihm abgewendet. Sie hatte erwartet, dass er sie darauf ansprechen würde.

»Ich möchte nicht, dass du hingehst.«

»Sag einmal, was soll das schon wieder? Das geht dich überhaupt nichts an.«

Angerer richtete sich im Bett auf. »Schau, Veronika«, versuchte er sie zu überzeugen. »Wir hatten heute einen tollen Nachmittag. Und da möchte ich nicht, dass du ...«

»Du weißt, dass wir keinerlei Bindung zueinander haben – außer in unserer Gruppe natürlich«, fiel sie ihm ins Wort. Dabei schloss sie das Fenster und drehte sich ihm wieder zu. »Auch wenn der Nachmittag toll war, kann jeder von uns tun und lassen, was er will. Das ist so abgemacht. Das weißt du. Also rede mir bitte in meine Angelegenheiten nicht drein.«

»Vielleicht sind es doch auch meine Angelegenheiten.«

»Ach so. Und warum?«

»Diese Treffen verändern dich. Sie machen einen anderen Menschen aus dir. Ich spüre das.«

»Eifersüchtig? Du hast kein Recht auf mich. Was wir gerade gemacht haben, ist aus Sympathie geschehen. Mehr ist es nicht. Auch das weißt du.«

»Ach komm! So etwas wie Eifersucht hat es doch bei uns nie gegeben. Wir waren immer gleichberechtigte Menschen, du und ich. Gleichberechtigte Verfechter einer Idee. Und darum, nur darum geht es mir. Ich frage mich, ob du dich nicht immer weiter von unseren Idealen entfernst.«

»Und wenn dem so wäre?« Plötzlich, wie eine Bestätigung von Jochen Angerers vorsichtig geäußertem Verdacht, stand die Frage im Raum.

»Es wäre nicht gut.« Angerer lächelte nervös. »Du setzt dich mit diesen bürgerlichen Typen zusammen und plauderst gediegen über Allerweltsthemen. Philosophieren nennt ihr das. Dabei lässt du dich in Dinge hineinziehen, fernab jeder Realität. Es weicht deinen Standpunkt auf. Du engagierst dich kaum mehr bei uns. Bei der Kampagne ›Keine Tiere als Geschenk‹ hast du so gut wie keinen Finger gerührt.«

»Weil man die Kinder und ihre Eltern nur verschreckt hat, anstatt sie darüber aufzuklären, welche Verantwortung sie übernehmen, wenn sie sich zu Weihnachten ein Tier wünschen. Dass Fotos von misshandelten Tieren mit Tannenzweig und Geschenkschleife und der Sprechblase ›Mich hat das Christkind gebracht‹ verteilt wurden, fand ich reichlich geschmacklos.«

»Genau das meine ich. Diese plötzliche Rücksichtnahme. Früher warst du nicht so zimperlich. Da kam dir jede Aktion gelegen, je provokanter, desto besser.«

»Ja, das war eben früher. Du hast recht, ich sehe die Dinge jetzt mit anderen Augen. Ich habe Menschen kennengelernt, die mir beigebracht haben, eine Sache von mehreren Seiten zu betrachten. Ich habe in den letzten Jahren bei vielen Dingen mitgemacht. Ich habe euch oft geholfen, auf mein Risiko, erst unlängst wieder. Es hat Spaß gemacht. Aber im Augenblick kommt mir alles einseitig und so kleinlich vor wie das Spießertum, das du bekämpfen möchtest.«

Jochen Angerer hob dozierend den Zeigefinger: »Du verwechselst einseitig mit eindeutig. Wer keine klare Sprache spricht, der wird seine Anliegen auch nicht durchbringen.« Beide hatten sich in der Zwischenzeit beinahe vollständig angezogen. Das Gespräch hatte dabei den Charakter einer handfesten Auseinandersetzung bekommen.

»Ich höre auf«, verkündete Veronika mit einem Mal entschlossen.

»Du tust ... was?«

»Ich höre auf. Ich mache nicht mehr mit. Ich möchte mein Leben ändern, endlich etwas Sinnvolles tun.«

»Nun komm, das kann doch nicht dein Ernst sein.«

»Doch, es ist mein Ernst«, blieb Veronika fest. »Ich wollte es dir schon die ganze Zeit sagen, habe es aber immer wieder hinausgeschoben. Ich muss an mich denken. Wie ich die letzten Jahre gelebt habe, war das reinste Chaos. Ich muss endlich etwas Sinnvolles tun, das Studium abschließen oder am besten gleich arbeiten. So kann das nicht weitergehen.«

Jochen Angerer hatte sich gefasst. »Du kannst mich nicht im Stich lassen«, sagte er. »Nicht jetzt. Bleib wenigstens noch bis zum Sommer.«

»Und was ist dann? Dann jammerst du mich wieder an«, konstatierte Veronika mitleidlos. Sie hatte ihre Entscheidung schneller getroffen, als sie ursprünglich gewollt hatte. Sie durfte sich jetzt nicht mehr davon abbringen lassen.

»Das sind deine neuen Freunde. Besonders der eine, von dem du immer so schwärmst. Hat er es also fertiggebracht, dich umzudrehen. Na, dann lauf doch zu ihm! Nur zu«, machte Angerer seinem Ärger Luft.

»Vielleicht bin ich nicht die linke Aktivistin, die du in mir siehst«, seufzte Veronika. »Vielleicht habe ich eine Zeit lang bloß ein Ventil gebraucht, um Dampf ablassen zu können.«

Jochen Angerer rang nach Worten. Verzweifelt suchte er nach einer Möglichkeit, Veronika zu halten, aber er spürte, dass er die Situation nicht unter Kontrolle hatte. Eine ohnmächtige Wut stieg in ihm auf und lähmte sein Tun. Er wusste, dass er sie, wenn kein Wunder geschah, hier und jetzt, in diesen Augenblicken, verlieren würde.

Dabei hatte er ein Recht auf sie, er, und nicht irgendein dahergelaufener Schnösel, der ihr mit schöngeistigen Reden eine neue Lebenseinstellung einzuimpfen versuchte. Er war ihr Lehrmeister. Er hatte ihre politische Haltung geformt, ihren Hang zum Aktionismus in die richtigen Bahnen gelenkt. Er und sie waren ein Team, das sich über alle Konventionen hinweggesetzt hatte. Es war nicht wichtig, mit wie vielen Männern sie es trieb, solange sie den Weg mit ihm gemeinsam ging, bei seinen Plänen mitmachte und ihm die Anerkennung und Zuneigung schenkte, die er sich verdiente. Sie durfte nicht einfach so mir nichts, dir nichts aufhören und ihm erklären, dass alles, was er für sie getan hatte, umsonst gewesen war.

»Na schön, ist das dein letztes Wort?«, stieß er hervor. »Ist es damit aus mit dem Kampf um Tierschutz und Gerechtigkeit und gegen die bürgerliche Vereinnahmung der Welt?«

»Ja, es ist aus«, ließ sich Veronika nicht erweichen. »Es gibt nicht nur eine Wahrheit. Und jetzt geh bitte.«

Jochen Angerer blickte ihr noch einmal kurz ins Gesicht. Es sah so aus, als suche er eine Antwort auf den einen Punkt, der noch offen war.

»Ich möchte auch nicht mehr, dass du hierher kommst«, sagte Veronika kaum hörbar. »Wir haben heute das letzte Mal miteinander geschlafen.«

»So habe ich mich also in dir getäuscht«, legte Angerer jetzt los. »Ich habe dich immer für eine Kumpanin, eine Wegbegleiterin gehalten. Ich war der festen Überzeugung, dass du persönliche Sympathien für mich hegst. Ich habe geglaubt, dass dir der Sex mit mir Spaß macht. Es gibt keinen Grund, dass es nicht so ist, außer du bist die verdammteste Lügnerin, die ich kenne.«

»Du willst nicht wahrhaben, dass sich Menschen ändern können.« Veronika blieb bei dem leisen, bestimmten Ton, der ihm wehtat. »Ich habe nur einen Fehler gemacht: Ich war zu feig, es dir zu sagen. Es ist gut, dass es jetzt so gekommen ist. Auch wenn es dir nicht gefällt: Wir sind erwachsene Menschen, sollten einander respektieren und in Frieden auseinandergehen.«

»In Frieden? Dass ich nicht lache!«, schrie Angerer. »Du hast dich von diesem Kerl zu einer hörigen Mätresse machen lassen. Das kann ich nicht akzeptieren. Glaub ja nicht, dass du so davonkommst. Glaub das ja nicht.«

Er drehte sich um, schlüpfte in seine abgetragene Lederjacke und verließ die Wohnung, nicht ohne vorher noch einmal laut mit der Faust gegen die Eingangstür zu donnern. Dann lief er die Stiegen hinunter, ohne das Licht aufzudrehen, wie ein Gehetzter. Auf der Straße wurde er von einem rauen, eisigen Wind angeblasen, dem er trotzig sein Gesicht entgegenreckte. Wenn man ganz genau hinsah, konnte man freilich feststellen, dass er weinte.

*

Sie sind alle selbst schuld, dachte er. Sie wollen es so. Wie sie uns lustvoll ihren Körper zeigen, um uns damit zu verführen. Und dann schreien sie und rufen um Hilfe, wenn wir uns ihnen nähern. Dabei muss es ja so kommen.

Er hatte ihre Nacktheit wieder beim Liebesspiel beobachtet. Alles war bei ihr so einfach, nicht wie bei den anderen, die man in der schönen Jahreszeit erst an gewissen einsamen Orten aufspüren musste. Man brauchte nur zur geeigneten Zeit aus dem Fenster zu schauen, dann zeigte sie sich ungeniert.

Sie war um vieles frecher als diejenigen, die er bisher angesprochen hatte. Keine unbedingte Schönheit, darum hatte er sich zuerst auch gar nicht richtig für sie interessiert. Extreme Kurzhaarfrisur. Eher nichtssagende Gesichtszüge, was auch durch ihre vollen Lippen nicht wettgemacht wurde. Unscheinbares Piercing im rechten Mundwinkel. Stets ungeschminkt. Auf der Straße wirkte sie so grau wie die Fassade der meisten Wohnhäuser in der Gegend. Man fragte sich schon, warum verschiedene Kerle an ihr Gefallen fanden.

Aber wenn man dann sah, wie freizügig sie sich in ihrer kleinen Wohnung gab! Wie sie ihren Körper zur Schau stellte! Langsam begann ihre Figur, ihn in seinen Bann zu ziehen, besonders der kleine, straffe Hintern. Jetzt, in der ereignislosen Kälte des Winters, war es geradezu eine segensreiche Fügung des Schicksals, dass man so ein Weibsbild in seiner Nähe hatte.

Er spürte, wie sein Drang, sie anzusprechen, von Tag zu Tag größer wurde. Es musste bald geschehen. Er hatte dergleichen schon lange, zu lange, nicht getan. Sein Vertrauen, dass es gut gehen würde, war groß. Sie würde auf alle seine Vorschläge eingehen und nicht schreiend und verängstigt vor ihm davonlaufen.

Und wenn sie es doch tat? Dann war sie selbst schuld und hatte die Konsequenzen dafür zu tragen. Sie waren alle immer selbst schuld.

*

»Du gehst heute noch ins Kaffeehaus, Franzi?«, kam die Stimme aus der Küche.

»Ja, Mutter.«

»Ich werde dir ein wenig von dem Reisfleisch aufwärmen, dann hast du eine gute Unterlage.«

Franz Jäger sagte nichts, machte aber keinen sehr begeisterten Eindruck. Er saß eher teilnahmslos im großen Fauteuil im Wohnzimmer und bohrte in seiner Nase. Immer, wenn er das Gefühl hatte, dass ihm gerade niemand zusah, bohrte er in der Nase.

»Möchtest du nicht?«

Er nahm die Brille ab und wischte sich mit der Hand über die Stirn. Es schien, als dächte er kurz nach, wie viel Sinn es hatte, eine Antwort zu geben.

»Du musst natürlich nicht, wenn du nicht willst. Ich habe nur gedacht, bevor du unnötig Geld ausgibst … Ist das Essen überhaupt gut im Kaffeehaus? Man hört ja jetzt so viel, dass sie überall nur mehr die vorgefertigten Sachen nehmen und in die Mikrowelle hineinstellen. Das ist nichts für unsereins, denke ich mir dann immer, das ist nicht gesund. Also überleg dir's. Aber sag jetzt bitte nicht nein, es ist schon so gut wie fertig.«

Franz Jäger zog es vor zu schweigen. Dann, nach einem kurzen Blick auf den Teller, protestierte er dennoch: »Nicht so viel, Mutter, nicht so viel.«

»Hättest du etwa mehr Salat gewollt?«

Er sagte wieder nichts, sondern begann, den Inhalt des Tellers mechanisch in sich hineinzumampfen. Vor ein paar Jahren hätte er sich dabei noch Sorgen um seine Figur gemacht, jetzt tat er das nicht mehr. Natürlich, er aß zu viel und machte zu wenig Bewegung. Der Beruf eines Buchhalters verlangte einem ja auch nicht gerade großartige Fitness ab. Das Essen schmeckte eben viel zu gut, vor allem zu Hause. Seine Mutter kümmerte sich um ihn und las ihm jeden Wunsch von den Augen ab. Jetzt, mit Mitte 30, begann er es zu merken. Das Gesicht unter seiner Schubertlocke wurde voller, die Anzüge begannen, beim Zuknöpfen Schwierigkeiten zu machen. Aber er wollte nicht viel darüber nachdenken, wie er dem entgegenarbeiten konnte.

Er musste sich über andere Dinge den Kopf zerbrechen.

Valerie Jäger fragte nicht, ob er Lust auf mehr habe, sondern räumte den Teller ab. »Sag einmal, worüber redet ihr eigentlich den ganzen Abend?«, wollte sie dann wissen.

»Ach, über dies und jenes. Es sind eben Gespräche mit philosophischem Hintergrund«, gab Franz zögernd Auskunft.

»Ja, ja, so heißt es immer. Dabei habe ich das Gefühl, ich könnte bei einem Großteil der Themen mitdiskutieren. Der bloße Hausverstand müsste da auch genügen.«

»Eben nicht, Mutter. Es ist keine Wirtshausplauderei. Wir suchen nach einer tiefgreifenderen Lösung von Problematiken. Eine Sache wird von allen möglichen Seiten betrachtet, es gibt Thesen, Antithesen und Verweise auf bisher Gedachtes, und am Schluss wollen wir alle der Wahrheit ein bisschen näher sein.«

»Der Wahrheit ein bisschen näher sein. Na bitte, wenn ihr glaubt. Du brauchst keine Angst zu haben, ich werde nicht an eurem Gespräch teilnehmen. Ich muss ohnehin hinüber und ein bisschen bei Frau Pelinka aufräumen, und hier zu Hause ist auch noch einiges zu tun. Aber ich könnte dich mit dem Auto abholen.«

Bloß das nicht, dachte Franz Jäger. Er sagte: »Es kann spät werden. Ich fahre mit der Straßenbahn oder gehe zu Fuß.«

»Es ist kalt.«

»Das macht mir nichts aus.«

Eine Weile huschte Valerie im Zimmer auf und ab, scheinbar geschäftig, aber ohne, dass sich erkennen ließ, was sie eigentlich wollte. »Ist es wegen dem Mädchen?«, erkundigte sie sich dann spontan.

»Wegen welchem Mädchen?« Franz Jäger kaute nervös an einem Zahnstocher im Mund.

»Nun, wegen dem Mädchen, das wir unlängst beim Einkaufen getroffen haben. Du hast mich einfach stehen lassen und ein intimes Gespräch mit ihr angefangen.«

Veronika! Franz Jäger begann zu schwitzen. Er mochte sie, sogar sehr. Dass seiner Mutter das gleich aufgefallen war. Er hatte das Gefühl, dass Veronika gut zu ihm passte und ihm helfen würde, etwas an seiner Situation zu ändern. Sie war so aufgeschlossen, so anders als alle, die er bisher kennengelernt hatte.

»Ja, es ist wegen ihr«, hörte er sich mit Bestimmtheit sagen. »Ich liebe sie. Ich werde sie heiraten.«

Es war aus ihm herausgeplatzt, einfach so. Sein innigster Wunsch, sein am besten gehütetes Geheimnis. Was hatte er bloß angerichtet? Aus einem Impuls heraus hatte er gesprochen und nicht die Folgen überlegt. Fragen über Fragen würden jetzt kommen, Feststellungen, Belehrungen. Dabei war er sich ja überhaupt nicht sicher, ob Veronika seine Gefühle auch erwiderte.

»Heiraten?« Seine Mutter blickte ihn an, lächelte. »Das ist aber eine Überraschung. Davon hast du mir ja gar nichts gesagt, Kind. Ist dir die Sache auch ernst? Hast du sie dir gut überlegt?«

Er nickte stumm. Es ging schon los. Da hatte er sich ja in einen schönen Schlamassel hineingeritten. Er musste jetzt handeln, etwas, was ihm ganz und gar zuwider war. Er musste Veronika überzeugen, ihr seine Liebe gestehen. Aber warum sollte es nicht klappen? Bei ihrer offenen Art brauchte er keine Scham zu haben. Bisher war er den Frauen gegenüber viel zu distanziert. Schön langsam bewegte er sich auf die 40 zu. Er musste etwas machen aus seinem Leben, durfte nicht an die Hindernisse denken, sondern an deren Überwindung.

Manchmal wünschte er sich, er hätte etwas mehr von seinem Vater an sich. Der konnte gut mit Frauen umgehen. Der hatte sich auch nicht gescheut, seinem Leben eine andere Richtung zu geben, wenngleich …

Trotz aller Bewunderung fand Franz Jäger es nicht schön, dass sein Vater ihn und seine Mutter so einfach verlassen hatte.

»Dann ist es doch am besten, wenn du sie mir gleich vorstellst, Franz«, unterbrach Valerie seine Gedanken. »Soll ich dich wirklich nicht abholen?«

»Nein, Mutter.«

»Entschuldige, ich sehe, dass ich dir auf die Nerven gehe, aber ich bin doch so neugierig. Du musst sie zum Kaffee einladen, gleich morgen. Ich möchte wissen, was das für eine Frau ist, die plötzlich solche Gefühle in dir hervorruft. Seid ihr schon lange zusammen?«

Veronika Plank zum Nachmittagskaffee mit seiner Mutter! Franz Jäger lief es bei dem Gedanken kalt den Rücken hinunter. »Ja, schon lange«, antwortete er automatisch.

»Und ich habe die ganze Zeit nichts bemerkt. Da hast du mich ja schön an der Nase herumgeführt.« Valerie schüttelte den Kopf. »Erzähl mir von ihr«, forderte sie ihren Sohn auf.

»Nicht jetzt! Mutter, bitte! Ich muss gehen. Im Kaffeehaus warten sicher schon alle auf mich.« Franz Jäger war klar, wenn er nicht bald wegkam, würde sich dieses Gespräch endlos in die Länge ziehen.

»Na schön.« Valerie lächelte noch immer, trotzdem nahm ihr Gesicht einen ernsteren Ausdruck an. »Wenn du nicht willst, bitte. Ich kann ja warten. Ich hoffe nur, du hast dir überlegt, was du tust. Du weißt ja, wie uns dein Vater behandelt hat. Seit er weg ist, habe ich nur eine Angst: dass du es genauso treibst wie er. Bitte enttäusch' mich nicht.«

»Nein, ich werde dich nicht enttäuschen«, brummte Jäger ungeduldig, während er in seinen Mantel schlüpfte. Nichts wie weg, dachte er sich. Warum war ihm diese Sache nur herausgerutscht? Er hätte sich zurückhalten müssen, bis er Klarheit über sich und Veronika hatte. Jetzt stand er unter Zugzwang. Jetzt musste alles gut gehen. Denn seine Mutter nahm solche Ankündigungen wie vorhin ernst, sehr ernst sogar.

Wenn er doch, was die Frauen betraf, etwas mehr von seinem Vater an sich hätte.

*

Es gab Dinge zwischen Himmel und Erde, die ließen sich nicht so leicht erklären. Es kamen Botschaften von der anderen Seite. Wer aber dachte, dass man solche Phänomene durch ein einfaches Tischlerrücken oder die Teilnahme an einer spiritistischen Sitzung ergründen konnte, der hatte eine zu simple und unausgegorene Sichtweise der Dinge.

Abzustreiten war es jedenfalls nicht, dass da etwas existierte, das sich nur wenigen Menschen, so wie ihr, offenbarte. Die anderen glaubten ihr nicht, dass sie Erscheinungen hatte. Das war in höchstem Maße töricht. Wenn sich jemand schon nicht in so etwas hineinversetzen konnte, dann sollte er wenigstens den Mund halten und nicht gleich alles abstreiten.

Eine Erscheinung funktionierte nicht als körperliche Gegenüberstellung, war auch nicht etwas Sichtbares, aber Körperloses, wie einem in manch mittelmäßigem Film weisgemacht wurde. Sie fand nur in jemandes eigenem Inneren statt, laut- und gesichtslos. Allein diese Tatsache den Ungläubigen zu erklären, hatte sie so viel Energie gekostet, dass sie es bald aufgegeben hatte. Es war die Sache nicht wert.

Ganz, ganz tief in sich spürte man es. Man konnte nicht sagen, wann es sich formen würde. Meist kam es in der Nacht. Sie konnte es dann sofort von jedem Traum unterscheiden. Hellwach war sie mit einem Mal, offen für alles, was ihr Körper aufsaugte. Es entstand ein seltsam gleichförmiger Zustand, wie wenn man plötzlich von außen auf sich schaut. Und dann kamen die Botschaften, die Ahnungen und die Gewissheiten, Dinge, die auf sie einstürmten, die ihr klar vor das innere Auge traten, die sie aber weder beschleunigen noch verhindern konnte.

Das war das Schlimmste: Sie war noch immer zur Untätigkeit verdammt. Sie erlebte alles passiv, konnte sich nicht an den Abläufen beteiligen. Sie flehte heimlich, dass sich das ändern würde, wartete mit stiller Zuversicht darauf, dass sie in eine höhere Stufe eintauchen konnte, wartete auf einen Befehl, einen Auftrag, den man ihr anvertraute.

Dann würde sie endgültig auf einer Stufe mit der anderen Seite stehen.

Eine solche Chance würde sie sich nicht entgehen lassen. Egal, wie auch immer der Befehl lauten würde, sie würde Punkt für Punkt jede Weisung erfüllen: ohne Zögern, ohne Rücksichtnahme, ohne schlechtes Gewissen und ohne Gnade.

3

»Das ist doch kein Weihnachten mehr. Jedes Jahr wird
es schlimmer«, bemerkte Waldemar ›Waldi‹ Waldbauer,
zweiter Ober im Café Heller, hastig eine Zigarette inha-
lierend, zu Leopold, während sowohl die Mitarbeiter
der Firma ›Schick beim Frick‹ als auch die Philosophen
langsam eintrudelten. »Beinahe jeden Tag von früh bis
spät im Geschäft stehen, nur wegen der Weihnachtsfeiern. Ein richtiger Tschoch.«

»Wir kriegen's ja bezahlt, und außerdem gibt's … na
ja, du weißt schon.« Leopold schlug mit der Hand kurz
auf seinen Hosensack, in dem ein paar Münzen klim-
perten.

»Mit dem Trinkgeld ist das so eine Sache«, sinnierte
Waldbauer. »Die Menschen haben heutzutage keine
Marie.«

»Bei den Leuten vom Frick wirst du heute schon nicht
so schlecht aussteigen«, konnte sich Leopold einen kleinen Seitenhieb nicht verkneifen.

»Ach was, die sind auch valat«, konstatierte Waldbauer
emotionslos. »Die sind doch unlängst überfallen worden.
Hat einer die Kassa gemacht. Es sind halt unruhige Zeiten. Da reißt du mit deinem Adventkranzschmäh noch
am ehesten was.«

Leopold wollte sich auf keine Debatte auf der nie-
deren Ebene des Brotneides einlassen. Sein Kopf war
sowieso mit anderen Gedanken beschäftigt. Tante Agnes
würde die Weihnachtsfeiertage bei ihm verbringen. Der
Schock saß tief. Er würde sie am morgigen Vormittag

vom Franz-Josefs-Bahnhof abholen müssen, daran führte wohl kein Weg vorbei. Aber was kam dann? Sie würde sich in seiner Wohnung häuslich einrichten. Sie würde alles in eine eigene Ordnung bringen, sodass er nichts mehr finden würde. Sie würde den Eiskasten vollstopfen, sodass er nach Weihnachten alles wieder haufenweise wegwerfen musste. Sie würde schneller Teil seines Lebens sein, als ihm lieb sein konnte. Die Zukunft war schrecklich nahe.

Um sich abzulenken, ging Leopold zum Philosophentisch. Man konnte ja ohne Weiteres einmal eine erste Bestellung aufnehmen. Ein Seitenblick auf den Frick-Tisch zeigte ihm, dass es dort bereits munter zur Sache ging. Die Mitarbeiter waren schon ziemlich vollzählig versammelt und taten sich an den leckeren Brötchen gütig, die Frau Heller zubereitet hatte. Außerdem standen einige Flaschen Sekt und Orangensaft für ein Begrüßungsgetränk bereit. Bei den Philosophen sah die Sache, was das leibliche Wohl betraf, wie erwartet etwas karger aus. Kleiner Brauner, kleiner Brauner, kleiner Brauner, Melange – und bitte ja nicht das Wasser vergessen! Die vier vorläufig anwesenden Herrschaften frönten ganz offensichtlich dem Prinzip der Schlichtheit.

Der pensionierte Gymnasiallehrer und Ex-Kollege von Thomas Korber, Rudolf Caha, winkte Leopold noch einmal kurz zu sich. »Bei der Feier da drüben könnte es ganz schön laut werden«, äußerte er seine Befürchtung. »Wie sollen wir unseren Gedanken da freien Lauf lassen? Haben Sie denn die Leute nicht woanders hinsetzen können?«

»Das Lokal ist voll«, erteilte Leopold achselzuckend Auskunft. »Bei der Billardpartie am ersten Tisch geht's ums Weihnachtsgansl und hinten bei den Kartentipplern um die Zeche am Christtag beim Heurigen. Da herrscht auch keine Friedhofsruhe. Außerdem ist Winter, und die Zeiten werden schlechter. Wir müssen eben alle ein bisschen näher zusammenrücken.«

»Es wäre besser, wenn du dir ein Thema für den heutigen Abend überlegen würdest, bevor die anderen kommen«, machte ihn sein Nachbar Bernhard Klein gelassen aufmerksam. »Was du letztes Mal vorgeschlagen hast, nämlich die Kommerzialisierung von Weihnachten im Spiegel des Konsumdenkens unserer Zeit, erscheint mir doch ein wenig abgedroschen.«

»Es war nur ein Gedanke, nicht mehr«, rechtfertigte Caha sich. »Von mir aus können wir über alles diskutieren.«

»Nun, mit Weihnachten im weiteren Sinn sollte es schon zu tun haben«, brachte sich Gernot Stolz, ein kleiner, etwas eitel wirkender Mittfünfziger, in die Debatte ein. »Mir ist eingefallen, wie viele elektronische Dinge mitsamt ihren Scheinwelten auf dem Gabentisch landen werden. Ist das nicht ein Zeichen dafür, wie sehr die Menschen dazu neigen, in eine andere Wirklichkeit zu entfliehen? Und je raffinierter und ausgeklügelter die angebotene Virtualität wird, desto schwerer fällt es, sie von der tatsächlichen Realität zu unterscheiden. Ein durchaus diskutierenswürdiger Aspekt, würde ich meinen. Die Industrie liefert uns alles, was zur Weltflucht notwendig ist. Immer mehr von uns nehmen dieses Offerte dankend an mit dem Ergebnis, dass sie das virtuell Erfahrene für wirklicher halten als die Wirklichkeit selbst.«

»Ich habe nichts dagegen, wenn wir uns dieser Problematik widmen.« Caha zeigte sich zufrieden.

»Ihr wollt euch also auf dieses derart weit gestreute Thema einlassen?«, wandte Klein ein. Er war zweifelsohne der Kopf der Runde. Mit am Hinterkopf zu einem kleinen Schwanz zusammengeflochtenem schwarzem Haar, das schon von grauen Strähnen durchzogen war, einem knallbunten Pullover und einer ausgewaschenen Jeans thronte er lässig auf der Eckbank. »Die Vielfalt dessen, was wir unter Realität verstehen und die Frage nach dem eigentlich Seienden? Ich habe Angst, dass wir dabei ein wenig den Faden verlieren könnten, aber bitte. Ich darf dabei zu Anfang allen Platons Höhlengleichnis in Erinnerung rufen. Es handelt von den Menschen, die in einer Höhle sitzen, auf von einem Feuer an die Wand geworfene Schatten glotzen und fest davon überzeugt sind, dass sie das pralle Leben vor sich haben. Als ihnen jemand sagen möchte, wie die Dinge wirklich sind, weil er draußen die Sonne gesehen hat, wollen sie gar nicht darauf hören. Plato ging es bekanntlich darum, ob das, was gemeinhin als Wirklichkeit betrachtet wird, nicht nur der Schatten von etwas Größerem ist.«

»Durch Computer, Fernsehen, Internet und die ganzen elektronischen Spiele, dieses ständig zunehmende Angebot an Virtualität, kommt heute zweifelsohne noch eine Ebene dazu«, folgerte Stolz voll Stolz. »Das vom von der eigentlichen Realität Entfernten Entfernte.«

Kurzes Schweigen und Nachdenken. »Ich muss hier entschieden widersprechen«, nahm dann wieder Caha das

Wort an sich. »Virtualität und Scheinwelten hat es schon immer gegeben. Denkt doch an Drogen, Halluzinogene, ekstatische Zustände und vieles mehr, das seit ewigen Zeiten in den Köpfen der Menschen scheinbare, als Wirklichkeit empfundene Realitäten herbeiführt.«

»Wenn man etwas in seinem Inneren erlebt, dann ist es wirklich und wahr, egal, unter welchen Umständen.« Die Stimme, die das sagte, klang ein wenig rau und hatte einen singenden Tonfall. Sie gehörte Bianca Roth, der bislang einzigen Frau am Tisch. Mit ihrer hochgeschlossenen Bluse, dem weiten Rock und dem auffällig geschminkten Gesicht spielte sie ein wenig die Grande Dame. Sie benutzte beim Rauchen einen eleganten Zigarettenspitz. Ohne dass man es mit Sicherheit sagen konnte, war sie wahrscheinlich älter als die anderen. Ihr Blick war klar, schien aber immer ein wenig in die Ferne gerichtet. »Alles andere ist Unsinn. Ich weiß, wovon ich spreche. So kann ich mit Sicherheit behaupten, dass es sich beispielsweise bei einer Erscheinung keineswegs zwangsläufig um eine Halluzination handelt.«

»Bianca! Wie oft soll ich es dir noch sagen: Wir versuchen hier, zu philosophischen Ansätzen zu kommen, und vielleicht schaffen wir es auch einmal, ohne deine – ich drücke mich jetzt vorsichtig aus – Erlebnisse der anderen Art anhören zu müssen«, schnitt ihr Bernhard Klein das Wort ab. Sein Kopf war leicht gerötet, einen Augenblick kämpfte er darum, nicht die Beherrschung zu verlieren. Bianca blies ihren Zigarettenrauch zu ihm hinüber, aber er hatte sich schon wieder gefasst und bemühte sich, das Gespräch sachlich fortzuführen.

Mittlerweile betrat Thomas Korber das Kaffeehaus,

zusammen mit der neuen Mitbenützerin seiner Wohnung, Julia Leichtfried. »Schönen guten Abend, ihr beiden«, zwinkerte Leopold ihnen verschmitzt zu. »Ihr unternehmt ja schon richtig was zusammen.«

»Halt dein loses Mundwerk, Leopold, und bring mir sofort ein großes Bier«, entgegnete Korber und konnte sich dabei ein Lächeln nicht verkneifen. »Julia interessiert sich eben auch für unsere Gespräche.«

»Ich hätte gern ein Mineralwasser«, gab Julia ihre Bestellung auf.

»Und der Herr Lehrer zahlt?«, fragte Leopold schnippisch.

»Leopold!«, fauchte Korber.

»Ich möchte dir wirklich nicht auf der Tasche liegen«, entschuldigte Julia sich. »Aber ich muss morgen erst checken, wie viel Geld auf meinem Konto ist, bevor ich etwas abhebe. Derzeit sieht es nicht rosig aus.«

»Schon gut«, seufzte Korber. Dann setzte er sich mit Julia zu den Philosophen und stellte sie den anderen vor. Bianca Roth hatte gerade wieder das Wort an sich gerissen. »Alles, was man erlebt, ist real«, stellte sie ungeduldig fest. »Egal, ob im Kopf, im Traum oder in der Wirklichkeit. Was sollen diese dummen Unterscheidungen?«

»Aber es muss doch auch ein Gegenteil zu diesen so genannten Realitäten vorhanden sein«, meinte Stolz.

»Nicht auf dieser von uns erlebten Welt«, sagte Bianca. »Es gibt nur das Nichts, und das steht außerhalb dessen. Und niemand von uns weiß, was es ist, da keiner das Nichts je bewusst wahrnehmen kann.«

»Das absolute Nichts ist messbar«, erklärte Caha gelangweilt. »Es liegt bei –273,15 Grad Celsius und beträgt null Kelvin auf der absoluten Temperaturskala. Es ist der Punkt, an dem es keine Bewegung mehr gibt. Der größtmögliche Tiefwert.«

»Das ist Physik, lieber Kollege, und eine zu einseitige naturwissenschaftliche Anschauung«, beeilte sich Korber anzumerken. »So hast du das doch nicht gemeint, liebe Bianca?«

»Ganz und gar nicht. Ich wollte nur auf die Vielfalt dessen hinweisen, was unsere Erlebniswelt bestimmt. Niemand sieht hier offenbar die metaphysische Komponente, beziehungsweise niemand will sie sehen. Warum öffnen sich die Menschen nicht für das, was aus der Tiefe des nicht mehr Erklärbaren auf uns einströmt und uns wirklich lenkt? Es gibt die Zeichen, wir müssen sie nur verstehen. Wenn jemand wie ich bereits einer Erscheinung teilhaftig wurde ...«

Wieder würgte Klein sie sofort ab. »Hör endlich mit diesem Geplapper auf, Bianca«, fuhr er sie an. »Schön langsam glaube ich wirklich, du bist auf der falschen Veranstaltung. Lenke nicht immer ab. Ich möchte kurz auf die Position Heideggers eingehen«, wandte er sich dann den anderen zu. »Er hält das Nichts für ursprünglicher als das Seiende. Ohne das Nichts geht, banal gesprochen, nichts. Ist es unter dieser Prämisse nicht vielmehr die Gegenwart des Seienden, die zu hinterfragen ist?«

»Heidegger, pah«, seufzte Bianca. Sie zündete sich eine neue Zigarette an und blies den Rauch wieder in Richtung ihres Gegenübers Klein. »So weit sind wir schon gekommen, dass wir jetzt Heidegger diskutieren müssen. Ich frage mich, warum ich überhaupt noch die Energie aufbringe, an diesen Debatten teilzunehmen.«

»Wird das heute noch spannender?«, raunte Julia Korber zu. Bei der Weihnachtsfeier war man unterdessen mit dem Essen fertig und sprach bereits eifrig dem Alkohol zu. Es wurde gescherzt und gelacht – freilich über banale Dinge. Dafür gab es zeitweise böse Blicke vonseiten der Philosophen, deren Gespräch weiter düster dahinplätscherte. Julia aber gefiel es. Als dann noch Frau Heller ihren berühmten Punsch persönlich vor den Mitarbeitern der Firma Frick abstellte und es angenehm nach Zimt, Orangen und Rum roch, fasste sie sich ein Herz. Ein Lächeln hierhin, ein paar kurze Worte dorthin, und schon saß sie zwischen zwei gut aufgelegten Männern und scherzte mit.

*

»Lass mich bitte in Ruhe!«

»Aber ich wollte dir doch nur helfen.«

»Es geht schon. Es war nicht so schlimm.«

»Der Mann ist direkt auf dich losgegangen. Er hat dich bedroht. Ich habe schon geglaubt, er schlägt dich.«

»Ja, aber du hast doch gesehen, dass er völlig harmlos war.«

»Kennst du ihn?«

»Das geht dich nichts an. Es ist vorbei. Du brauchst dich nicht mehr aufzuregen.«

»Aber ich sehe doch, wie du dich aufregst, Veronika. Du bist ganz durcheinander.«

»Fass mich bitte nicht an. Das macht sich nicht gut, wenn wir da reingehen.«

»Warte! Ich möchte noch kurz etwas mit dir besprechen.«

»Nicht jetzt. Wir sind ohnehin schon spät dran.«

Mit hochrotem Kopf, der keineswegs bloß auf die Kälte draußen zurückzuführen war, betrat Veronika Plank das Café Heller, gefolgt von Franz Jäger, der wie ein gehorsamer Diener hinter ihr hertrabte.

»Da seid ihr ja«, bemerkte Stolz mit vorwurfsvollem Blick auf die Uhr.

»Bei unserer Studentin ist es nichts Neues, dass sie sich Zeit lässt«, kam es mit übler Laune von Bianca Roth. »Aber von unserem Franzilein hätte ich das nicht erwartet.« Ihr Blick traf beide messerscharf wie ein vernichtendes Urteil.

Franz Jäger wollte etwas sagen, wurde von Veronika Plank jedoch mit einem kurzen Deuter daran gehindert. »Entschuldigung«, murmelte sie verstohlen in Richtung Bernhard Klein, der mit einem Nicken antwortete.

»Jetzt können wir endlich richtig anfangen«, hoffte Caha.

Damit lag er allerdings falsch.

»Das gibt's doch nicht. Veronika, was machst du denn hier?« Laut und überschwänglich, sichtlich schon vom Alkohol beeinflusst, kam die Stimme von einem der beiden jungen Herren am gegenüberliegenden Tisch, die Julia gerade mit Punsch abfüllten. »He, Veronika! Hörst du nicht?«

Sie hatte gehört. Gerade deswegen tat sie offenbar alles, um das Gegenteil vorzutäuschen. Hastig zündete sie sich eine Zigarette an und starrte irgendwohin ins Leere, nur weg von dem, der sie gerufen hatte.

»Wollen wir nun endlich weitermachen?«, wurde Caha ungeduldig.

Aber der illuminierte junge Mann blieb aufdringlich. »Kommst dir wahrscheinlich zu gut vor, um mit jemandem wie mir zu reden«, ließ er nicht locker. »Dabei solltest du dich verdammt gut an mich erinnern.«

»Die Dame hat einen Schock. Sie ist gerade auf der Straße auf das Schlimmste angepöbelt und bedroht worden«, bemühte sich Jäger um Veronikas Verteidigung.

»Ach, hör doch auf zu reden. Deswegen kennt sie mich auf einmal nicht mehr? Das ist ja lächerlich.« Der Unterton der Stimme wurde immer gefährlicher, aggressiver.

Jetzt mischte sich auch Caha ein. »Ich finde das einfach unerhört«, stieß er hervor. »Man hat hier keine Ruhe. Wie sollen wir uns in ein Gespräch vertiefen, das die Grenzen unseres Seins auslotet, wenn aus der uns gegenüberliegenden Ecke ständig Lärm herüberdringt und man sich jetzt auch noch ungehobelt in unseren Diskurs einmischt? Ich schlage vor, wir brechen die Debatte ab und setzen sie woanders fort.«

Kurzes Gemurmel, in dessen Verlauf Bernhard Klein andeutete, dass er mit diesem Vorschlag überhaupt nicht einverstanden war. »Kein Wunder, dass du bleiben willst«, stichelte Bianca. »Hast ja Angst, dass dir unsere Veronika davonläuft, ehe du dazu gekommen bist, sie mit den letzten Weisheiten des Lebens zu beglücken. Mir hingegen würde es nichts ausmachen zu gehen. Dieser Ort hält heute nicht die geringste Inspiration für mich bereit.«

Frau Heller sah nun die Zeit gekommen, ein Machtwort zu sprechen. »Entweder es beruhigen sich alle wieder, oder ich sehe mich gezwungen, Sie hinauszukomplimentieren und das Kaffeehaus zu schließen«, erschallte ihr Ordnungsruf. »Ich dulde solche Reibereien nicht in meinem Haus, schon gar nicht vor Weihnachten. Bis jetzt ist es ja auch friedlich zugegangen. Nehmen Sie sich ein wenig zusammen, meine Herrschaften, ich muss doch sehr bitten.« Dann holte sie die beiden Ober zu sich. »Herr Waldbauer, stellen Sie die Weihnachtsbäckerei auf den Tisch der Firma Frick, das wird die Leute ein bisschen ablenken«, ordnete sie an. »Und Leopold, bringen Sie den Philosophen eine Runde von unserem Punsch auf Kosten des Hauses, als kleine Aufmerksamkeit sozusagen. Da müssen wir aufpassen, dass sie uns nicht abtrünnig werden.«

Leopold war das gar nicht recht. Die gesamte Konsumation der Denker bisher betrug genau 13,80 Euro. Bei Veronika Plank und Franz Jäger war er noch gar nicht dazu gekommen, eine Bestellung aufzunehmen. Und jetzt sollte er diese Knauserer mit einer Gratisrunde verwöhnen? »Ist ja nett gemeint«, bemerkte er in Richtung Frau Heller. »Aber ob es auch etwas nützt? Ich habe Ihnen schon vorhin gesagt, dass es vor Weihnachten allgemein eine aggressive Stimmung gibt. Da kommt der Hass so richtig heraus, weil man geradezu zur Liebe gezwungen wird. Man verordnet den Menschen Nähe, dabei möchte jeder allein für sich sein. Kein Wunder, dass dann die Fetzen fliegen. Wenn Sie mich fragen, ist das die perfekte Voraussetzung für ein Verbrechen, da können Sie Punsch ausschenken, so viel Sie wollen.«

Leopold stellte sich zur Theke, wo ihm Frau Heller mit leicht verärgerter Miene ein Häferl Punsch nach dem anderen auf sein Tablett stellte. Da gewahrte er, wie sich die Tür öffnete und nach längerer Zeit wieder einmal ein Gast hereinkam. Er gewahrte noch etwas: Dieser Gast tropfte. Er tropfte von den Haaren auf die Brille, von der Brille auf den Mantel und vom Mantel auf den Boden. »Sofort den Mantel ausziehen!«, rief Leopold geistesgegenwärtig. »Und ja nicht hinsetzen, ehe Sie nicht trocken sind.«

Im allgemeinen Trubel hatten es alle übersehen, niemand hatte zum Fenster hinausgeschaut. »Schnee!«, verkündete Frau Heller entzückt. Dabei strahlte sie wieder übers ganze Gesicht, und ihre Augen leuchteten wie zwei Weihnachtssterne.

*

Der Schnee war gerade zur richtigen Zeit gekommen. Er verbreitete eine angenehme Stimmung bei all jenen, die gerade vorhin am liebsten übereinander hergefallen wären. Leise und unauffällig fiel er herab, nicht zu stark, aber gerade so, dass er den Boden wie mit einer Schutzschicht zudeckte. Noch lag er weiß und unschuldig da. Er ließ nicht ahnen, dass sich unter ihm eine Eisschicht bilden konnte, die Fußgänger zu Fall brachte und den Autofahrern enorme Schwierigkeiten bereitete; dass nur ein wenig mehr genügen würde, um den gesamten Räumungsdienst der Stadt zu mobilisieren; dass er bald als schmutzige Häufchen Dreck sein befristetes Dasein am Gehsteigrand führen würde. Einstweilen war alles Wonne und Waschtrog.

Frau Heller war nun ganz in ihrem Element. Sie kam in ihrer kleinen Küche mit der Zubereitung des Punsches gar nicht mehr nach. Jeder sollte in den Genuss eines Gratisgetränkes kommen, jeder. Einen Teil der Lokalbeleuchtung hatte sie kurzerhand ausgeschaltet, sodass es im vorderen Teil des Café Heller angenehm schummrig wurde und nur mehr die Billardspieler das zur Abwicklung ihrer Partie nötige volle Licht bekamen. Ansonsten hatte sie dafür gesorgt, dass Kerzen mit kleinen Tannenzweigen auf jeden Tisch gestellt wurden. In einer Ecke summte man, zuerst kaum hörbar, dann immer lauter werdend, ›Leise rieselt der Schnee‹, und es störte nicht einmal die Philosophen.

Deren Debatte schien an diesem Tag nicht mehr richtig in die Gänge zu kommen. Zu wenige beteiligten sich aktiv am Gespräch, vor allem die später Hinzugekommenen, Veronika Plank und Franz Jäger, wirkten lethargisch und geistig mit anderen Dingen beschäftigt. Veronika reagierte nicht einmal auf das Schlusswort von Bernhard Klein, das zweifellos an sie gerichtet war: »Was ist wirklich und was nicht? Jeder muss für sich selbst herausfinden, welche Dimension des Erlebbaren er noch als real empfindet. Innerhalb dieser Realität aber sollte er die Zügel in die Hand nehmen. Wer mit einer Spielkonsole hantiert, tut das oft viel zielsicherer als jemand, der sich im Augenblick seines Tuns als Handelnder in der von uns allgemein als ›wirklich‹ verstandenen Welt begreift. Warum eigentlich? Es gibt keinen Grund dafür.«

»Verzeihe mir, wenn ich nicht klatsche«, konstatierte Bianca Roth knapp. »Aber auf meine Fragen bist du natürlich nicht eingegangen.«

»Mein Gott, es hat sich einfach nicht ergeben«, bemerkte Stolz. »Außerdem kennen wir deinen Standpunkt zur Genüge.«

»Wir kennen auch das, was Bernhard jetzt gesagt hat,

zur Genüge«, ließ Bianca nicht locker. »Aber für unsere kleine Veronika wiederholt er es gern immer und immer wieder.«

»Das ist gemein«, wachte Veronika plötzlich auf.

»Oh, unser Püppchen spricht«, stichelte Bianca weiter. »Ich dachte schon, du bringst den Mund überhaupt nicht mehr auf. Was hast du denn heute?«

»Komm, lass sie«, forderte Klein sie auf.

Aber Bianca war nicht mehr zu bremsen. »Warum denn?«, bohrte sie. »Sie redet doch sonst immer so viel Gescheites, von der Gerechtigkeit in der Welt und so weiter. Das ist mir heute direkt abgegangen. Es muss ihr irgendeine Laus über die Leber gelaufen sein. Das sieht man, wie schnell man oft aufhört, die Zügel in die Hand zu nehmen, wenn einen eine kleine Unpässlichkeit drückt.« Sie blickte kurz zum Fenster hinaus. »Nun, ich gebe zu, es ist heute auch ein dummer Tag«, meinte sie schließlich. »Ich spüre es schon die ganze Zeit, und mit dem Schneefall ist es stärker geworden. Ihr könnt mir glauben oder nicht, aber es formiert sich wieder etwas in mir. Ich fürchte, das bedeutet nichts Gutes.«

Nach dem kurzen allgemeinen Frieden spitzte sich die Situation also wieder zu. Veronika Plank versuchte dem Ganzen kurz zu entfliehen und nahm den Weg Richtung Toilette. Im Halbdunkel an der Theke begegnete sie einem großen, glatzköpfigen Mann, der sie genüsslich mit seinen Augen fixierte. »Guten Abend«, grüßte er kaum hörbar in ihre Richtung. Sie wandte sich ab und huschte an ihm vorbei. Ihr Herz begann schneller zu schlagen, das Blut schoss ihr in den Kopf. Schön langsam wurde ihr dieser Abend unheimlich. Hatte sich denn alles gegen sie verschworen? Da hatte sich Jochen Angerer nicht mit dem Abbruch ihrer Beziehung zu ihm abfinden wollen und war auf ihrem Weg zum Kaffeehaus buchstäblich über sie hergefallen. Franz Jäger war ihr Gott sei Dank, von der Straßenbahn am Franz-Jonas-Platz kommend, beigestanden. Angerer hatte sich daraufhin unter wilden Drohungen wieder zurückgezogen, aber Jäger war dann auf einmal so zudringlich geworden, wie sie ihn noch nie erlebt hatte. Schließlich der betrunkene Mario Schweda, mit dem sie für ein Jahr in dieselbe Klasse gegangen war, ehe er die Schule abgebrochen hatte, den zu sehen sie aber gerade heute null Bock hatte; die Hexe Bianca mit ihrem Geltungsdrang, den übersinnlichen Geschichten und den boshaften Sticheleien gegen sie und Bernhard; und jetzt noch diese abstoßende, sie wie eine leichte Beute musternde Gestalt an der Theke, die ihr Angst einjagte und die sie von irgendwoher zu kennen glaubte.

Veronika atmete am Waschbecken ein paar Mal tief durch. Es war auch notwendig. Denn als sie aus der Toilette kam, stand ihr plötzlich Mario Schweda gegenüber, lässig an den zweiten, mittlerweile leeren Billardtisch gelehnt. Er war ihr offensichtlich gefolgt. Seine Grimasse zeigte, dass er bereits schwer vom Alkohol gezeichnet war.

»Was willst du?«, fragte Veronika unsicher.

»Ach so, jetzt kennst du mich ja doch«, befand Schweda mit Sarkasmus.

»Mach schon und sag, was du willst. Ich möchte gehen.«

»Da bin ich ja gerade rechtzeitig gekommen. Du schuldest mir Geld, das weißt du genau.«

»Das ist Sache von Jochen. Ich bin nicht mehr bei der Gruppe dabei.«

»Hör zu, ich lasse mich von euch nicht übers Ohr hauen. 300 waren ausgemacht, 100 vorher und 200 nachher. Bloß hat sich seither keiner von euch mehr blicken lassen. Wo sind die restlichen 200?«

»Ich hab das Geld nicht. Du weißt, wo du Jochen findest.«

»Ich will es aber von dir.« Damit machte Schweda einen Schritt nach vorn und packte Veronika bei den Hüften. Ihre überraschten Hände wussten nicht, wo sie ihn anfassen sollten, damit er sie in Ruhe ließ.

»Was für eine tolle Figur du hast«, stellte Schweda fest, ohne lockerzulassen. »Sag, bist du noch immer so nett zu den Männern, wie du es früher einmal warst? Dann könnte ich mir den Betrag ja in Naturalien abgelten lassen.«

Veronika versuchte, sich zu befreien. »Lass mich sofort gehen«, zischte sie. »Die Leute schauen schon auf uns.«

»Lass sie doch schauen«, grinste Schweda, dem es langsam schwerfiel, die Balance zu halten. »Das stört mich nicht. Wenn's kein Geld gibt – oder eine entsprechende Gegenleistung – sehe ich mich ohnedies gezwungen, die ganze Geschichte ein bisschen herumzuerzählen. Das fällt mir dann zwar auf den Kopf, aber euch mit Sicherheit umso mehr.«

»Du redest nur groß, weil du betrunken bist.«

»Da wäre ich mir nicht so sicher.«

»Du bekommst dein Geld, aber nicht jetzt.« Mit diesem Satz wand sich Veronika Plank aus dem allmählich schwächer gewordenen Griff Schwedas. Hastig eilte sie auf ihren Platz zu. Dabei musste sie noch einmal an dem sie lüstern betrachtenden Glatzkopf vorbei und erntete ein anerkennendes »Bravo, geben Sie's ihm nur!« Nichts wie weg, dachte sie. Sie brauchte jetzt schnell die kalte, frische Luft von draußen.

Bianca stand bereits im Mantel da und zog sich die Handschuhe an. »Ach, da bist du ja, Schätzchen«, sagte sie. »Rudi und ich sind gerade im Aufbruch begriffen. Bernhard und Gernot haben uns bereits verlassen.« Sie schaute Veronika noch einmal prüfend an. »Ich würde dir raten, auch nicht länger zu bleiben und rasch und ohne Umwege nach Hause zu gehen, mein Kind«, legte sie ihr nahe. »Die Nacht hält heute nichts Gutes für dich bereit.«

Da Thomas Korber zum ebenfalls sich in Auflösung begriffenen Tisch der Firma Frick gewechselt war und sich um die jetzt ohne männlichen Anschluss dort sitzende Julia Leichtfried kümmerte, hielt nur mehr Franz Jäger die Stellung am Philosophentisch. Der sah jetzt seine Chance gekommen. Er musste nur seine Lethargie überwinden und handeln.

»Komm«, schreckte Veronika ihn aus seinen Gedanken auf. »Wir zahlen und gehen auch.« Dann, etwas leiser: »Ich habe eine Bitte, Franz. Heute ist so ein komischer Tag.

Könntest du mich noch ein Stück begleiten?«

Jäger sprang förmlich von seinem Stuhl. »Natürlich, Veronika, jederzeit. Du weißt, ich wollte ohnehin noch mit dir reden.«

Ein höfliches Lächeln flog über Veronikas Gesicht.

»Vielleicht ein andermal. Es ist schon spät. Ich habe nur gemeint, dass du das kurze Stückchen bis zum Gymnasium mit mir gehst und wir uns dann verabschieden.«

»Du wohnst doch in der entgegengesetzten Richtung«, registrierte Jäger erstaunt.

»Ja, aber ich gehe noch nicht nach Hause. Noch nicht gleich«, lächelte Veronika verkrampft weiter. »Machen wir uns auf den Weg?«

»Natürlich, Veronika, natürlich.« Geschäftig schlüpfte Franz Jäger in seinen Mantel und hängte sich seinen Schal um. »Es ist kälter geworden, glaube ich«, sagte er.

»Mich friert jetzt schon«, pflichtete Veronika ihm bei. Sie warf einen letzten Blick in Richtung Theke. Eine Gänsehaut lief ihr über den Rücken, als sie registrierte, dass der Glatzkopf nicht mehr dort stand.

*

»Zahlen!«, rief Mario Schweda von der Theke wichtigtuerisch durchs Lokal.

»Kollege kommt gleich«, versuchte Leopold, ihn zu beruhigen. Er selbst hatte gerade jede Illusion verloren, dass dieser Abend noch etwas Erfreuliches für ihn bereithalten könnte. Weder die majestätisch leuchtenden drei Kerzen noch seine verzweifelten Hinweise und Anspielungen hatten auch nur einen vom Philosophenzirkel zu einer Kranzspende animiert.

Waldi Waldbauer, in dessen Hosensäckel es hingegen bereits verdächtig klimperte, eilte diensteifrig herbei. »Essen, Willkommensglas und zwei Getränke zahlt die Firma, eine Runde Punsch geht aufs Haus, bleiben vier

Achtel Weiß und vier Punsch, macht 19,20 Euro der Herr, wenn ich bitten darf«, rechnete er schnell zusammen.

»Augenblick bitte.« Schweda griff erst in seine linke, dann in seine rechte Jackentasche, dann links und wiederum rechts in seine Hose. Er stutzte. »Das gibt's doch nicht«, murmelte er.

»19,20 Euro. Sie können nachrechnen«, erklärte Waldbauer.

»Aber das meine ich ja nicht. Wo ist bloß das verdammte Geld?«

Waldbauer wurde ein wenig ungeduldig. Es war spät, er wollte nach Hause. »Vielleicht in der Innentasche vom Sakko?«, machte er höflich aufmerksam.

»Nein, ausgeschlossen«, verlor Schweda langsam die Beherrschung. »Ich habe mir heute nur ein paar Scheine eingesteckt, die müssen doch da … oder da …«

»Oder überhaupt?«, rutschte es Waldbauer heraus.

»Sparen Sie sich Ihre blöden Bemerkungen. Das Geld ist weg. Was soll ich machen?«

»Jetzt sagen Sie bloß, man hat es Ihnen gestohlen.« Waldbauer lächelte überlegen. Er kannte diese plumpen Versuche der Gäste, sich ihrer Zahlungspflicht zu entledigen.

»Exakt!« Schweda wurde allmählich wieder nüchtern. Eine Idee begann, sich in seinem Kopf festzusetzen. »Das … das muss Veronika gewesen sein«, platzte es aus ihm heraus. »Da vorn bei den Toiletten war es. Ich habe sie nur kurz festgehalten, das hat sie eiskalt ausgenützt.«

»Ach so! Aha!« Waldbauer zeigte sich interessiert.

»Diese miese Ratte! Können Sie sich das vorstellen?

Sie schuldet mir Geld, dann nimmt sie mir auch noch was weg. Am liebsten würde ich sie umbringen«, steigerte Schweda sich in eine immer größere Wut.

»Dürfte ich jetzt bitte die 19,20 Euro kassieren?«, forderte Waldbauer, der immer noch von einem Täuschungsmanöver überzeugt war, unerbittlich.

Doch Schweda beachtete ihn gar nicht mehr. »Ich werde mir das Geld schon holen!«, brüllte er mit donnernder Stimme. »So weit kann diese Dirne gar nicht sein. Die kaufe ich mir jetzt, und dann gnade ihr Gott.« Damit schnappte er seinen Mantel und war auch schon zur Tür hinaus.

»Hast du das gesehen? Jetzt ist er weg, und ich kann mir das Geld in die Haare schmieren«, beklagte sich Waldbauer gestenreich bei Leopold.

»Unsinn, du kriegst deine Marie schon noch«, versuchte Leopold, ihn zu beruhigen. »Wirst sehen, der kommt morgen vorbei und zahlt. Und wenn nicht, dann wissen wir immerhin, wo er arbeitet. Etwas anderes bereitet mir viel größere Sorgen.«

»Was denn?« Waldi war ganz Ohr.

»Ich hab Angst, dass der junge Mann gerade im Begriff ist, eine große Dummheit zu begehen.«

4

Der Trennungsschmerz und ihre neue Situation waren zu viel für Julia Leichtfried gewesen. Sie hatte dem Alkohol stärker zugesprochen, als sie es gewohnt war und ihr zarter Körper es vertrug. Die lockere Atmosphäre, den Punsch, die Aufmerksamkeit, die ihr von ihren männlichen Nachbarn entgegengebracht worden war – das alles hatte sie bis zu jenem Zeitpunkt genossen, als irgendetwas in ihr nicht mehr mitmachte und sie die Kontrolle verlor. Thomas Korber versuchte verzweifelt, sie zu einem Aufbruch zu bewegen, aber seine Bemühungen schienen erfolglos. »Julia, komm bitte. Das Kaffeehaus sperrt gleich zu, wir müssen gehen«, forderte er sie zum wiederholten Male auf.

»Können wir nicht noch ein wenig bleiben und die Stimmung genießen?«, kam die träge Antwort.

»Außer uns ist praktisch niemand mehr da.« Korber warf einen hilfesuchenden Blick in Richtung Leopold. Den schien die Situation einigermaßen zu amüsieren. »Ja, ja, jeder trägt sein Binkerl«, sagte er nur. »Jetzt musst du eben schauen, wie du dein Weihnachtsbinkerl nach Hause bekommst.«

»Jetzt hör auf zu scherzen und geh mir lieber zur Hand«, forderte Korber ihn ungeduldig auf. »Oder willst du, dass sie euch die ganze Nacht hier sitzen bleibt?«

Leopold zeigte ein Einsehen und half seinem Freund Thomas, Julia aus ihrem Sessel hochzuheben. »Hinaus wirst du sie ja kriegen, aber was weiter?«, überlegte er zweifelnd. »Ich denke, ich rufe euch beiden lieber ein Taxi.«

»Taxi?«, meldete sich da Julias zarte Stimme zu Wort. »Kommt gar nicht infrage. Ich liege dir ohnehin schon den ganzen Tag auf dem Geldbeutel, Thomas. Wir gehen zu Fuß.« Sie riss sich von den beiden los und stolperte, bemüht, den Eindruck körperlicher Fitness zu erwecken, zu dem Kleiderhaken, wo ihre Jacke hing.

»Wirst du das auch schaffen?«, war sich Korber gar nicht sicher.

Wie jeder betrunkene Mensch, dem man aufgrund seines augenblicklichen Zustandes grundlegende Fähigkeiten abspricht, reagierte auch Julia unwirsch. »Klar«, antwortete sie, während sie kurz einen Tisch rammte. »Was soll die blöde Fragerei? Wir stapfen noch ein wenig durch den Schnee. Und weißt du was? Wir gehen beim Gymnasium vorbei, der Stätte meiner Jugendsünden.«

Korber atmete auf. Das Gymnasium lag zwar nicht an einer Hauptstraße, sondern ein wenig abseits, aber es war nur ein paar Schritte entfernt, und unweit davon kam man zu einem Durchgang auf den Franz-Jonas-Platz, von wo die S-Bahn, Straßenbahnen und Autobusse abfuhren und wo auch immer Taxis standen. Bis dorthin würde er Julia schon ohne größere Probleme bekommen. »Na gut, gehen wir«, forderte er sie erleichtert auf.

»Sei vorsichtig, Thomas. Und wenn die frische Luft zu sehr angreift, ruf mich an«, gab Leopold letzte Ratschläge.

Aber die frische Luft schien Julia Leichtfried im Gegenteil wieder lebendiger zu machen. Es schneite nur mehr leicht. Sie begann, auf dem vom Schnee teilweise schon geräumten Gehsteig hin- und herzuhüpfen, dass es Korber gleich wieder angst und bange wurde. »Komm, fang mich doch«, rief sie ihm zu.

»Julia, sei bitte vernünftig und lass das. Du fällst nur hin und tust dir weh«, kam es von Korber in vielleicht zu lehrerhaftem Ton. Denn kaum war er fertig, klatschte ihm ein von Julia überraschend zielsicher geworfener Schneeball ins Gesicht. »Spiel nicht den Oberlehrer und fang mich«, munterte sie ihn erneut auf.

Korber begann, das Spiel mitzuspielen. Er griff nach dem am Straßenrand aufgehäuften Schnee, warf nun seinerseits nach Julia, traf aber nicht. Julia wollte laufen, setzte jedoch nur unbeholfen einen Schritt vor den anderen und wurde rasch von Korber eingeholt. Er packte sie bei den Schultern. »Hab ich dich!«, rief er, um seinen Sieg zu verkünden. Die Sache machte ihm langsam Spaß. Julia riss sich allerdings los, taumelte und floh nach rechts um eine Ecke auf einen kleinen, von der Straße abgeschirmten Vorplatz, der bereits zum Gymnasium gehörte. Es war finster. »Hier bin ich«, piepste sie.

Julia lief nicht mehr, sondern stand, an die Wand gelehnt. Hatte sie aufgegeben? Wartete sie auf etwas? Diesmal nahm Korber Julia nur mit einer Hand um den Hals, nicht grob, beinahe zärtlich. »Ich hab dich«, flüsterte er ihr ins Ohr. »Na, wie gefällt dir das? Du darfst dir jetzt eine Strafe für den Schneeball ausdenken.«

Aber Julia reagierte nicht. Ihr Gesicht blieb von ihm abgewendet. Sie riss ihre Augen plötzlich weit auf und fixierte einen Punkt in der Dunkelheit. »Ich weiß nicht«, gluckste sie. »Ich glaube, da vorn liegt jemand.«

»Komm, lenk nicht ab. Sei keine schlechte Verliererin«, beharrte Korber. Julia fühlte sich für ihn in diesem Augenblick weich, zart und verletzlich an.

»So schau doch selbst. Da liegt jemand. Aber er rührt sich nicht.«

»Ehrlich?« Korber spielte zum ersten Mal mit dem Gedanken, dass Julia recht haben könnte. Er warf einen Blick in die von ihr angedeutete Richtung. Tatsächlich lag da etwas mit seltsam überkreuzten Beinen am Fuß einer kleinen Treppe, die zu einem Nebeneingang des Schulhauses führte.

Er ging näher heran. Handelte es sich um einen Betrunkenen? Dann musste man ihn schleunigst aufwecken, damit er in dieser kalten Winternacht nicht jämmerlich erfror. Aber schneller, als ihm lieb war, sah Korber, dass hier niemand seinen Rausch ausschlief. Veronika Planks Augen waren weit aufgerissen und starrten ins Nichts. Sie war tot. Mausetot. Und sie war nicht auf natürliche Weise aus dem Leben geschieden. An ihrem Hals waren deutliche Würgemale zu erkennen.

Korber spürte, wie seine Beine nachgaben und das Blut aus seinem Kopf wich. Er musste sich am Stiegengeländer festhalten, um nicht umzukippen. Als er noch überlegte, wie er Julia diese Nachricht möglichst schonend beibringen sollte, hörte er, wie sich ihr taumelnder Schritt von ihm entfernte und sie anschließend ihren Mageninhalt geräuschvoll entleerte. Dann lautes Schnäuzen und leises Schluchzen. Offenbar hatte sie alles sehr rasch mitbekommen.

»Es ist Veronika, die Frau, die rechts neben mir gesessen ist«, sagte Korber in die plötzlich spürbare Stille.

»Ich weiß. Aber was sollen wir denn jetzt machen?«, fragte Julia Leichtfried mit tränenerstickter Stimme.

Korber überlegte kurz. »Ich rufe Leopold an. Er wird uns weiterhelfen«, beruhigte er sie dann.

*

Leopold hätte es seinem Freund wohl nie verziehen, wenn er ihn über eine Leiche, die knappe 100 Meter von seiner Wirkungsstätte, dem Café Heller, entfernt lag, erst nach Eintreffen der Polizei verständigt hätte. Deshalb war er auch in Windeseile zur Stelle. »Wir waren gerade beim Zusperren«, berichtete er. »Aber die Chefin hat gemeint, dass es für das junge Fräulein wohl besser wäre, wenn es sich ein bisschen bei uns aufwärmt. Also gehen Sie bitte einstweilen. Du bleibst hier«, wies er Korber zurecht, als der sich anschickte, Julia zu folgen. »Frau Heller steht vorn am Eck und passt auf, dass nichts passiert. Es gibt keinen Grund, dass du dich verdrückst. Also komm und hilf mir. Wo liegt die Tote?«

Der immer noch sichtlich mitgenommene Korber zeigte wortlos zu dem leblosen Häufchen am Fuß der Treppe. Leopold nahm eine kleine Taschenlampe aus seiner Winterjacke und leuchtete der Toten fachmännisch wie ein Arzt ums Gesicht herum. Der Anblick des leblosen jungen Körpers machte auch ihm kurz zu schaffen. »Armes Ding! Was hast du bloß angerichtet, dass du so früh sterben musstest«, murmelte er. »Erwürgt, besser gesagt stranguliert«, befand er dann. »Das ist nicht mit bloßen Händen geschehen. Ich bin gespannt, ob die Polizei Faserspuren finden wird. Meiner Meinung nach ist das, der Jahreszeit entsprechend, mit einem Schal oder einem Halstuch gemacht worden.«

»Hast du gesehen, ob Veronika einen Schal trug?«, wollte Korber wissen.

»Ich glaube nicht«, antwortete Leopold. »Aber dann hatte eben der Täter einen dabei. Jedenfalls ist die Tatwaffe verschwunden. Bin gespannt, ob sie wieder auftaucht. Im Gegensatz zu Messern oder Schusswaffen wird so etwas selten entsorgt. Weil es ein nützlicher Gebrauchsgegenstand ist, von dem man sich nicht trennen will.« Er leuchtete weiter nach unten. »Siehst du das?«, fragte er seinen Freund.

Korber schüttelte teilnahmslos den Kopf. Ihm war unheimlich zumute. Warum hatte ihn Leopold bloß nicht mit Julia zurück ins Kaffeehaus flüchten lassen?

»Die Jacke ist offen, und unter dem Pullover schaut eine Bluse hervor. Interessant.« Leopolds Hände schlüpften in ein Paar Einweghandschuhe, die er vorsorglich aus seiner Lade im Kaffeehaus mitgenommen hatte. Er hob den Pullover leicht an. »Wie ich mir gedacht habe«, konstatierte er. »Keine junge Frau geht so schlampig angezogen auf die Straße. Jemand hat versucht, die Bluse aufzureißen. Da fehlen zwei Knöpfe.«

»Willst du damit sagen, dass jemand im Begriff war, Veronika zu vergewaltigen?«, fragte Korber, jetzt wieder ein wenig aus seiner Lethargie gerissen.

»Da will ich mich zum jetzigen Zeitpunkt noch nicht festlegen. Ausschließen möchte ich es jedenfalls nicht.«

»Beim Schnee und bei dieser Kälte? Auf offener Straße? Da hält sich doch die Lust eines jeden in Grenzen.«

»Deine vielleicht, lieber Thomas. Aber einem Triebtäter ist das, glaube ich, egal. Hier herinnen ist es halbwegs geschützt. Vielleicht wollte er sie einfach gegen die Mauer lehnen und sich so an ihr vergreifen. Aber so weit ist er offenbar nicht gekommen. Die Hose sitzt normal und ist unbeschädigt.«

»Wahrscheinlich hat Veronika geschrien.«

»Sie könnte es versucht haben. Und das könnte wiederum einer der Gründe sein, warum sie erwürgt worden ist. Da bin ich schon gespannt, was die Ermittler an Spuren finden. Vor allem würde mich interessieren, wo die zwei Knöpfe abgeblieben sind.«

Leopold begann nun mit einer genaueren Examinierung der Toten. Er griff ungeniert in ihre Handtasche, die Hosensäcke und Jackentaschen. Korber, der das erste Mal bei derlei Hantieren seines Freundes zugegen war, wandte sich mit Schaudern ab. »Sag, musst du da so herumtapsen?«, bemerkte er irritiert. »Ist das nicht ungemein pietätlos?«

»Du brauchst keine Angst zu haben, dass da nicht bald einige Leute mehr herumtapsen werden«, rechtfertigte Leopold sich. »Wer zuerst kommt, mahlt zuerst. Ich will mir ohnedies nur einen kleinen Überblick verschaffen. Viel hat sie gerade nicht bei sich gehabt, wie es aussieht: ein bisschen Geld, Taschentücher, Zigaretten, Schlüssel, Kleinkram … Ah, da ist ja das Handy. Mal sehen.«

Während sich Leopold mit erstaunlicher Schnelligkeit an den Tasten von Veronikas Mobiltelefon zu schaffen machte, wurde Korber ungeduldig. Es war kalt, und das flaue Gefühl, das sich seiner angesichts der Leiche bemächtigt hatte, wollte und wollte einfach nicht vergehen. »Mach schnell«, forderte er Leopold auf. »Und ruf dann endlich unseren gemeinsamen Freund Richard Juricek an.«

Leopold, ganz vertieft in das kleine Gerät, ließ sich nicht beirren. Erst als ein Lächeln, das kurz über sein Gesicht huschte, anzeigte, dass er fündig geworden war, meinte er: »Also lassen wir den Herrn Oberinspektor kommen. Vorläufig habe ich alles, was ich brauche.«

*

»Guten Abend, Herr Hofer. Oh, verzeihen Sie, Herr W. Hofer natürlich«, grüßte Inspektor Bollek, der bei seinem Eintreffen seltsam entspannt wirkte, Leopold. »Ich habe sie nicht vergessen, die kleine Initiale. Nun, wieder einmal eine Leiche gefunden? Gratuliere. Also, wie Sie das immer machen, ist mir ein Rätsel.«

»Es passiert halt viel. Aber diesmal habe ich eigentlich nichts mit der Sache zu tun«, korrigierte Leopold ihn. »Herr Professor Korber hat die Tote entdeckt, zusammen mit einer jungen Dame, die sich gerade bei uns im Kaffeehaus von dem Schock erholt. Ich bin rein zufällig hier.«

»Wie zufällig?«, erkundigte sich Bollek vorsichtig, ganz gegen seine sonstige Gewohnheit. »Verstehen Sie mich bitte jetzt nicht falsch, aber wir brauchen das fürs Protokoll. Haben die beiden Herrschaften zum Beispiel etwas bei Ihnen im Lokal vergessen, und Sie haben es ihnen nachgetragen? Dann schreibe ich das gleich auf.«

Leopold nickte überrascht und verunsichert. Was war

mit Bollek los? Warum kam ihm dieser Choleriker diesmal auf die sanfte Tour? Er beschloss abzuwarten und verwies den Inspektor zunächst auf Thomas Korber, der kurz alle näheren Umstände seiner furchtbaren Entdeckung schilderte.

»Natürlich sieht's mit Fußspuren nicht sehr rosig aus, wenn Sie sich schon auf dem Gelände bewegt haben«, seufzte Bollek nachher. »Wir haben auf jeden Fall Fotos gemacht, vielleicht helfen sie uns weiter. Ist an der Position der Leiche etwas verändert worden?«

Sein Blick traf Leopold, und kurz sah es so aus, als würden Bolleks Augen diesmal schelmisch glänzen. »Ich denke nicht«, tat Leopold so, als überlege er. »Höchstens jemand ist vielleicht unabsichtlich in der Dunkelheit mit dem Fuß dagegengestoßen.«

»Kein unsachgemäßes Herumfummeln am Gewand?« Bollek deutete kurz auf die hervorstehende, aufgerissene Bluse. »Nein? Na schön. Das, was Sie mit Ihren Füßen so alles herausgefunden haben, erzählen Sie am besten Ihrem Freund, meinem Chef. Zwischen Ihnen herrscht ja ein gewisses Vertrauensverhältnis. Mich interessiert vor allem, ob die Frau hier umgebracht oder von woanders hierhergeschleift worden ist.«

»Das hier ist doch ein schönes, abgeschiedenes Plätzchen für einen Mord. Nach Mitternacht kommt um diese Jahreszeit praktisch niemand mehr vorbei«, bemerkte Leopold bescheiden. »Und wieso hätte der Täter die Leiche lange großartig durch die Gegend schleppen sollen?«

»Grundsätzlich richtige Überlegung, Herr W. Hofer«, erteilte Bollek sachlich Auskunft. »Aber meiner Meinung nach kann die Sache auch da drüben passiert sein. Das ist ein ganz kurzer Weg.«

Bollek deutete auf die gegenüberliegende Straßenseite, wo sich ein jetzt ruhig daliegender öffentlicher Parkplatz befand, der untertags vor allem von Besuchern des Floridsdorfer Hallenbades genutzt wurde. Leopold begann zu verstehen. Bollek meinte, dass der Mord in oder vor einem Auto geschehen sein könnte, das auf diesem Parkplatz abgestellt gewesen war und dem Täter gehörte. Immerhin möglich, musste Leopold zugeben. Woher kamen so viel Hausverstand und logisches Denken? Und warum war er da nicht selbst drauf gekommen? Leopold wunderte sich jedenfalls immer mehr. »Kann sein«, gab er kleinlaut zu.

»Na, sehen Sie. Das sind eben die Dinge, die einem Polizisten sofort ins Auge springen. Ihnen als Hobbydetektiv muss das nicht so auffallen.« Zufrieden rieb sich Bollek die Hände.

Noch ehe Leopold auf diesen von ihm schon längst erwarteten Untergriff reagieren konnte, spürte er die Schwere einer wohlbekannten Hand auf seiner Schulter. »Servus Leopold«, klang die sonore Stimme seines ehemaligen Schulfreundes, des Oberinspektors Richard Juricek von der Mordkommission, in sein Ohr.

»Servus, Richard«, erwiderte er. »Scheußliche Sache, was?«

»Ja, furchtbar. Mir tut jeder Mensch leid, der auf unnatürliche Art und Weise früher ins Gras beißen muss, als er eigentlich sollte. Aber bei so einem jungen Geschöpf ist das doppelt tragisch. Und so knapp vor Weihnachten noch dazu. Wie sollen wir das bloß den armen Eltern beibringen?«

»Veronika Plank heißt sie«, erklärte Leopold. »War gerade noch vorn bei uns im Kaffeehaus.«

»Auf dem Heimweg erwürgt«, meinte Juricek. »Was mag jemanden dazu veranlasst haben? Geld? Hass? Eifersucht? Trieb? Kalkül? Manche Dinge werden wir wohl nie begreifen. Aber sag, wieso bist du schon wieder bei einem Mord dabei?«

»Rein zufällig. Ich hab schon alles protokolliert«, hörte man Bollek aus dem Hintergrund.

»Ach, du riechst die Dinge schon wieder einmal kilometerweit gegen den Wind, Leopold«, begriff Juricek. »Da hast du mir sicher einiges zu erzählen. Ich habe fürs Erste hier genug gesehen, den Rest kann Bollek allein erledigen. Wollen wir nicht die Dinge bei einer guten Schale Kaffee besprechen?«

So wandten sich die Schritte von Korber, Leopold und Juricek noch einmal in Richtung Café Heller. »Euer Bollek ist ja richtig umgänglich geworden«, meinte Leopold auf dem Weg dorthin.

»Das fällt auf, was? Nun, wir bemühen uns ja, etwas aus ihm zu machen. Wir haben ihn auf eine kriminalpsychologische Schulung geschickt«, erklärte Juricek. »Zuerst hat er sich ein wenig gesträubt, aber dann hat ihm die Sache mit einem Mal sehr gefallen. Seither ist er ein richtiger Fortbildungsfanatiker geworden und hat noch verschiedene andere Kurse besucht. Und nicht zu vergessen: Er hat jetzt eine Freundin. Das beruhigt.«

»Na, dann geht es ja steil bergauf mit ihm«, befand Leopold nicht ohne Spott.

»Mach dich nicht lustig über ihn und unterschätze mir Bollek nicht. Ich möchte nicht, dass du wieder Schwierigkeiten mit ihm bekommst.« Mit diesen Worten öffnete Juricek die Tür des Kaffeehauses, wo sich eine ziemlich aufgelöste Julia Leichtfried an einer Tasse alkoholfreien Tees labte und im Gespräch mit Frau Heller versuchte, wach zu bleiben. »Dauert das jetzt noch lange?«, wollte sie wissen.

»Nicht unbedingt«, sagte Juricek. »Sie können Ihre Aussage übrigens gern morgen auf dem Kommissariat machen und jetzt gehen.«

»Geht nicht«, schüttelte Julia müde den Kopf. »Ich muss noch auf Thomas warten.«

Juricek stutzte einen Augenblick. »Erklär ich dir alles später«, zwinkerte Leopold ihm zu. Damit setzten sich die drei auf eine Bank am Fenster und bestellten noch drei helle, nicht zu starke Schalen Melange.

Das Café Heller lag verlassen vor ihnen. Die schüttere Beleuchtung war jetzt kein Zeichen vorweihnachtlicher Romantik mehr, sondern dafür, dass beinahe alles Leben aus dem Lokal gewichen war. Die einzelnen Lichtpunkte stellten eine Art Notversorgung für die paar Verbliebenen dar, eine kleine Insel im Meer der sie umgebenden Dunkelheit. Die Stille wirkte unangenehm und bedrückend. Die Stimmen blieben leise und gedämpft, obwohl niemand herinnen war, den sie gestört hätten. Die mächtige Hand der Sperrstunde hatte alles abgewürgt, so wie draußen ein unbekannter Mörder die arme Veronika Plank.

»Die junge Dame war also vor ihrem Tod hier im Kaffeehaus«, resümierte Juricek. »Mit wem war sie beisammen? Hat es Auffälligkeiten gegeben?«

»Sie ist mit einer Runde zusammengesessen und hat

diskutiert«, berichtete Leopold. »Wir nennen es den Philosophenzirkel, weil sie einmal in der Woche versuchen, gemeinsam eine Debatte über anspruchsvolle Themen zu führen. Aber Thomas war bei dem Gespräch dabei und weiß viel mehr darüber.«

So erzählte Thomas Korber von Bianca Roths Hang zum Übernatürlichen und ihren ständigen Ausfällen gegen Veronika, die sich wohl daraus erklären ließen, dass Bernhard Klein, mit ihr quasi Begründer des Zirkels, seine Aufmerksamkeit mit der Zeit immer deutlicher auf Veronika Plank gerichtet hätte. Auch Rudolf Caha, ehemaliger Mathematiklehrer Veronikas auf dem Gymnasium, und Gernot Stolz, ein eher zufällig zu der Runde gestoßener Gast aus Meidling, seien von der jungen Toten sehr angetan gewesen. Veronika habe den Männern eben zu erkennen gegeben, dass sie gegen einen kleinen Sprung ins Bett nichts einzuwenden hatte.

»Was mir aufgefallen ist«, erinnerte sich Leopold, »ist, dass Veronika ziemlich spät gekommen ist, zusammen mit Franz Jäger. Das ist doch sonst ein Einzelgänger und, wie man hinter vorgehaltener Hand sagt, Muttersöhnchen. Einigermaßen aufgelöst schien sie auch.«

»Ja, das stimmt«, bestätigte Korber. »Sie hat uns aber nicht wissen lassen, was da vorgefallen ist. Komisch. Veronika ist auch wieder mit Franz gemeinsam gegangen. Das war sonst nie der Fall. Und es gab auch noch diesen ungehobelten Kerl von der Weihnachtsfeier am Nachbarstisch, der Streit mit ihr gesucht hat«, fiel ihm ein.

»Ja, der ist ziemlich wütend auf sie gewesen«, fuhr

Leopold fort. »Es hat später noch eine kleine Auseinandersetzung vor den Toiletten gegeben. Dann hat der Kerl behauptet, sie habe ihm Geld gestohlen, und ist ihr nachgelaufen. Ohne zu zahlen natürlich.«

Juricek notierte die Details eifrig. »Wie der Herr heißt, wisst ihr nicht?«, fragte er.

»Er ist bei der Firma Frick beschäftigt«, gab Leopold Auskunft.

»Mario heißt er«, meldete sich da plötzlich Julia Leichtfried aus der Versenkung. »Mario irgendwas. Aber der ist ausgesprochen nett und hat das sicher nicht getan. Eure Veronika hat ihn, glaube ich, ziemlich übers Ohr gehauen.« Nach diesem kleinen Energieanfall war sie aber auch schon wieder ruhig.

»Wir dürfen nicht den seltsamen Typen vergessen, der an der Theke einen großen Braunen getrunken hat«, erwähnte Leopold noch. »Ein Glatzkopf, etwa 1,85 groß, so um die Mitte 40. Schmale Lippen, buschige, helle Augenbrauen, eine große Nase und Augen, die einem jeden sofort genau zeigen, wo sie hinschauen. Er hat ständig auf Veronika gestarrt und vermutlich nur eins gesehen: nackte Haut. Ein Spanner der übelsten Sorte, wenn ihr mich fragt. Er muss kurz vor ihr gegangen sein. Von dem weiß ich sonst leider gar nichts, er war das erste Mal hier.«

Juricek schrieb weiter gewissenhaft mit seiner kleinen, nur für ihn lesbaren Schrift in sein Notizbuch. »Schau doch morgen wegen eines Phantombilds von dem Kerl bei uns vorbei«, forderte er Leopold auf. »Wie könnt ihr mir die Tote beschreiben?«, erkundigte er sich dann.

Korber überlegte kurz. »Ich glaube, über Veronika kann man zwei Dinge sagen«, meinte er dann. »Erstens war sie, wie hier jetzt schon mehrfach angedeutet worden ist, nicht prüde. Schon in der Schule gab es Debatten, wie vielen Burschen sie die Jungfräulichkeit genommen hat. Bis heute scheint sich an ihrer sexuellen Aktivität nicht viel geändert zu haben. Aktiv ist sie zweitens auch bei einer Gruppe ziemlich radikaler Tierschützer. Die haben einigen Geschäften hier im Bezirk schon ganz schön zu schaffen gemacht.«

»Ich glaube, jetzt sagt mir der Name etwas«, erinnerte Juricek sich. »Veronika Plank, natürlich. Die Farbspray-Attacke bei Esswein & Schauer. Ihr Vater hat damals alles bezahlt und sie aus der Sache rausgeboxt. Dass mir das nicht gleich eingefallen ist, als ich vorhin den Namen zum ersten Mal gehört habe.«

»Ob das wohl etwas mit dem Mord zu tun hat?«, wollte Korber wissen.

»Mag sein. Wir werden der Sache jedenfalls nachgehen. Da gibt's doch noch so einen angeblichen Tierschützer, Jochen Angerer heißt der, glaube ich. Na gut! Wovon ich mir abschließend ein Bild machen möchte, sind die Uhrzeiten. Wann haben die für uns wichtigsten Personen das Lokal verlassen? Wann ist die Leiche gefunden worden?«, fragte Juricek weiter.

Leopold hatte sich im Geist schon das Zeitdiagramm notiert: »Der allgemeine Aufbruch hat um circa halb zwölf Uhr mit den Gästen vom Frick-Tisch begonnen. Dann sind um etwa dreiviertel die ersten Philosophen gegangen, Gernot Stolz und Bernhard Klein. Veronika hatte da gerade ihren Wickel mit diesem Mario.

Sie hat dann das Lokal zusammen mit Franz Jäger knapp vor zwölf verlassen, kurz nach Bianca Roth und Rudolf Caha. Irgendwann dazwischen war auf einmal der Glatzkopf weg. Mario ging etwa eine Viertelstunde nach Mitternacht. Bei Thomas und Julia hat's noch bis halb eins gedauert. Ein wenig später haben sie die Tote entdeckt.«

»Das muss so zehn Minuten später gewesen sein«, überlegte Korber.

»Du bist dann irgendwie – rein zufällig – auf der Bildfläche, das heißt am Tatort, erschienen, Leopold, und hast bei uns angerufen«, ergänzte Juricek. »Schön. Ich möchte dich jetzt nicht um Details diesbezüglich fragen. Es bleibt ohnehin genug zu tun: die Familie Plank verständigen, mit den Befragungen beginnen, die Ergebnisse vom Tatort und von der Leiche auswerten ...« Er steckte sein Notizbuch ein. »Vergessen Sie übrigens morgen nicht Ihre Aussage, junges Fräulein«, erinnerte er Julia Leichtfried.

»Können wir dir vielleicht irgendwie behilflich sein, Richard?«, säuselte Leopold.

Juricek seufzte: »Natürlich, Leopold. Du weißt ja Bescheid. Hör dich ein wenig um im Kaffeehaus. Vielleicht schauen ein paar der Beteiligten wieder vorbei, vielleicht weiß jemand etwas über sie. Da könnte uns eine entsprechende Information natürlich sehr hilfreich sein. Aber zu mehr möchte ich dich nicht ermutigen, ich kenne deine eigenwilligen Aktionen. Bollek hat sich in letzter Zeit zu einer echten Hilfe entwickelt. Also wenn ich ehrlich bin – trotz deiner Verdienste, du würdest die Abläufe nur stören. Wirklich.«

»Ach, weißt du, Richard, ich werde diesmal sowieso keine Zeit haben, mich genauer mit dem Fall zu befassen. Meine Tante Agnes kommt morgen in Wien an. Sie besucht mich zu Weihnachten. Du kannst dir ja denken, was da los sein wird.«

»Da schau her«, brummte Juricek, während er seinen Mantel und sein Erkennungszeichen, den großen Sombrero, vom Kleiderhaken nahm. »Na, da gratuliere ich. Aber du siehst so aus, als ob du noch etwas auf dem Herzen hättest.«

»Nur eine Kleinigkeit«, sagte Leopold in aller Bescheidenheit. »Dein großartiger Bollek und sein Team werden inzwischen schon festgestellt haben, dass jemand versucht hat, die Bluse des Opfers gewaltsam zu öffnen, und dabei zwei Knöpfe abgerissen hat. Mich würde nur interessieren, ob die beiden Knöpfe am Tatort aufgetaucht sind.«

*

»Ich glaube, ich gehe jetzt schlafen. Das war ein anstrengender, beschissener Tag«, gähnte Julia Leichtfried. »Gute Nacht.« Damit begab sie sich in Korbers Schlafzimmer, das er ihr für die nächsten Tage kampflos überlassen hatte.

Leopold, der die beiden mit dem Auto nach Hause gebracht hatte, rührte in seinem Kaffee um, Korber holte ein Bier aus dem Eisschrank. Es war ihnen zur Angewohnheit geworden, dass sie zu solchen Anlässen noch ein wenig beisammen saßen und die Ereignisse der letzten Stunden Revue passieren ließen. Dabei ahnten sie, dass der Morgen früher da sein würde, als ihnen lieb war.

»Das ist ja lächerlich«, grantelte Leopold, dem die neue Entwicklung seines alten Rivalen offenbar überhaupt nicht gefiel. »Hast du gemerkt, wie Bollek auf einmal zum neuen Genie hochgespielt wird? Zum Tatortexperten? Ein paar kleine Schulungen, und schon muss man förmlich zu ihm aufblicken und ihm für seine Weisheit danken.«

»Typisch«, kommentierte Korber und nahm einen großen Schluck vom Bier. »Da kann man endlich einmal mit diesem Bollek reden wie mit anderen vernünftigen Menschen auch, und dir ist es immer noch nicht recht.«

»Papperlapapp! Bollek und vernünftig! Statt seines Jähzorns kommt er jetzt eben auf die herablassende Art. Eine neue Masche, sonst nichts! Hast du ihn reden gehört? ›Ihnen als Hobbydetektiv muss das nicht so auffallen.‹ So ein Unfug. Bildet sich ein, dass jemand extra mit dem Auto vorbeigekommen ist, um Veronika Plank umzubringen, denn von unseren Philosophen hat keiner eins.«

»Doch. Gernot Stolz«, korrigierte Korber.

»Das ist aber wiederum ziemlich der Einzige, bei dem mir nichts einfällt, das ihn mit der Toten in Verbindung bringt«, gab Leopold zu bedenken.

»Und dieser Mario? Oder der Glatzkopf? Die könnten ohne Weiteres motorisiert gewesen sein.«

»Das ist alles relativ unerheblich. Ich glaube nicht, dass Veronika woanders ermordet wurde, etwa auf dem Parkplatz. Das ist so ein schönes Platzerl zum Umbringen, wo ihr sie gefunden habt, das schreit förmlich danach.

Es gibt wichtigere Fragen, die sich bis jetzt weder Bollek noch Richard gestellt haben. Etwa, warum Veronika Plank überhaupt hier vorbeigegangen ist. Sie wohnt doch in der Pilzgasse, wie du sagst. Das liegt ganz in der entgegengesetzten Richtung.«

»Vielleicht wollte sie sich noch ein wenig auslüften, so wie Julia und ich.«

»Pah, auslüften. Die wollte ganz schnell wieder in die warme Stube, und dort mit Sicherheit unter die Bettdecke. In der Wohnhausanlage gegenüber der Schule wohnt doch unser Freund Bernhard Klein. Und rate mal, was ich auf Veronikas Handy gefunden habe: eine SMS, abgeschickt knapp vor 23 Uhr: ›Kommst du nachher zu mir rüber? LG Bernhard.‹«

»Die haben sich während unserer Debatte eine SMS geschickt?«

»Da staunst du, was? Multitasking nennt man so etwas. Während der Kopf noch in den Mund hineinarbeitet, diktiert der Bauch bereits die Hand: ›Komm zu mir, ich habe Sehnsucht!‹ Denn seine Briefmarkensammlung wollte Bernhard Veronika mit Sicherheit nicht zeigen.«

»Ist aber leider nichts mehr draus geworden«, rekapitulierte Korber.

»So ist es! Und jetzt kommt das nächste Merkwürdige an der Sache. Bernhard Klein geht früher, damit es nicht so auffällt, dass er mit Veronika noch etwas vorhat. Er wartet zu Hause auf sie, aber sie kommt nicht daher. Eine Stunde vergeht, und sie ist immer noch nicht da. Was tust du in so einem Fall? Dann rufst du doch sicher an oder schickst noch eine SMS und erkundigst dich, was los ist«, folgerte Leopold. »Veronika Plank hat aber keinen Anruf und keine SMS mehr erhalten. Wie konnte Bernhard Klein wissen, dass sie nicht kommen würde? Und wenn er es nicht wusste, warum hat er sich dann nicht mehr gemeldet?«

»Keine Ahnung.«

»Eben.« Leopold trank hastig den Kaffee aus, der ihm nach dem langen, anstrengenden Abend nicht mehr schmeckte, und setzte mit seinen Überlegungen fort: »Schließlich noch die Geschichte mit diesem Mario. Veronika hatte nur ganz wenig Geld einstecken, weniger als Marios Rechnung ausmachte. Entweder er hat einen künstlichen Wirbel veranstaltet und Veronika hat ihm nichts gestohlen, oder …«

»Oder was?«, zeigte sich Korber, den mit dem Bier langsam die Müdigkeit packte, noch einmal interessiert.

»Oder er hat sich sein Geld zurückgeholt, und zwar unter Gewaltanwendung. Er war ja schon im Kaffeehaus nicht gerade zart besaitet. Dabei könnte wiederum die Bluse zu Schaden gekommen sein … und die arme junge Frau ums Leben.« Leopold seufzte. »Fragen über Fragen, und ich muss Richard und Bollek das Feld überlassen, weil morgen meine Tante ankommt und mich wahrscheinlich so beschäftigen wird, dass ich neben dem Kaffeehaus keine freie Minute mehr habe.«

»Na, für kleine kriminalistische Recherchen hast du dir doch noch immer Zeit genommen.«

»Das sagt sich so leicht. Weißt du, woran ich jetzt auf einmal denken muss? Ich muss die Tante herumführen. Ich muss mich um ein Geschenk für sie kümmern. Und sie wird darauf bestehen, dass wir einen Christbaum mit Beleuchtung und dem ganzen Klimbim in meiner Wohnung aufstellen. Das ist eine Situation, in die du dich gar nicht hineinversetzen kannst.«

Korber kratzte sich kurz am Kopf. So konnte einen das Schicksal überrumpeln. Aber wenn er es recht bedachte, war er auch nicht besser dran. Ihm fiel wieder ein, dass im Nebenraum – in *seinem* Schlafzimmer – gerade Julia Leichtfried dem Morgen entgegenschlummerte. Würde sie etwa auch ein Geschenk und einen Christbaum erwarten? »Nicht so laut, Julia schläft da drüben«, sagte er reflexartig.

»Ich werde jetzt ohnehin gehen«, beschloss Leopold mit einem Blick auf seine Uhr. »Mein Gott, es ist gleich vier Uhr früh. Ich muss direkt noch einmal nachsehen, wann der Zug mit Tante Agnes ankommt. Aber sag mir schnell eines: Hast du eigentlich etwas mit Veronika Plank gehabt?«

»Ich? Nein, warum?«, verneinte Korber entrüstet.

»Sie war doch Schülerin bei euch am Gymnasium und überhaupt nicht prüde, wie du mehrmals betont hast. Also eigentlich genau dein Profil.«

»Du glaubst wohl, wenn eine ein bisschen mit dem Popsch wackelt, laufe ich ihr schon nach. Nein, nein, lieber Leopold, da kennst du mich schlecht«, verteidigte Korber sich. »Es sind die inneren Werte, die für mich in erster Linie zählen. So eine wie Veronika hätte bei mir nie eine Chance gehabt.«

Leopold blinzelte Korber noch einmal ungläubig an. »Dein Wort in Gottes Ohr, lieber Freund. Versuch nur nicht gleich, die inneren Werte deiner neuen Untermieterin zu entdecken. Und denk bitte nach. Du kennst die Leute vom Philosophenzirkel besser als ich. Vielleicht fällt dir zu einem von ihnen etwas ein, was uns weiterbringt.«

Damit huschte Leopold leise zur Tür hinaus. Korber beeilte sich jetzt, ins Bett zu kommen. Ein paar Stunden Schlaf – wenn er denn auf seiner kleinen Wohnzimmercouch überhaupt Schlaf finden sollte – würden ihm guttun. Die Ereignisse hatten ihn ziemlich mitgenommen. Vom nächsten Tag hatte er einstweilen nur einen verschwommenen Eindruck, aber der würde sicher auch anstrengend werden.

Er gähnte laut. Die Tür zu seinem Schlafzimmer öffnete sich. Julia Leichtfried kam heraus.

»Jetzt haben wir dich doch aufgeweckt«, stellte Korber schuldbewusst fest. »Aber es geht halt nicht leiser, wenn zwei miteinander reden.«

»Ich kann sowieso nicht schlafen«, seufzte Julia. »Ich halte es nicht aus allein da drinnen. Ständig sehe ich die weit aufgerissenen Augen und den verkrampften Gesichtsausdruck der Toten vor mir. Bitte komm herein und leg dich zu mir. Bitte!«

»Aber Julia, ich …«, gab Korber verlegen von sich.

»Bitte!«, forderte Julia.

Es half alles nichts. Wenige Minuten später fand Korber sich in seinem eigenen Bett wieder. Julia hatte den Kopf an seine Brust gelehnt und hielt sich an seinem Oberarm fest. Ihr Atem wurde langsam ruhiger und tiefer, dann lauter, bis schließlich ein inbrünstiges, erlöstes Schnarchen das Schlafgemach erfüllte. Der säuerliche Geruch von Alkohol stieg Korber in die Nase und umnebelte ihn. Es war bei Gott alles andere als eine romantische Begegnung unter der Bettdecke. Dennoch spürte er den Körper und die Berührungen der Frau neben ihm, und ein stilles Glück durchströmte seinen Körper, der sich jetzt ebenfalls entspannte.

5

Die Franz-Josefs-Bahn war früher eine wichtige Bahnverbindung von Wien zu den Städten Prag, Budweis, Pilsen oder Eger. Heute erinnert nichts mehr an die glorreiche Zeit dieser Linie in der ehemaligen österreichisch-ungarischen k.u.k.- Monarchie. Das ehrgeizige Projekt ist eigentlich längst Geschichte. Die Verbindung in das heutige Tschechien existiert nicht mehr. Die Züge rollen nur mehr vom Grenzbahnhof Gmünd im nördlichen Waldviertel in die Bundeshauptstadt nach Wien. Und ›rollen‹ ist der richtige Ausdruck. Die Schnellzüge fahren alle ganz woanders, über die Gleise der heutigen Nordbahn. Ganz nebenbei verfehlt die Franz-Josefs-Bahn drei Bezirkshauptstädte des Waldviertels: Horn, Zwettl und Waidhofen an der Thaya. Dafür hat sie immer noch ihren eigenen Kopfbahnhof in Alsergrund, dem 9. Wiener Gemeindebezirk. Hier sollte Agnes Windbichler an diesem Freitag, dem 21. Dezember, um 10.48 Uhr ankommen.

Ehrfürchtig stand Leopold vor dem großen Gebäude, einer beeindruckenden Kombination aus Glas und Beton, zu dem Rolltreppen und eine breite Stiege hinaufführten. Dabei übersah er in seinem Staunen und Wundern, dass der ganze Prunk mit dem Bahnhof eigentlich nichts zu tun hatte. Man hatte ihm nur ein modernes Bürohaus aufgesetzt, das für den Unkundigen zum Blickfang wurde und ihn in Versuchung führte, in die Etagen der hohen Geschäftswelt aufzusteigen, während sich der tatsächliche Zutritt zu den Zügen, wie es so schön hieß, unscheinbar neben der Filiale einer Fast-Food-Kette versteckte. Gerade noch rechtzeitig nahm Leopold diesen von obdachlosen Sandlern belagerten Eingang wahr. Drinnen war er dann rasch in die intime, rustikale Atmosphäre der Franz-Josefs-Bahn eingebettet. Er befand sich in einer Halle mit zwei geöffneten Schaltern und ein paar Bänken, auf denen einige wenige in Mäntel gehüllte und auf ihren Zug wartende Menschen saßen. Ab und zu war ein Husten zu vernehmen. Und sonst? Ein Zeitungsverkäufer, ein Blumenladen, irgendwo Toiletten. Draußen vier Gleise. Das war alles.

Leopold investierte noch schnell ein paar Euro in einen schönen Strauß Blumen. Er hatte ein bisschen Angst vor den nächsten Tagen, und er wollte seine Tante gnädig stimmen. Dann stellte er sich auf den Bahnsteig, auf dem der Zug aus Gmünd einfahren sollte, und schaute ein wenig betreten in die Ferne. Ihm war sichtlich nicht wohl in seiner Haut.

Der Zug fuhr pünktlich ein. Jetzt schaute Leopold auf die wenigen Menschen, die ausstiegen. Wo war Tante Agnes? Wie viel Gepäck hatte sie mitgebracht? Wie sah sie aus? Hatte sie sich von dem Tod ihres Gatten schon gut erholt? Während er sich all diese Fragen stellte, war der Bahnsteig bereits wieder leer. Keine Tante. Agnes Windbichler war offensichtlich nicht gekommen.

Es musste etwas passiert sein. Hatte etwa der Anschluss mit dem Bus von Weitra nach Gmünd nicht geklappt und hatte sie deshalb den Zug versäumt? Leopold versuchte einen Anruf bei ihr zu Hause, aber sie meldete sich nicht. In leichter Panik lief er zu dem einen besetzten Schalter, um eine Auskunft zu erhalten. Ungeschickt, die ungewohnten Blumen in der Hand, rempelte er dabei die vor ihm stehende Dame an. »Pardon«, entschuldigte er sich, ganz außer Atem.

»Nur nicht drängeln, junger Mann«, fing er sich postwendend einen Tadel ein. »Jeder kommt dran.«

Da erkannte er sie erst. »Entschuldigen Sie, Sie sind doch die Frau Bianca vom Philosophenzirkel«, stellte er überrascht fest.

»Und Sie der Herr Leopold vom Kaffeehaus. Was machen Sie denn hier?«

»Dasselbe könnte ich Sie fragen. Meine Tante hätte soeben mit dem Zug ankommen sollen, war aber nicht drin.«

»Wiederum ein Zeichen für die Unvorhersehbarkeit des Lebens. Ich besorge mir gerade Fahrkarten, wie Sie sehen. Ich fahre zu Silvester nach Gmünd«, gab Bianca Roth knapp Auskunft.

Nachdem sie ihre Karten gekauft und Leopold erfahren hatte, dass bezüglich des Zuges, in dem er seine Tante erwartet hatte, nichts Außergewöhnliches passiert war, setzten sie ihr kleines Gespräch fort. »So, so, ins Waldviertel wollen Sie also«, erkundigte Leopold sich noch einmal.

»Ja. Ich feiere den Jahreswechsel mit einer Gruppe Gleichgesinnter in der Blockheide. Kennen Sie vielleicht – den Naturpark mit den Wackelsteinen«, gab Bianca Antwort.

»Und da organisieren Sie sich Ihre Tickets schon heute?«, fragte Leopold ungläubig. Angst, sich lange anstellen zu müssen, brauchte man auf diesem Bahnhof wirklich nicht zu haben.

»Wann ich mir meine Bahnkarten kaufe, bleibt wohl mir überlassen. Ich hatte gerade schön Zeit, und ich wollte auf andere Gedanken kommen. Sie wissen vermutlich, was gestern noch vorgefallen ist. Ich hatte schon in aller Früh die Polizei im Haus.«

»Ja, eine traurige Angelegenheit. Hoffentlich klärt sich alles rasch auf, damit Sie auch wirklich fahren können. Man wird Ihnen sicher gesagt haben, dass Sie sich bis auf Weiteres hier in Wien zur Verfügung halten sollen.«

»Eine Schikane«, wurde Bianca Roth lebhafter. »Will man uns jetzt alle unserer Freiheit berauben? Sind wir verdächtig, einen Mord begangen zu haben, nur weil wir bei einer Debatte zusammengesessen sind? Das ist doch lächerlich, oder?«

»Aber es ist nicht von der Hand zu weisen, dass diejenigen, die mit dem Opfer am Schluss beisammen waren, eine gute Gelegenheit zur Tat hatten«, machte Leopold sie aufmerksam.

»Unsinn. Wir haben uns in alle Winde zerstreut. Niemand von uns hat Veronika aufgelauert. Der Fehler wird wohl gewesen sein, dass sie nicht gleich nach Hause gegangen ist, so wie ich es ihr geraten habe. In dieser Nacht hing ein Unglück in der Luft. Ich habe das gespürt.«

»Wo hat sie um diese Zeit wohl noch hingehen wollen?«, markierte Leopold den Unwissenden.

»Eine gute Frage. Aber wenn man sie vorn bei der Schule gefunden hat, gibt es nur eine Antwort: zu Bernhard. Dieses unselige Ding hat zuerst ihm den Kopf verdreht, und dann er ihr.«

»Wie meinen Sie das?«

»Von Beginn unseres sogenannten Philosophenzirkels an hat sie versucht, Bernhards Aufmerksamkeit zu erregen. Das muss Ihnen doch aufgefallen sein. Wie aufgezogen hat sie da zeitweise geredet und ihren Gerechtigkeitsfimmel heraushängen lassen. Es lief immer auf diese kommunistische Gleichmacherei hinaus. Ihren Freund, den Tierschützer, hat sie damals auch noch mitgehabt. Irgendwie hat Bernhard das Steuer dann aber an sich gerissen. Veronika wurde immer schweigsamer und hat nur mehr zugehört. Seine Masche war die von der Selbstbestimmung, damit hat er sie langsam auf seine Seite gekriegt. Ich musste das Ganze ständig mit ansehen und mit anhören. Wie mich das angeödet hat! Die Gespräche wurden immer läppischer, mein Standpunkt wurde überhaupt nicht mehr berücksichtigt. Alles lief nur auf einen Kuschelkurs zwischen Veronika und Bernhard hinaus.«

»Das hat Sie geärgert, nicht wahr?«, wurde Leopold angriffslustig.

»Das kann man wohl sagen. Es hat nichts damit zu tun, dass Bernhard und ich einmal zusammen waren. Bernhard und Bianca, ein Paar wie in dem Mäusefilm, wie es boshafte Leute ausgedrückt haben. Er sollte mir auch für einiges dankbar sein. Das ist lange her und nicht so wichtig. Es war diese Göre, die mich aufgerieben hat«, ließ Bianca Roth ihren Emotionen jetzt freien Lauf.

»Sie tragen ja heute gar keinen Schal, Frau Bianca«, wechselte Leopold das Thema.

»Wie meinen Sie das?«

»Na, gestern haben Sie doch so einen schönen Seidenschal umgehabt. Und heute, wo's mindestens ebenso kalt ist, lassen Sie das gute, wärmende Stück auf einmal zu Hause? Da muss ich mich doch sehr wundern.«

»Was sollen diese Anspielungen? Glauben Sie etwa, dass ich ...?«

»Ich glaube einstweilen gar nichts. Ich wundere mich nur, wie gesagt.«

»Herr Leopold, ich muss doch sehr bitten«, entrüstete Bianca sich. »Ob ich einen Schal trage oder nicht, ist eine Entscheidung, die ich grundsätzlich intuitiv treffe. Wollen Sie vielleicht ausdrücken, Sie verdächtigen mich eines Mordes, nur weil mein Hals heute blank liegt?«

»Es könnte sein, dass man nicht gern mit etwas herumläuft, was sich durch ein paar kleine Untersuchungen eindeutig als Tatwerkzeug herausstellen könnte.«

»Das ist doch unerhört. Ich zeige Ihnen meinen Schal, wenn Sie wollen. Aber weshalb rechtfertige ich mich Ihnen gegenüber überhaupt. Ich denke, es ist besser, wenn ich mich jetzt entferne. Nicht einmal auf einem Bahnhof hat man seine Ruhe!« Bianca Roth schüttelte wütend ihren Kopf, drehte sich um und machte alle Anstalten zu gehen, ohne sich von Leopold zu verabschieden. Plötzlich machte sie aber noch einmal kehrt. Ihr schien etwas eingefallen zu sein. »Es gibt da etwas über Bernhard, das ich Ihnen nicht erzählt habe«, sagte sie. »Wofür er mir dankbar sein sollte, ist, dass ich ihm vor 20 Jahren den Job als Automechaniker verschafft habe. Er kam damals gerade aus dem Gefängnis. Er hatte seine Freundin umgebracht. Schwere Körperverletzung mit Todesfolge. So harmlos, wie er beim Philosophieren erscheinen mag, ist er bei Gott nicht.«

Jetzt lenkte sie ihre Schritte endgültig Richtung Ausgang. Den betrunkenen Sandler, der ihr entgegentaumelte, schubste sie dabei kurzerhand zur Seite.

*

»Ich weiß, dass das furchtbar für dich ist, mein Junge. Deine neue Freundin plötzlich auf so schreckliche Art zu verlieren! Dabei haben wir gestern noch so angenehm von ihr gesprochen. Trotzdem reiß dich jetzt bitte zusammen und erzähl mir genau, was heute früh los war.«

Aufgewühlt, immer wieder von einem unterdrückten Schluchzen begleitet, kam Franz Jägers Stimme durchs Telefon: »Die Polizei war bei mir im Büro. Sie haben mir zuerst gesagt, dass Veronika tot ist, dann haben sie mich einvernommen.«

»Und was hast du ihnen gesagt?«, drängte Valerie Jäger am anderen Ende der Leitung.

»Dass ich sie bis zur Schule begleitet habe und dann mit der Straßenbahn nach Hause gefahren bin.«

»Stimmt das auch?«

»Ja, Mutter.«

»Dein Schal. Wieso bist du gestern ohne ihn nach Hause gekommen?«

Franz Jäger schluckte kurz. »Weil ich ihn Veronika umgehängt habe. Ihr war so kalt, und da dachte ich …«

»Und warum hat sie ihn dir nicht zurückgegeben? Das verstehe ich nicht. Sie wohnt doch dort, oder?«

Jäger schluckte abermals. »Nein, sie wohnt nicht dort, Mutter.«

»Weshalb ist sie dann mit dir dorthin gegangen?«, blieb

Valerie Jäger hartnäckig. »Wolltet ihr etwa noch ein bisschen allein sein?«

Warum stellte seine Mutter bloß all diese nervtötenden Fragen? Franz Jäger durfte sich dadurch jetzt nicht beeinflussen lassen. Er musste dem Spiel jetzt *seine* Linie geben, so wie sein Vater das getan hätte. »Ja«, sagte er.

»Dann ist es ja gut. Trotzdem frage ich mich, warum sie dir den Schal nicht zurückgegeben hat. Wahrscheinlich ist sie damit erwürgt worden. Hast du der Polizei etwas von dem Schal erzählt, mein Kind?«

»Nein«, antwortete Franz Jäger. Seine Nerven waren zum Zerreißen gespannt. Wieso musste er hier am Telefon Rede und Antwort stehen? »Ich dachte, es ist besser so. Sonst bin ich ja gleich der erste Verdächtige.«

»Vielleicht hättest du doch etwas sagen sollen. Schließlich kann es, wenn das stimmt, was du sagst, jeder getan haben. Aber reg dich nur nicht auf, Franzilein. Wir besprechen die Sache heute Abend gemütlich und in aller Ruhe.«

»Das geht nicht«, wehrte er ab. Er musste seiner Stimme einen festeren Klang geben. Er musste sich durchsetzen. »Es geht wirklich nicht. Wir vom Philosophenzirkel treffen uns heute noch einmal im Café Heller. Wir müssen die Lage besprechen. Es ist wichtig, dass wir die Ereignisse von gestern Abend gemeinsam durchgehen.«

»Davon halte ich nicht viel«, teilte ihm Valerie Jäger mit. »Da wird höchstens einer den Mord auf den anderen schieben, man kennt das ja. Und es ist möglich, dass einer von denjenigen, mit denen du dich da zusammensetzt, deine Veronika auf dem Gewissen hat. Willst du trotzdem gehen?«

»Ja, Mutter.« Das Wichtigste war es, jetzt standhaft zu bleiben.

»Dann musst du dich in Acht nehmen, Franzilein, sonst bist du am Ende der Dumme. Deswegen möchte ich vorher schon noch ein wenig mit dir reden. Du bist jetzt genauso verdächtig wie jeder andere. Das macht mir Sorgen.«

Er konnte allein zurechtkommen, ohne ihre ständigen Einmischungen. Er durfte nur nicht allen und jedem die Wahrheit ins Gesicht drücken. Das, was sein Vater so gut gekonnt hatte, als er noch bei ihm und seiner Mutter gelebt hatte, war, verschwiegen zu sein und im richtigen Moment zuzuschlagen. Er fasste sich ein Herz. »Ich wüsste nicht, was es da groß zwischen uns zu besprechen gäbe«, begehrte er kurz auf.

»Das mit dem Schal gefällt mir halt nicht. Es gefällt mir, wenn ich ehrlich bin, überhaupt nicht. Und du gehst gleich nach der Arbeit ins Kaffeehaus?«, wollte Valerie wissen.

»Ja.« Franz Jäger räusperte sich. »Ich werde dort eine Kleinigkeit zu mir nehmen.«

»Es ist sicher überteuert und hat keine gute Qualität. Das haben wir doch unlängst besprochen. Bei uns sind noch ein paar alte Semmelknödel über. Da könnte ich dir ganz köstliche Knödel mit Ei daraus zubereiten. Und dazu einen frischen, knackigen grünen Salat. Na, wie wäre das? Kommst du wenigstens zum Essen auf einen Sprung vorbei?«

»Ja, Mutter«, gab er nach. »Aber höchstens für eine Stunde.«

»Natürlich, Franzilein.«

*

Unverrichteter Dinge fuhr Leopold in Richtung Café Heller. Agnes Windbichler war nicht aus dem Zug ausgestiegen, sie hatte auch zu Hause nicht das Telefon abgehoben. Der Bus aus Weitra war laut Auskunft pünktlich am Bahnhof in Gmünd angekommen. Was also war geschehen? Wo befand sich seine Tante jetzt? Leopold verfluchte ihre Rückständigkeit. Warum, zum Teufel noch einmal, stellte ein Mobiltelefon für sie ein Ding aus einer anderen Welt dar? Besäße sie eins, hätte er sie vermutlich schon erreicht und wüsste, was los war. So blieb Leopold die Tatsache, dass etwas mit ihrer Ankunft nicht geklappt hatte und das ungute Gefühl, dass er nichts, absolut gar nichts, dagegen tun konnte. Schöne Bescherung.

Zugegeben, auch er war nicht gerade ein Freund der modernen Technik. Es hatte lange gedauert, bis er selbst auf ein Handy umgestiegen war, und mit Computer und Internet hatte er heute noch nicht viel am Hut. Brauchte er eine Auskunft oder Information, bekam er sie meist von seinem Freund Thomas Korber. Wollte er wissen, was auf der Welt los war, musste er sich nur im Kaffeehaus umhören. Neuigkeiten erfuhr man dort rasch und mit allen nötigen Kommentaren versehen. Zum Einkaufen gab es zunächst einmal immer noch die traditionellen Läden und Geschäfte. Aber auch im Café Heller konnte man einiges erstehen. Kleine und große Dinge, alt und neu, wechselten dort oft ihren Besitzer zu einem günstigen Preis. Nicht immer konnte man dabei sicher sein, dass die Herkunft der Ware einwandfrei war, aber wen interessierte das schon? Also war für Leopold diese elektronische Ersatzwelt im Grunde nicht nötig. Auch seiner Tante gestand er einen weitgehenden Rückzug von der Modernität zu. Bloß ein Handy hätte sie sich gefälligst anschaffen sollen.

Vielleicht weiß die Chefin etwas, dachte er, als er die Tür des Café Heller öffnete und ein wenig unsicheren Schrittes eintrat. Wie groß war allerdings seine Überraschung, als er seine Tante Agnes, so frisch und munter es für eine Endsiebzigerin möglich war, im lebhaften Gespräch mit Frau Heller am Stammtisch sitzen sah. Sie wirkte gut erholt, ihre Augen hatten wieder den scharfen, alles registrierenden Blick von früher. Und zugenommen hatte sie wohl auch ein bisschen.

»Schade, dass es bald wieder aus ist mit der weißen Pracht«, hörte Leopold Frau Heller sagen. »Überall ist der Schnee weggeschaufelt, und die Häufchen werden schon grau und schmutzig. Es wird wieder nichts mit den weißen Weihnachten.«

»Bei uns zu Hause liegt viel Schnee«, berichtete Agnes Windbichler. »Die Loipen sind bereits gespurt. Nun, wir liegen ja auch nördlicher und viel höher als Wien.«

»Ja, Tante Agnes, was machst du denn da?«, unterbrach Leopold verdutzt. Dabei fiel ihm ein, dass er den schönen Blumenstrauß noch am Bahnhof entsorgt hatte.

»Ah, Leopold«, begrüßte Agnes ihn. »Ich nehme gerade ein zweites Frühstück zu mir und unterhalte mich prächtig, wie du siehst.«

»Wie bist du hergekommen? Warum bist du am Franz-Josefs-Bahnhof nicht aus dem Zug gestiegen?«

»Du wolltest mich also abholen? Das ist aber nett von dir. Ich war mir nicht mehr sicher, ob ich bezüglich dessen etwas in meinem Brief an dich erwähnt habe«, erklärte Agnes Windbichler. »Jedenfalls habe ich einen wirklich netten Nachbarn, den Herrn Tauber, der kennt sich ganz toll mit dem Internet aus. Der war so lieb und hat sich meine Zugsverbindung genau angeschaut. Er hat mir geraten, einen Halt früher bei der Station Spittelau auszusteigen und mit der U6 von dort direkt nach Floridsdorf zu fahren. Das habe ich dann auch gemacht, und es ging wahnsinnig schnell. Kinder, ihr mit eurer U-Bahn. Tolle Sache! Da können wir in Weitra nicht mithalten.«

»Aber mit dem Schnee«, meinte Frau Heller anerkennend. »Ach, wie gern wäre ich jetzt bei euch da draußen.«

»Liebe Tante, warum hast du mich nicht verständigt?«, wunderte sich Leopold. »Ein Anruf hätte genügt, um sämtliche Probleme aus der Welt zu schaffen.«

Agnes Windbichler schüttelte nur den Kopf: »Du weißt doch, ich telefoniere nicht gern. Das regt mich mit meinen bald 80 Jahren zu sehr auf. Was hat dich eigentlich aufgehalten? Es geht doch so schnell mit der U-Bahn.«

»Ich bin mit dem Auto gefahren«, lächelte Leopold verkrampft. »Das tun wir Stadtleute auch manchmal. Und dann habe ich mich natürlich erkundigt, ob etwas Unvorhergesehenes passiert ist. Lebenszeichen hast du ja keins von dir gegeben, Tantchen. So, und jetzt bringe ich dich schnell zu mir nach Hause, damit ich dann meinen Dienst antreten kann.«

»Du hast heute noch Dienst?«, fragte Tante Agnes überrascht.

»Ja, du wirst dich leider zunächst ein wenig allein beschäftigen müssen«, stellte Leopold mit einer gewissen Genugtuung fest.

»Am Abend können Sie Ihren Neffen dann hier im

Kaffeehaus besuchen«, zwinkerte Frau Heller der Tante zu.

»Und jetzt komm! Wo ist dein Koffer?«, blies Leopold zum Aufbruch.

»Einen Augenblick noch«, hielt Frau Heller die beiden zurück. »Beinah hätt ich's vergessen. Frau Haupt und Frau Sedlak warten hinten auf Sie, Leopold.« Sie nahm ihn zur Seite. »Sie haben eine wichtige Aussage zu dem gestrigen Mordfall zu machen, trauen sich aber nicht, zur Polizei zu gehen. Sie haben gefragt, ob sie nicht zuerst mit Ihnen darüber reden können. Gott sei Dank sind Sie ja jetzt da. Sie haben doch sicher bereits mit Ihren Ermittlungen begonnen, Leopold?«

Leopold blickte in die Tiefe des Raumes. Zwei weißgelockte Damen lächelten ihn an. Frau Sedlak und Frau Haupt waren keine Stammgäste, kamen aber doch hin und wieder auf einen Kaffee vorbei. Sie wohnten, wenn er sich richtig erinnerte, in dem großen Gemeindebau am Ende der Freytaggasse Richtung Alte Donau. Was mochten sie zu berichten haben? Leopolds Neugier war sofort entfacht. »Wart noch einen Augenblick, Tantchen«, sagte er und ging strammen Schrittes zu den hinteren Tischen.

»Was für ein Glück, dass Sie da sind«, begrüßte ihn Frau Haupt. »Wir wüssten gar nicht, was wir ohne Sie machen sollen.«

»Wir haben gestern etwas gesehen und glauben, es hängt mit dem Mord an der jungen Frau zusammen«, wisperte Frau Sedlak. »Aber wir haben lange nachgedacht, wem wir uns anvertrauen sollen. Auf der Polizei herrscht ja so ein rauer Ton.«

»Ich musste nämlich einmal bei einem Verkehrsunfall aussagen«, unterbrach sie Frau Haupt. »Man hat mir alle Worte im Mund verdreht. Wer sei wann wo wie schnell unterwegs gewesen und ob ich mir sicher sei, dass das eine Auto nicht geblinkt habe. Ich habe am Schluss nichts mehr gewusst. Als es darauf ankam, hatte ich den gesamten Unfallhergang vergessen.«

»Drum sind Sie unsere Hoffnung, Herr Leopold«, erklärte Frau Sedlak. »Sie haben doch einen Freund bei der Mordkommission. Wir erzählen Ihnen jetzt unsere Geschichte, und Sie leiten sie dann einfach an ihn weiter. Das würde uns eine Menge Unannehmlichkeiten ersparen, und wir hätten unsere Bürgerpflicht geleistet.«

»So einfach geht das leider nicht«, lächelte Leopold. »Ihre Aussage auf dem Kommissariat müssen Sie schon machen. Aber wenn wir uns jetzt alles aufschreiben, haben Sie ein schönes Gedächtnisprotokoll, damit Sie die Dinge in Erinnerung behalten. Dann wird es sicher nicht so schlimm.« Er ging schnell nach vorn zu seiner Lade und holte einen Notizblock heraus, dann zückte er einen Kugelschreiber und fragte: »Also, meine Damen, was war los?«

»Es war kurz nach Mitternacht«, begann Frau Haupt. »Wir spazierten durch die Freytaggasse zum Schwimmbad und zum Gymnasium.«

»So spät noch unterwegs?«, erkundigte sich Leopold.

»Ich habe meinen Hund Gassi geführt«, antwortete Frau Sedlak. »Und meine Freundin Bertha hat mich begleitet. Es muss unmittelbar nach Mitternacht gewesen sein, weil die Straßenbeleuchtung gerade zurückgedreht wurde. Wir haben einen jungen Mann und eine junge Frau gesehen, die vor der Schule standen. Wir vermuten, dass es sich bei der Frau um das spätere Mordopfer handelte.«

»Sie haben gestritten.«

»Die Frau wurde immer lauter. Ich glaube, sie sagte etwas von ›nicht rechtfertigen müssen‹.«

»Der Mann war zudringlich. Ich glaube, er wollte sie küssen.«

»Da hat sie ihm eine geknallt.«

»Sie hat sich dann gleich bei ihm entschuldigt.«

»Aber geknallt hat sie ihm eine. Und wie.«

»Und der Mann?«, wollte Leopold wissen.

»Ist Richtung Bahnhof gegangen«, behauptete Bertha Haupt. »Ein bisschen zögerlich, denn er hat sich immer wieder nach ihr umgedreht.«

»Aber das war noch überhaupt nicht die Hauptsache«, machte Luise Sedlak aufmerksam.

»Nein, dann wurde es erst richtig spannend. Sag du's ihm, Luise.«

»Die Frau wollte in die Wohnanlage gegenüber der Schule. Aber auf einmal stürzte sich ein großer Mann mit Glatze aus der Dunkelheit auf sie.«

»Ich denke, sie wollte schreien, aber sie konnte nicht. Er muss ihr irgendwie den Mund zugehalten oder sie beim Hals gepackt haben. So genau war das in der Dunkelheit nicht zu sehen. Er hat versucht, sie in den Durchgang zu zerren. Und denken Sie sich: Der andere Mann war noch immer da! Er hat die ganze Szene beobachtet, aber nicht eingegriffen.«

»Dann hat unser Hund zu bellen begonnen. Leider ist es nur ein kleiner Cockerspaniel, sonst hätten wir ihn auf den Wüstling gehetzt. Dafür haben wir laut geschrien: ›Loslassen, sofort loslassen, oder wir holen die Polizei‹«, schilderte Luise Sedlak lebhaft. »Da hat er uns bemerkt, hat einen Augenblick von der Frau abgelassen, und sie konnte fliehen.«

Leopold versuchte, sich den kleinen, kläffenden Köter und die beiden bejahrten Frauen mit ihrer Fistelstimme vorzustellen, wie sie ihren kurzen und einsamen Kampf gegen den Wüterich führten. »Wohin ist sie gelaufen?«, fragte er, während er sich bemühte, mit dem Protokollieren mitzukommen und dennoch eine leserliche Schrift zu hinterlassen.

»In die Fahrbachgasse, auf der anderen Seite der Schule vorbei«, erläuterte Bertha Haupt.

Leopold überlegte, dass Veronika Plank wahrscheinlich vorgehabt hatte, hinter dem Gymnasium wieder zurück zur Freytaggasse und letztendlich zu Bernhard Klein zu kommen, in der Hoffnung, ihren glatzköpfigen Verfolger vorher abzuschütteln. Dadurch würde sich auch erklären, weshalb sie schließlich auf dem kleinen Vorplatz zu Tode gekommen war.

»Wir waren natürlich neugierig und wollten sehen, wie die Sache weitergeht«, fuhr Bertha Haupt unterdessen fort. »Wir hätten der Frau auch gern geholfen. Aber auf einmal hat sich der Glatzkopf in unsere Richtung bewegt. Da haben wir es mit der Angst zu tun bekommen, sind gelaufen …«

»… und wissen leider nicht, wie und von wem die Frau dann ermordet wurde«, schloss Luise Sedlak ab.

»Was war mit dem anderen Mann?«, erkundigte sich Leopold.

»Das hätten wir beinahe vergessen«, erinnerte sich Bertha Haupt. »Natürlich, der andere Mann. Der ist der Frau nachgelaufen und neuerlich zudringlich geworden, wie es scheint.«

»Wenn wir geahnt hätten, welch furchtbares Ende die Sache nimmt, hätten wir vielleicht unseren ganzen Mut zusammengenommen und wären geblieben«, verteidigte sich Luise Sedlak.

»Solche Dinge lassen sich nicht verhindern, Luise«, seufzte Bertha Haupt.

»Wenn Sie Ihren ganzen Mut zusammennehmen und diese Aussage auf dem Kommissariat wiederholen, haben Sie der Gerechtigkeit schon einen großen Dienst erwiesen«, beschwichtigte Leopold die beiden und drückte ihnen seine Notizen in die Hand. »Ich habe extra groß und deutlich geschrieben«, meinte er. Dann versuchte er, die Informationen, die er soeben erhalten hatte, zu einem vernünftigen Ergebnis zusammenzufassen.

Auf der einen Seite gab es diesen sexbesessenen Lüstling, der wohl auf eine Vergewaltigung Veronikas aus gewesen war. Wenn Veronika ihr Rendezvous mit Bernhard Klein noch immer nicht abgeschrieben gehabt hatte und um die Schule herumgelaufen war, anstatt nach Hause zu gehen, hätte er ihr ohne Weiteres wieder begegnen können. Hatte er sie dann, beim zweiten Versuch, umgebracht? Auf der anderen Seite war Franz Jäger derjenige, der sie zuletzt verfolgt hatte. Gekränkte Gefühle wegen der Ohrfeige? Die Lust, ihr jetzt etwas anzutun? Egal, er hatte dieselben Möglichkeiten wie der Glatzkopf gehabt.

War es am Ende zu einem Zusammentreffen von beiden mit Veronika gekommen? Und noch etwas fiel Leopold ein: Von der Zeit her war es durchaus möglich, dass dieser Mario irgendwann mittendrin die Szene betreten hatte. Was hatte er gesehen? Oder hatte jemand ihn gesehen? Wer hatte überhaupt was gesehen? Eigentlich war es sehr wahrscheinlich, dass einer der drei einen anderen von ihnen bei der Tat beobachtet hatte. Aber niemand hatte den Mörder aufgehalten, und niemand hatte ihn bis jetzt verpfiffen. Sonst wäre der Fall gelöst, und Leopold hätte sicherlich davon erfahren.

Warum aber war das so? Jeder der Beteiligten musste doch in Wahrheit froh sein, wenn er einem anderen die Schuld in die Schuhe schieben konnte. Hatte also niemand etwas gesehen und jeder ein schlechtes Gewissen? Unter Umständen war Veronika Plank von einem der drei außer Gefecht gesetzt worden, und der wirkliche Täter hatte erst dann zugeschlagen. Sie wird gegen die Stiegen geworfen oder gewürgt, bis sie bewusstlos ist, ehe der Mörder kommt und sein Werk vollendet. Möglich! Leopold musste in Erfahrung bringen, welche Verletzungen genau am Leichnam festgestellt worden waren.

Derzeit kam er jedenfalls noch auf keinen grünen Zweig. Dafür wurde Agnes Windbichler bereits ungeduldig. »Bist du jetzt endlich fertig?«, rief sie ihm zu.

»Ja, Tante, wir können fahren.«

»Frau Heller hat mir alles erzählt. Ich habe gar nicht gewusst, dass das hier so eine wilde Gegend ist«, sagte sie kopfschüttelnd. »Sonst wäre ich vielleicht doch zu Hause geblieben. Na, und du bist natürlich mittendrin in der ganzen Mordsache.«

»Liebe Tante, wenn so ein Verbrechen geschieht, muss

man helfen, wo es geht. Das ist doch erste Bürgerpflicht«, ersuchte Leopold um Verständnis.

»Ich fürchte, diese Bürgerpflicht wird dir in den nächsten Tagen wichtiger werden als ich, Leopold. Hab ich recht?«

»Aber nein, Tante! Was glaubst du, was wir in den nächsten Tagen alles zusammen unternehmen werden: auf den Weihnachtsmarkt gehen, einen Christbaum kaufen, die Wohnung schön weihnachtlich herrichten. Nur arbeiten muss ich dazwischen halt ein bisschen.«

»Na schön«, seufzte Agnes Windbichler. »Ich bin Kummer gewöhnt. Ich werde mir halt einmal deine Wohnung anschauen und mich häuslich einrichten, und dann möchte ich eine alte Freundin von mir besuchen. Aber ein bisschen Zeit solltest du dir für mich nehmen, wenn ich dich schon extra besuchen komme. Und jetzt bring mich bitte zu dir nach Hause.«

Leopold fühlte schwere Zeiten auf sich zukommen. Er schnappte den Koffer der Tante und hielt ihr die Tür auf. Dabei merkte er gar nicht, dass Bertha Haupt und Luise Sedlak ihm liebevoll nachwinkten.

6

Man kann sagen, dass es Thomas Korber ordentlich in seiner Junggesellenwohnung hatte. Nicht blitzsauber, aber ordentlich. Kleine, verzeihliche Schlampereien gab es immer wieder: Hefte, aufgeschlagene Bücher, Zeitungen etc., die zur pflichtbewussten Ausübung seiner Tätigkeit als Lehrer notwendig waren und sich mitunter tagelang auf seinem Schreibtisch anhäuften; Gläser, Flaschen und ein Aschenbecher als Zeugen einer durchwachten Nacht; Verstreutes, das noch keinen Platz in seinem kleinen Reich gefunden hatte; ein Stäubchen hier, ein Fleckchen dort. Aber nichts, was man als dramatisch bezeichnen konnte.

Es war jedenfalls nicht zu vergleichen mit dem, was seine Augen erblickten, als er aus der Schule in sein Heim zurückkehrte. Das Schlafzimmer hatte so gut wie alles von seinem nüchternen Charme verloren. Es sah aus, als sei eine überdimensionale Tischbombe mit T-Shirts und Damenunterwäsche darin explodiert. Überall waren Kleidungsstücke verstreut: auf dem Bett, auf dem Boden, auf dem Nachtkästchen. Zugegeben, Korber hatte es bisher versäumt, Julia einen entsprechenden Platz in seinem Kleiderschrank zuzuweisen, aber sie hätte sich doch noch ein wenig gedulden und ihre Sachen einstweilen auf schönen Stößen ordnen können.

Die Küche machte auch keinen sehr sauberen Eindruck. Kaffee in gemahlener und in ehemals flüssiger Form verteilte sich auf der Oberfläche des Tisches, dazwischen als weißer Kontrast ein wenig Zucker.

Die angeschnittene Butter hatte nicht den Weg zurück in den Kühlschrank gefunden, dafür war eine angeknabberte Scheibe Toastbrot an sie angelehnt. Apropos Toastbrot: Die Brösel lagen deutlich sichtbar oben, unten, überall.

Und dann das Badezimmer! Hier hatte Julia es auf eine echte Machtprobe angelegt, denn ihre Kosmetika und Waschsachen waren munter im ganzen Spiegelschrank verteilt, in Korbers heiligem Reich, wo normalerweise alle Dinge mit systematischer Präzision an ihrem fixen Platz standen, damit er sich am Morgen trotz verschlafenem Blick schnell zurechtfand und die Morgentoilette in möglichst kurzer Zeit erledigen konnte. Das war nun, nach allem, was er sah, unmöglich geworden.

Mit einem Wort: Korber wurde deutlich vor Augen geführt, wohin es führen konnte, wenn man mit jemandem zusammenlebte. Obwohl er ihre körperliche Nähe vor dem Einschlafen als äußerst angenehm empfunden hatte, bereute er bereits zutiefst, Julia Leichtfried für ein paar Tage bei sich aufgenommen zu haben. Sie würde in dieser Zeit sein ganzes Leben durcheinanderbringen, nein, sie hatte es schon.

Hoffentlich dachte sie, da sie jetzt ja offensichtlich außer Haus war, wenigstens daran, etwas fürs Mittagessen einzukaufen. Der Kühlschrank war so leer wie sein Magen. Während Korber solchen Gedanken nachhing, läutete es an der Tür. Das musste sie sein. Aber er hatte ihr doch am Vortag einen Schlüssel gegeben. Typisch Frau, überlegte er. Wenn sie nur mehr eine Hand frei haben, weil sie eine Tasche tragen, wollen sie schon, dass man ihnen die Tür aufmacht, damit sie nicht umständlich nach dem Schlüssel kramen müssen. Als er öffnete, staunte er allerdings nicht schlecht. Draußen stand nicht Julia Leichtfried, sondern Angela Bauer, genannt Geli, mit der er in letzter Zeit eine lockere Freundschaft begonnen hatte.

»Hallo«, grüßte er sie überrascht und musste aufpassen, dass sein Gesicht nicht gleich rot anlief.

»Hallo, Thomas! Darf ich einen Sprung reinkommen?«, fragte Geli.

»Na ja, es … es ist im Moment so … so unaufgeräumt«, stotterte Korber.

»Ach, wenn's weiter nichts ist. Das kenne ich bei dir ja schon. Es beweist nur, dass du ein fleißiger Lehrer bist. Ich würde gern ein bisschen über den Mord an dieser jungen Frau mit dir tratschen. Furchtbar! Ich war ganz entsetzt, als du mich heute Vormittag angerufen hast«, ließ sie gleich einen Wortschwall auf ihn los. Korber lehnte weiter in der Tür, als ob nichts wäre. »Darf ich jetzt reinkommen?«, forderte Geli ihn irritiert auf, einen Schritt zur Seite zu machen.

»Ich hab auch wirklich nicht viel im Hause, was ich dir anbieten kann«, wand Korber sich.

»Unsinn, Kaffee hast du immer. Ich mache uns schnell zwei Tassen, ja? Lass mich doch endlich rein. Was hast du denn heute?«, wurde Geli ungeduldig.

»Nichts …, überhaupt nichts …, komm nur.« Korber tat möglichst gleichgültig und gab den Weg frei. »Geh nur voraus in die Küche. Ich bin gleich bei dir«, sagte er dann, einer plötzlichen Eingebung folgend. Wenn er Geli gleich zur Kaffeemaschine dirigierte, konnte er mit ein paar schnellen Handgriffen das Wohnzimmer sauber machen, bevor sie allzu viel merkte, und die Tür zum Schlafzimmer schließen. Das sollte fürs Erste reichen.

»Die Butter musst du schon aufs Eis geben«, hörte er sie ihn maßregeln. »Sonst rinnt sie dir ja davon. Uuuäääh! Ist ja eklig, das Toastbrot. Sag, ist das deine Art zu frühstücken?«

»Nein, natürlich nicht. Aber ich hatte nicht viel Schlaf, wie du dir denken kannst. Außerdem habe ich das erste Mal jemand Ermordeten so richtig aus der Nähe gesehen. Ich war heute früh noch ziemlich fertig«, log Korber, so gut er konnte. Die Schlafzimmertür war jetzt jedenfalls zu.

»Entschuldige, das habe ich nicht bedacht«, kam es von Geli. Dann war es einige Augenblicke lang ruhig, man hörte nur das Geschirr scheppern. Plötzlich aber rief sie, halb verwundert, halb entrüstet: »Was ist denn das?«

»Was denn, Geli?« erkundigte sich Korber, noch nichts ahnend.

»Dieses Nachthemd hier auf der Küchenbank.«

Also hatte Julia wirklich überall ihre Spuren hinterlassen. »Es ist meins«, versuchte Korber es mit einer weiteren Lüge. Ihm fiel nichts Besseres ein.

»Deins?«, reagierte Geli ungläubig.

»Ja, meins. Ich schlafe in letzter Zeit lieber so. Du wirst lachen, aber man fühlt sich da drin nicht so eingeengt … auch als Mann.«

»Sag mal, bist du schwul, Thomas?«

»Wieso? Tragen nur Schwule Nachthemden?«

»Nein, aber deins hat einen schönen Aufdruck: Boys, come on and get me! Das ist doch reichlich merkwürdig.«

Korber spürte eine immer größere Aversion gegen seine neue Untermieterin in sich aufsteigen. Vorsichtig meinte er zunächst: »Hör zu, ich kann das erklären.«

»Da bin ich aber gespannt«, war Geli bereits ziemlich in der Höhe. »Thomas, hast du etwa einen Rückfall? Du hast mir doch versprochen, dass du dich nicht mehr leichtfertig auf oberflächliche sexuelle Beziehungen zu irgendwelchen Damen, die du in diversen Bars kennenlernst, einlässt. Und was ist das? Der Beweis, dass du so etwas nicht länger als ein paar Wochen durchhältst.« Korber hob an, etwas zu seiner Verteidigung zu äußern, aber Geli ließ es nicht zu. »Mir tust du damit nichts Schlechtes, oh nein«, sprudelte es aus ihr heraus. »Mir kann das alles egal sein. Ich habe ja weiter nichts mit dir zu tun. Es geht allein um dich, Thomas: um dein Privatleben, mit dem du nicht zurechtkommst, und um die Lügengebäude, die du darum herum aufbaust und die jedes Mal in kürzester Zeit zusammenbrechen. Wenn du wenigstens zu dem stehen würdest, was du tust. Dann würde es unsere Bekanntschaft nicht so sehr belasten.«

Korber atmete tief durch. »Es ist anders, als du denkst, Geli«, nahm er einen erneuten Anlauf. »Es hat nichts mit irgendwelchen Sexspielchen zu tun. Das Nachthemd gehört einer Dame, okay. Aber zu der habe ich keinerlei Beziehungen.«

Gerade jetzt, im ungünstigsten Augenblick, hörte man ein kurzes Schlüsselgeräusch, und die Eingangstür öffnete sich. »Ich bin der Pizzamann, der alles kann, und komme mit der Pizza an«, sang Julia Leichtfried vergnügt. »Quattro stagioni, frisch und heiß, einmal für dich und einmal für mich, Thomas. Riechst du, wie das duftet? Ich mag Pizza beinahe genauso wie dich.«

»Ich glaube, ich gehe jetzt«, fauchte Geli Bauer, während das Wasser weiterhin beständig in den Kaffeefilter blubberte. »Ich nehme an, das ist die Dame mit dem Nachthemd, zu der du keinerlei Beziehung unterhältst. Ich möchte eure Harmonie nicht stören und euch beim Pizzaessen allein lassen.«

»So bleiben Sie doch«, summte Julia, während sie mit den Pizzen ins Wohnzimmer trabte. »Sie stören niemanden.«

»Warte, Geli. Das ist Julia Leichtfried, eine ehemalige Schülerin von mir. Sie braucht dringend ein Quartier für ein paar Tage. Es handelt sich um einen Notfall«, versuchte Korber zu retten, was zu retten war.

»Eine ehemalige Schülerin! Das wird ja immer schlimmer«, ereiferte sich Geli wutentbrannt. »Geh in dich, Thomas! Ich meine es ernst.«

»Ich habe nichts mit Julia, glaube mir. Deine Verdächtigungen sind geradezu lächerlich.«

»Ich finde es lächerlich, wie du dich benimmst. Und wenn du glaubst, dass ich unter diesen Umständen Silvester gemeinsam mit dir verbringe, wie ich es vorgehabt habe, hast du dich getäuscht. Aber gewaltig.« Hastig in ihre Jacke schlüpfend und ohne sich umzudrehen, stürmte Geli zur Tür hinaus.

»So ein Scheiß!«, fluchte Korber.

Nur Julia Leichtfried blieb die Ruhe in Person. »Jetzt

komm schon, Thomas, die Pizza wird kalt«, hörte er sie wie aus weiter Ferne aus dem Wohnzimmer rufen.

*

Er musste jetzt auf der Hut sein. Warum hatte er es auch so weit kommen lassen? Jetzt war er vogelfrei, ein Steckbrief mit seinem Phantombild befand sich vermutlich bald in jeder Polizeiwachstube. Er hatte sich hinreißen lassen. Normalerweise hätte nichts schiefgehen dürfen. Er hatte in einem Hauseingang neben dem Kaffeehaus auf sie gewartet, dann war er ihr nachgegangen. Leider war dieser aufdringliche andere Mann bei ihr gewesen. Eine Zumutung! Gott sei Dank hatte sie ihn gleich richtig abserviert, wie es sich gehörte.

Wo sie dann hingehen würde, hatte er geahnt. Er hatte sie einmal dabei beobachtet, wie sie gemeinsam mit dem älteren Mann in der großen Wohnhausanlage gegenüber der Schule verschwunden war. Unbemerkt hatte er sich einen guten Platz ausgesucht, von dem aus er sie ansprechen konnte. Aber dass sie sich so widerspenstig zeigen würde, hatte er nicht erwartet. Er hatte gehofft, dass es bei ihr einfacher sein würde als bei den anderen.

Das Gegenteil war der Fall gewesen. Geschrien hatte sie, so laut, dass man ihr die Luftzufuhr absperren musste, um das Ärgste zu verhindern. Natürlich hatte man sie gehört. Die beiden alten Weiber mit ihrem kläffenden Köter hatten sie gehört. Also war er gezwungen gewesen, loszulassen. Zunächst einmal. Und dann …

Jetzt hatte er die Scherereien. Er hatte nicht mit all den Komplikationen gerechnet. Wenn er wenigstens bis nach

Weihnachten seinen Verfolgern entgehen konnte, dann war schon viel gewonnen. Noch hatten sie ihn nicht. Es hieß bloß, kühlen Kopf bewahren.

Er musste Geduld haben und warten. Falls alles gut ging, würde er es wieder versuchen, nicht heute oder morgen, aber in absehbarer Zeit. Zumindest dessen war er sich absolut sicher. Er konnte nicht anders.

Sie waren immer selbst schuld …

*

Leopold fuhr gemächlich in Richtung Kaffeehaus zurück. Er hatte es nicht eilig. Er hatte seine Tante fürs Erste mit seiner Wohnung vertraut gemacht und konnte nur hoffen, dass er bei seiner Rückkehr alles halbwegs so vorfinden würde, wie er es verlassen hatte. Dann war er kurz wegen eines Phantombildes des Glatzkopfs auf dem Kommissariat gewesen. Nun blieb ihm noch ein kleiner Zeitpolster, den zu nützen er entschlossen war. Denn er durfte seinen Dienst aufgrund der besonderen Umstände an diesem Nachmittag ein wenig später als sonst antreten.

So hatte er sich vorgenommen, noch einen Sprung im Bekleidungsgeschäft ›Schick beim Frick‹ vorbeizuschauen. Er hätte nur zu gern gewusst, welche Beziehung zwischen dem Mann namens Mario und dem Mordopfer bestanden hatte und weshalb er am Vortag so sehr aus der Fassung geraten war. Außerdem war der Kerl dem Kaffeehaus noch 19,20 Euro schuldig, und das bei einer Kreditwürdigkeit, die man ruhig gleich null einstufen konnte.

Also ließ Leopold sein Auto kurz beim Frick stehen und ging hinauf in den ersten Stock in die Herrenabteilung. Die ganze Umgebung kam ihm vertraut und doch seltsam fremd vor. Es geschah nämlich nicht oft, dass Leopold Gewand für sich einkaufen ging. Mit seiner Dienstlivree – dem weißen Hemd, schwarzen Anzug und dem Mascherl – war er seit Jahren auf Du und Du. Da passte alles wie angegossen. Vor einiger Zeit hatte eine kleine Änderung vorgenommen werden müssen, weil Leopold um die Leibesmitte ein wenig rundlicher geworden war, das war's aber auch schon gewesen. Diese Dienstkleidung bedeutete ihm viel, sie war sein Erkennungszeichen nach außen, eine Uniform, die ihn als Respektsperson kennzeichnete, als Hüter der Ordnung in einer Institution, die streng auf die Einhaltung bestimmter Regeln achtete: im Kaffeehaus.

Wie er sich nun aber außerhalb des Kaffeehauses, sozusagen privat, zeigte, das war Leopold egal. Gewand war da, um getragen zu werden, und zwar möglichst viele Jahre lang. Natürlich, ordentlich und sauber musste es sein, darauf legte Leopold größten Wert. Aber gleichzeitig sollte es etwas Zeitloses an sich haben, mit dem man alle Modetorheiten gekonnt umschiffte und es sich so ersparte, für ständigen Zukauf sorgen zu müssen. Denn Leopold hasste den Kleidungserwerb. Er hasste die Notwendigkeit, in einer Umkleidekabine ständig von einer Garnitur in die andere zu schlüpfen. Er hasste die Verkäufer, die einem immer ein noch teureres Stück aufschwatzen wollten, auch wenn man sich schon längst für etwas entschieden hatte. Und er hasste es, sich nach dem Kauf an so ein neues Wäschestück gewöhnen zu müssen. Geradezu peinlich, wenn man sich darin im Spiegel ansah. Man hätte es doch nicht nehmen sollen. Warum konnte man nicht tagein, tagaus, wo immer man sich auch befand, den guten alten Kaffeehausanzug tragen? Da würde einem eine Menge erspart bleiben.

»Der Herr wünschen?«, säuselte ihm auch schon ein junges, gestyltes Bürschchen ins Ohr. Glücklicherweise sah er in diesem Augenblick das Ziel seines kurzen Abstechers bei einer Kleiderstange stehen: Mario Schweda, dessen Namen er jetzt deutlich auf einer Plakette lesen konnte. So ließ Leopold das Bürschchen Bürschchen sein und ging geradewegs auf Mario zu.

»Was kann ich für Sie tun?«, fragte Mario Schweda vorsichtig und blickte ihn dabei aus kleinen, rotgeränderten Augen an. Die vorige Nacht stand ihm noch deutlich ins Gesicht geschrieben.

»Ich weiß nicht, ob Sie sich noch an den gestrigen Abend und an mich erinnern können«, versuchte Leopold sich in leicht ironischem Unterton. »Ich bin einer der beiden Ober vom Café Heller. Meinem Kollegen sind Sie bei Ihrem Weggehen leider die Zeche von 19,20 Euro schuldig geblieben.«

»Na und?«, zeigte Schweda sich ein wenig irritiert. »Deswegen kommen Sie hier bei mir im Geschäft vorbei? Das ist wirklich mehr als kleinkariert. Ihr Kollege wird das Geld schon bekommen. Ich darf doch um ein bisschen mehr Seriosität bitten.«

»Die Seriosität hätten wir uns gestern von Ihnen erhofft«, zeigte Leopold weiterhin wenig Respekt. »Es war nicht schön, wie Sie mit der jungen Dame umgesprungen sind. Vermutlich wissen Sie ja bereits, dass sie …«

»… ermordet worden ist? Ja, die Polizei war hier«, seufzte Schweda. »Diese Befragung war unangenehm genug. Da ist es nicht notwendig, dass Sie jetzt wegen einer Kleinigkeit auch noch so ein Aufsehen machen.«

Dem Kerl ging es nicht gut. Er wirkte bleich und schwitzte leicht, aber nicht aus Anstrengung. Leopold beschloss nachzuhaken. »Woher kannten Sie Veronika Plank?«, fragte er.

»Ich wüsste nicht, warum ich Ihnen das mitteilen sollte«, kam es schroff zurück.

»Es ist mir schon klar, dass diesbezüglich keine Verpflichtung Ihrerseits besteht«, wurde Leopolds Ton nun sanfter. »Aber verstehen Sie doch, dass sich mein Kollege, ich und einige andere Menschen fragen, weshalb Sie so grob zu Frau Plank waren. Es muss eine Verbindung zwischen Ihnen bestanden haben. Da rätseln wir eben herum, weil wir neugierige Menschen sind. Manchmal lassen uns solche Dinge keine Ruhe.«

Schweda überlegte kurz. »Gut, ich sage es Ihnen«, gab er dann nach. »Aber es ist das Letzte, was Sie von mir hören werden. Veronika war Studentin und meistens knapp bei Kasse. Sie hat sich immer wieder Geld von Leuten geborgt, einmal eben auch von mir. Was sie damals nicht alles versprochen hat: Wir würden ausgehen miteinander, und sie könne sowieso alles nach einem Monat zurückzahlen. Kaum hatte sie, was sie brauchte, war sie auch schon nicht mehr gesehen. Und als sie gestern ins Kaffeehaus kam, wollte sie nicht einmal wissen, wer ich bin. Da war ich eben sauer.«

Noch einmal musterte Leopold sein Gegenüber. Die Körpersprache des Mannes, sein andauerndes nervöses Herumfuchteln mit den Händen, machte ihn seiner Sache sicher. »Das ist nicht die Wahrheit«, sagte er Schweda auf den Kopf zu. »Sie haben diese Geschichte erfunden. Sie klingt zwar schön und plausibel, aber ich nehme Ihnen nicht ab, dass sie der wahre Hintergrund für Ihre plötzlichen Wutausbrüche ist. Das ist mir zu billig, auch wenn – mit Verlaub – Alkohol im Spiel war. Die Polizei mag Ihnen glauben, ich aber nicht.«

»Ist mir doch egal, ob Sie mir glauben. Bitte gehen Sie jetzt! Ich weiß überhaupt nicht, warum ich noch mit Ihnen rede«, empörte sich Mario Schweda. Seine Stimme wurde dabei merklich lauter, sodass er die penetrant friedlich klingende Weihnachtsmusik im Hintergrund förmlich überschrie. Neugierige Augenpaare schauten auf einmal alle in dieselbe Richtung.

»Es wird gut sein, wenn Sie weiterhin mit mir reden«, befand Leopold so ruhig wie möglich, »und mir bald den wahren Grund für Ihren gestrigen Streit mitteilen. Ich kann sonst keine Verantwortung dafür übernehmen, was die Leute darüber denken und erzählen. Man munkelt bereits so allerlei. Durchaus möglich, dass es Menschen gibt, die Sie für den Mörder halten und mit ihren Verdächtigungen zur Polizei laufen. Gegen Gerüchte ist kein Kraut gewachsen. Und sollte sich da nahtlos eins ins andere fügen, kommt eine schöne Indizienbeweiskette zusammen. Sie haben selbst etwas von umbringen gesagt, ehe Sie gestern unser Lokal verlassen haben, daran kann ich mich gut erinnern. Übrigens, Sie sind in der Mordnacht beim Tatort gesehen worden.« Er hatte eine kleine Pause vor diesem letzten Satz gemacht und ließ ihn bedeutungsschwer im Raum stehen. Leopold bluffte hier, gewiss. Es war ein Schuss ins Blaue. Doch die Röte, die Schweda, vom künstlichen Licht kaum verborgen, ins Gesicht schoss, zeigte ihm, dass er ins Schwarze getroffen hatte.

»Das ist eine Unterstellung«, bemühte sich dieser, die Fassung zu wahren. »Das können Sie nicht beweisen. Und jetzt hinaus mit Ihnen! Ich muss mich um meine Kunden kümmern. Vielleicht ist Ihnen schon aufgefallen, dass ich dafür bezahlt werde, Dinge zu verkaufen, und nicht dafür, Fantastereien zu bereden.«

»Schulden bezahlen bitte nicht vergessen«, lächelte Leopold im Gehen. »Und glauben Sie mir: Es ist besser, wenn Sie mir reinen Wein einschenken. Ich bin nicht die Polizei. Wenn Sie mir etwas beichten, werden Sie nicht gleich eingesperrt. Überlegen Sie es sich also gut. Sie wissen ja, wo Sie mich finden.« Er war fürs Erste zufrieden. Im Grunde hatte er erreicht, was er wollte. Schweda war so verunsichert, dass er, eher früher als später, mit der ganzen Wahrheit herausrücken würde.

Er blickte sich noch einmal im Geschäft um. Zwei Etagen, oben die Herren, unten die Damen. Trotzdem alles überschaubar. Eigentlich sah der Frick größer aus, als er tatsächlich war. Auch die Zahl der Angestellten hielt sich in gewissen Grenzen. Gediegen, Durchschnitt, nicht mehr. Eine der Firmen, die sich bis jetzt noch erfolgreich im Überlebenskampf gegen größere Läden und Ketten wehrte. Noch! Bei der Kassa herrschte nicht gerade Hochbetrieb, trotz des bevorstehenden Weihnachtsfestes.

Kassa! Natürlich, das war es. Warum hatte er nicht

gleich daran gedacht? Leopold fiel wieder etwas ein, und je mehr er überlegte, desto klarer und schärfer wurden die Konturen seiner Gedanken. Jetzt erschien der Mord an Veronika Plank wieder in einem anderen Licht. Und wie man die Sache auch drehte: Für Mario Schweda sah es dadurch noch schlechter aus.

*

Agnes Windbichler hatte an Gerlinde Pelinkas Tür geläutet, und Gerlinde Pelinka hatte aufgemacht. Selbstverständlich, so als wäre die Zeit stehen geblieben und als hätte sich absolut nichts ändern können, war die einzige Vorankündigung ihres Besuches ein kurzer Brief gewesen, so wie sie Leopold einen geschickt hatte. Das hatte genügt, nach mehr als 20 Jahren, während deren sich die beiden alten Freundinnen nicht gesehen hatten. Jetzt saßen sie bei einem Glas Wein im Wohnzimmer des Hauses, das Gerlinde Pelinka mittlerweile allein bewohnte und das am Ortsende des Floridsdorfer Heurigenbezirkes Stammersdorf, der Kellergasse zu, lag.

Die zwei Damen sprachen über die alten Zeiten – und den Tod ihrer Ehemänner. »So ist dein Ignaz also auch schon unter der Erde«, sagte Gerlinde Pelinka langsam und bedächtig, wie es ihr in ihrem fortgeschrittenen Alter zustand. »Seinetwegen bist du damals ins Waldviertel hinauf. Ich erinnere mich noch gut.«

»Ja, es war eine harte Zeit seit dem Sommer«, nickte ihr Agnes Windbichler zu. »Aber schön langsam geht es mir wieder besser. Sag, wann ist denn dein Mann gestorben?«

»Felix?« Gerlinde legte ihre Stirn in Falten und dachte nach. »Es muss fünf Jahre her sein, oder sechs ... oder sind es gar schon sieben? Mein Gedächtnis lässt mich manchmal im Stich. Sein Herz ist halt immer schwächer geworden, und das Wasser hat ihn schließlich erdrückt. Seither betreiben wir keinen Weinbau mehr. Unsere beiden Söhne waren nicht daran interessiert, den Betrieb weiterzuführen.«

»Ihr habt verkauft?«, erkundigte sich Agnes.

»Ja, die Rieden sind weg. Johannes und ...« Gerlinde überlegte kurz. »Johannes und sein Bruder ...«

»Paul?«, half Agnes.

»Ja, richtig! Johannes und Paul haben das alles erledigt. Sie sind wirklich froh, dass sie mit keiner Rebe mehr etwas zu tun haben. Ja, und jetzt lebe ich hier allein. Das Haus ist mir geblieben. Groß ist es halt, furchtbar groß.«

»Aber schön hast du es hier so am Stadtrand. Es ist immer noch beinahe so wie früher. Richtig ländlich, ohne die Betonklötze, die sonst überall aus dem Boden schießen.«

»Darum bin ich ja auch hier geblieben. Die Buben wollten mich in ihrer Nähe haben, aber warum soll ich mich an eine kleine Wohnung in einem anderen Bezirk gewöhnen? Hier habe ich den größten Teil meines Lebens verbracht, und hier möchte ich auch sterben«, erzählte Gerlinde Pelinka.

»Das verstehe ich gut«, stimmte Agnes Windbichler ihr zu. »Mich würden auch keine zehn Pferde aus Weitra wegbringen.«

»Siehst du, da sind wir uns wieder einig«, sinnierte

Gerlinde. »Was wollen wir Alten denn noch viel vom Leben? Unsere gewohnte Umgebung und den Segen der Gesundheit. Ein bisschen vergesslich bin ich geworden, und hie und da drückt und zwickt etwas, sonst geht es mir noch ganz gut. Außerdem habe ich jemanden, der mir mit dem Haushalt hilft.«

»Deine Söhne? Oder deine Schwiegertöchter?«

»I wo! Die kommen ab und zu auf Besuch, und das war's dann auch schon. Nein, die Frau Jäger ist es, eine echte Perle. Sie wohnt weiter vorn, bei der Endhaltestelle von der Straßenbahn, vom 31er. Die kommt putzen, bringt mir was zu essen, und wenn ich sie brauche, kann ich sie jederzeit anrufen.«

»Das ist praktisch«, bemerkte Agnes Windbichler.

»Und ob. Falls ich ihre Nummer nicht weiß, brauche ich nur auf einen bestimmten Knopf auf meinem Apparat zu drücken, diesen hier. Und wenn ich vergesse, welcher es ist, dann gibt es noch immer diesen aufgeklebten Pfeil da, siehst du? Mir kann also nichts passieren. Ich kann sie immer erreichen. Denn sie hat natürlich ein Handy.«

»Ach was, Handys sind nur neumodisches Zeug«, meinte Agnes abfällig. Dann schien ihr plötzlich etwas einzufallen. »Aber ich habe da noch eine Frage. Sag, was ist denn aus eurem Weinkeller geworden? Ist der auch weg?«, wollte sie wissen.

»Welcher Weinkeller?«, fragte Gerlinde Pelinka irritiert.

»Na, euer alter Weinkeller oben in der Krottenhofgasse. Im Sommer war es so schön kühl, wenn wir drinnen um den Tisch herumgesessen sind. Und der Wein hat dort auch viel besser geschmeckt als anderswo.«

»Ach, unseren Keller meinst du«, kapierte Gerlinde langsam. »Ja, freilich gibt's den noch. Der steht, wo er immer gestanden ist. Nur war seit ewigen Zeiten schon kein Mensch mehr drinnen.«

»Warum denn?«

»Er ist ja praktisch leer. Ein paar leere Weinfässer sind noch dort, der Tisch und … die Bänke … also, offen gestanden, ich weiß nicht, was sonst.«

Plötzlich wurde Agnes Windbichler unternehmungslustig. »Den würde ich mir gern wieder einmal anschauen«, sagte sie spontan. »Was hältst du von dieser Idee, Gerlinde?«

»Meinst du? Ja, mein Gott, warum nicht? Es ist halt schon ein kleines Stück zu gehen da hinauf.«

»Ach was, gehen. Da führt uns doch mein Neffe Leopold mit dem Auto. Für den Sonntag wäre das eine prima Idee. Hast du den Schlüssel?«

»Den Schlüssel? Ja, natürlich.« Gerlinde Pelinka erhob sich langsam von ihrem Sessel, und man sah ihr an, dass sie jetzt sehr angestrengt nachdachte. »Er muss hier sein, in dieser Lade«, schien ihr die Erinnerung einzuschießen. Sie öffnete die Lade, aber ihre Suche blieb ergebnislos. »Er ist nicht da«, stellte sie kopfschüttelnd fest. »Dabei habe ich mir hundertprozentig eingebildet, dass er sich hier drinnen befindet. Wo könnte er denn sonst liegen? Ich weiß nicht, in letzter Zeit lässt mein Hirnkastl wirklich nach.«

»Du musst halt suchen«, meinte Agnes achselzuckend. »Irgendwo wird er schon auftauchen. Aber ansehen würd' ich mir den Keller schon gern, das ist jetzt eine fixe Idee von mir geworden.«

»Ja, ja«, wurde Gerlinde nervös. »Wenn ich bloß eine Ahnung hätte, wo ich nachschauen soll. Es ist schon so lange her, dass ich den Schlüssel zum letzten Mal in der Hand gehabt habe.«

»Warum fragst du nicht deine Frau Jäger?«, schlug Agnes vor. »Die sollte es doch wissen, wenn sie hier ständig putzt und so auf Zack ist.«

»Eine gute Idee«, pflichtete Gerlinde Pelinka ihr bei. »Ich werde es ihr gleich heute Abend sagen. Oder kommt sie erst morgen Vormittag? Mein Gott, diese Vergesslichkeit.«

»Egal, Hauptsache, du sagst es ihr«, beruhigte Agnes Windbichler sie. »Aber vergiss das bitte nicht. Ich kann es schon kaum mehr erwarten, wieder in unserem gemütlichen Weinkeller zu sitzen.« In ihrem Kopf tauchten Bilder aus der Vergangenheit auf: die heiteren Nachmittage und Abende, die sie gemeinsam mit Gerlinde, ihren Eltern und Freunden in dem Keller verbracht hatte; das Brot und der Speck, die zum Wein gereicht worden und stets im Überfluss vorhanden gewesen waren; die Stunden, in denen man die Welt draußen vergessen hatte; die Stimmen und das Lachen, die da unten eine ganz eigene Klangfärbung bekamen.

In ihrem Alter gewannen solche Bilder öfter, als ihr lieb war, an Bedeutung und drängten die Gegenwart zurück. Aber musste man sich solche Zufluchtsmöglichkeiten nicht schaffen, wenn der Gedanke an die eigene Zukunft immer weniger Erfreuliches mit sich brachte? Wie lange würde ihr Leben noch dauern? Bei ihrem Gatten Ignaz war der Tod sehr rasch gekommen. Sie selbst war noch gut beisammen, keine Frage, zweifellos besser als ihre

Freundin aus früheren Tagen, die doch schon ein wenig hilflos und nicht mehr auf der Höhe ihrer Kräfte wirkte. Sie hatte auch nicht vor, allzu schnell den Löffel abzugeben. Man konnte jedoch nie wissen, was das Schicksal mit einem vorhatte.

Deshalb wollte sie unbedingt noch einmal an den Ort ihrer ehemaligen Unbeschwertheit zurückkehren. Wer wusste schon, wann es sie wieder nach Wien verschlagen würde. Der Schlüssel musste her! Und ihren Neffen Leopold musste Agnes Windbichler auch von der Wichtigkeit dieses Unternehmens überzeugen.

7

»Ich habe dir gleich gesagt, du sollst aufpassen, was du dir da einhandelst.«

Leopold war wieder in seinem Element. Zwischen seinen Serviergängen ließ er eine Strafpredigt auf den zerknirschten Thomas Korber los, die sich gewaschen hatte. Von Anfang an hatte er alles gewusst. »Wenn man bei der einen braten tut, fängt man sich in der Zwischenzeit nichts mit einer anderen an«, bemerkte er vorwurfsvoll. Denn die von ihm immer erwünschte und sich nun endlich anzubahnen scheinende Verbindung zwischen seinem Freund und Geli Bauer war in Gefahr.

»Ich habe mir mit niemandem etwas angefangen. Das war eine Verknüpfung äußerst unglücklicher Umstände«, betonte Korber, lässig an der Theke lehnend und ein paar große Schlucke von seinem Bier einnehmend.

»Die hast du dir aber selbst eingefangen, deine unglücklichen Umstände.«

»Was hätte ich denn machen sollen? Ich habe mich ja damals bei der Maturafeier wirklich ein bisschen weit aus dem Fenster gelehnt. Außerdem kommt Weihnachten. Da wollte ich nicht, dass Julia in ihrer Verzweiflung irgendwo hineinstolpert.«

»Jedenfalls hast du gesehen, was dabei herauskommt. Wo ist sie denn überhaupt, deine neue Untermieterin?«

Korber machte eine gleichgültige Handbewegung. »Ich weiß nicht, sie ist heute ohne mich fort. Das ist ganz gut so. Sie hat mir ohnedies schon genug angetan. Nicht, dass es mit Absicht geschehen wäre, wohlgemerkt.« Er widmete sich wieder seinem Bier. Wer Korber genau kannte, merkte, dass sich eine leise Unsicherheit in seine Stimme schlich. »Und? Wie geht's bei dir und deiner Tante?«, fragte er.

Leopold strahlte Thomas Korber mit einem verschmitzten Lächeln an. »Ausgezeichnet«, antwortete er. »Ausgezeichnet natürlich. Was denkst denn du? Wenn man verwandt miteinander ist, versteht man sich eben blind. Da weiß der eine sofort, was der andere will. Trotz des Altersunterschiedes, und obwohl wir uns schon lange nicht gesehen haben. Ich werde, im Gegensatz zu dir, ein wunderschönes Weihnachtsfest verbringen.«

»Das glaubst du ja selbst nicht.«

»Doch, doch. Aber das ist zunächst einmal egal«, stellte Leopold fest. »Schau lieber, dass du deinen Gemütszustand wieder in die Reihe kriegst, und schränke deinen Alkoholkonsum ein. Du hast heute Abend noch eine wichtige Aufgabe zu erledigen.«

»Und welche?«, kam es, gelangweilt klingend, von Korber. So, als ob er Leopold nicht gehört hätte, griff er erneut zum Bierglas. Die Ereignisse vom Mittag hatten ihn offenbar stärker mitgenommen, als er zugeben wollte. Deshalb sprach er nun dem Alkohol zu und ließ sich ansonsten in eine relative Lethargie fallen.

»Das kannst du dir wohl denken«, sagte Leopold. »Du hast mir doch vorhin erzählt, dass sich der Philosophenzirkel heute noch einmal zu einer Lagebesprechung bezüglich Veronika Planks Tod trifft.«

»Ja, ich denke, es geht gleich los. Bernhard und Bianca sitzen schon vorn, und da kommt gerade Rudi Caha zur Tür herein.«

»Eben. Und du bist auch dabei. Ich erwarte von dir, dass du genau aufpasst, was passiert, und mir nachher Bericht erstattest. Ich habe heute alle Hände voll zu tun und für solche Sachen leider keine Zeit.«

»Dann kriege ich zur Stärkung aber noch ein Bier«, forderte Korber.

»Meinetwegen. Aber sei schön artig und pass auf«, zischte Leopold. Er wusste, dass er sich bei einer Weigerung nur einen unnötigen, nicht zielführenden Streit mit seinem Freund einhandeln würde. Deshalb hoffte er, dass die eine zusätzliche Flasche nicht zu viel Wirkung bei Korber hinterlassen würde. Eine weitere Bestellung während der Diskussion konnte er ja geflissentlich überhören.

Er brachte das Bier zu dem Tisch, wo Bianca Roth, Bernhard Klein, Rudolf Caha und mittlerweile auch Gernot Stolz Platz genommen hatten, dann nahm er die Bestellung auf. Die Konsumation hielt sich auch diesmal wieder in philosophischen Grenzen: kleiner Brauner, kleiner Brauner, kleiner Brauner, Melange. Dazu das beliebte, weil kostenfreie Glas Wasser. Da war auf nicht mehr viel zu hoffen, an eine Adventkranzspende gar nicht zu denken.

Täuschte er sich, oder sah Bernhard Klein um eine Spur ernster und nervöser aus als sonst? Er tippte unruhig mit seinen Fingern auf der Tischplatte herum, wie es normalerweise nicht seine Art war. Schließlich räusperte er sich und eröffnete die Debatte: »Da wir nun, scheint's, beinahe vollzählig sind, möchte ich mit unserer Gesprächsrunde beginnen. Es geht, wie ihr alle wisst, um den plötzlichen und völlig unerwarteten Tod von Veronika, eine unfassbare, erschütternde Gewalttat.«

Leopold musterte Klein weiterhin aus den Augenwinkeln. Schaute er drein wie jemand, der seine Geliebte verloren hat und darob mitgenommen und entsetzt ist? Nein. Diese unterdrückte Nervosität hatte offenbar einen anderen Grund. Den würde man natürlich herausfinden müssen.

»Natürlich sind jetzt wir die Verdächtigen«, fuhr Klein fort. »Das werdet ihr ja aus den Fragen der Polizei herausgehört haben. Die machen sich's leicht. Wir sind alle miteinander an einem Tisch gesessen, dann sind wir nacheinander gegangen, deshalb muss einer von uns der Mörder sein.«

»Ganz ausschließen würde ich das von vornherein nicht«, bemerkte Gernot Stolz bissig.

»Jedenfalls wäre es gut, wenn wir zur Klärung des Falles selbst einige Überlegungen anstellen würden«, zeigte sich Klein unbeeindruckt. »Jeder sollte uns seine Beobachtungen mitteilen, die er gestern auf dem Heimweg gemacht hat. Wer hat wen wohin gehen gesehen? Gab es irgendwelche Verdächtige auf der Straße? Und wohlgemerkt: Heute geht es nicht um die Relativierung der menschlichen Wahrnehmung im philosophischen Sinn. Es geht um die ganz realen Dinge.«

»Dann fangen wir doch gleich bei dir an«, meldete sich Rudolf Caha forsch zu Wort. »Wo warst du gestern Abend?«

»Ich bin als Erster gegangen und war selbstverständlich gleich zu Hause. Ich wohne ja nicht weit, wie ihr wisst«, entgegnete Klein kühl.

»Leicht gesagt, aber schwer zu beweisen«, kam es wieder von Stolz.

»Und warum sollte ich nicht nach Hause gegangen sein?«

»Wer hat dich gesehen?«, fragte Caha bohrend. »Wir sind vielleicht nicht hier, um zu relativieren. Aber für die absolute Erkenntnis braucht man Beweise. Sind diese nicht vorhanden, bildet sich rasch eine Volkshypothese, gemeinhin auch Gerücht genannt, heraus. Deshalb muss jeder seine Karten auf den Tisch legen.«

»Vielleicht kann ich weiterhelfen«, mischte sich jetzt Bianca Roth ein. »Ich denke schon, dass es Bernhard heimwärts gezogen hat, denn er war ja in Erwartung seines Täubchens. Warum, glaubt ihr, hat es Veronika denn in diese Richtung gezogen? Dreimal dürft ihr raten. Es sollte nur so aussehen, als ob sie und Bernhard nichts miteinander hätten. Ja, ja, unser Bernhard, der Philosoph, hat durchaus noch andere Interessen. Die Fragen, die wir uns deshalb stellen müssen, lauten: Ist er gleich hinauf in seine Wohnung gegangen, oder hat er irgendwo draußen auf Veronika gewartet? Ist es plötzlich zu einer Auseinandersetzung zwischen ihm und ihr gekommen? Wenn ja, wie endete diese Auseinandersetzung?«

»Verstehe ich richtig, du hattest eine sexuelle Affäre mit dem jungen Ding?«, empörte sich Caha.

Klein atmete einmal tief durch. »Mein Gott, was leben wir doch in einer kleinkarierten Gesellschaft«, sagte er dann. »Was ist denn so Schlimmes dran? Veronika war ein erwachsener Mensch und konnte tun und lassen, was sie wollte. Nur ein Neider regt sich über so etwas auf.«

»Trotzdem: Du hast ein Geheimnis daraus gemacht. Das wirft jetzt ein ganz anderes Licht auf die Sache«, brummte Caha.

»Wer im Glashaus sitzt, der sollte nicht mit Steinen werfen«, gab Korber genüsslich von sich und wischte dabei etwas ungeschickt den Bierschaum weg, der sich beim letzten Schluck rund um seinen Mund angesammelt hatte.

»Was soll das wieder heißen?«, reagierte Caha irritiert.

»Dass du dich für manche deiner Schülerinnen mehr interessiert hast, als es uns Lehrern eigentlich zusteht, ist ein offenes Geheimnis. Und wenn mein Gedächtnis nicht stark nachgelassen hat, war Veronika da auch dabei.«

»Das ist eine Unverschämtheit, das weißt du ganz genau«, polterte Caha. »Du redest etwas von Glashaus und Steinen, dass ich nicht lache! Was war denn damals mit der Kleinen aus deiner Maturaklasse? Gib Acht, was du tust! Ich bin noch immer ein guter Freund von Direktor Marksteiner. Wenn du diese Anschuldigungen nicht sofort zurücknimmst, werde ich ...«

In diesem Augenblick kam Leopold, der die letzte Entwicklung nicht überhört hatte, eilenden Schrittes herbei und verpasste Korber wie aus Ungeschicklichkeit mit dem Ellenbogen eine leichte Kopfnuss. »Pass auf!«, zischte er dabei kaum hörbar. »Pass nur ja auf!«

Korber räusperte sich. »Ich habe nur gemeint, dass wir ... alle Männer sind und eben manchmal von ... gewissen Gedanken heimgesucht werden. Das ist ja nichts Schlimmes, solange wir ... unsere Grenzen kennen«, stotterte er dann unbeholfen herum.

»Warum so nervös, Thomas. Du bist doch der Einzige von uns, der in dieser traurigen Angelegenheit aus dem Schneider ist, oder täusche ich mich?«, erkundigte sich Klein.

»Wahrscheinlich geht ihm die junge Begleitung von gestern Abend ab«, lächelte Bianca boshaft. »Sie hat auch wie eine Schülerin ausgesehen. Und gepiperlt hat sie nicht schlecht, muss ich sagen.«

»Kommen wir wieder zur Sache«, lenkte Klein ein. »Ich möchte jetzt einmal von Rudi wissen, wohin er gegangen ist, nachdem er das Lokal verlassen hat.«

»Zur U-Bahn, zum Teufel noch einmal. Bianca kann das bestätigen«, kam die Antwort.

»Nicht ganz«, korrigierte Bianca Roth. »Ich habe mir auf dem Weg noch eine Zigarette angezündet. Das hat wegen des Windes ein bisschen gedauert. Als ich wieder auf die Straße geschaut habe, warst du weg, Rudi. Du hättest da ohne Weiteres nach links abbiegen und zurück zur Schule laufen können.«

»Das heißt aber, dass du auch kein Alibi hast, Bianca«, bemerkte Klein.

»Brauche ich eins?«, fragte sie achselzuckend. »Mein Gewissen und mein Herz sind rein. Ich habe Veronika sogar noch gewarnt. Sie hätte gleich nach Hause gehen sollen. Es lag etwas über dieser Nacht, das mir Angst gemacht hat. Aber ihr wollt ja nicht an solche Vorherbestimmungen glauben. Darum bleiben wir bei den Tatsachen. Bernhard hat uns, glaube ich, unsere Fragen noch immer nicht vollständig beantwortet, und Gernot hat einstweilen gar nichts gesagt. Also bitte, meine Herren!«

»Ich bin gleich nach Bernhard gegangen. Ihr wisst, dass mein Auto immer auf dem Parkplatz bei der Schule steht. Ich war somit zwar in unmittelbarer Nähe des Tatorts, aber offenbar einige Zeit vor Veronika, und ich war nach etwas mehr als einer halben Stunde bei mir zu

Hause. Meine Frau kann das bestätigen«, rechtfertigte sich Stolz.

»Hören wir doch auf mit den gegenseitigen Beschuldigungen«, mahnte Klein. »Es gibt schließlich noch andere Verdächtige. Da war doch dieser Typ, der Veronika hier im Lokal bedrängt hat.«

»Ja, aber er hat das Kaffeehaus offenbar weit nach uns verlassen. Hat ihn da jemand von euch noch gesehen?«, fragte Caha.

»Und was ist mit dem da?« Mit diesen Worten zeigte Bianca Roth in Richtung Eingangstür, wo, leicht fröstelnd und in gebückter Haltung, Franz Jäger das Kaffeehaus betrat. Es war wohl der für ihn ungünstigste Augenblick. »Guten Abend allerseits«, grüßte er etwas verlegen. »Entschuldigt bitte die kleine Verspätung.«

»Hat das Essen bei Mama geschmeckt?«, kam es boshaft von Rudolf Caha.

»Ja, es war gut«, druckste Jäger herum, während er seine Jacke aufhängte und Platz nahm.

»Dann bist du ja ausreichend gestärkt«, stellte Bianca fest. »Das wirst du auch brauchen. Wir versuchen gerade, etwas Licht in den unbegreiflichen Tod von Veronika zu bringen. Da bist du uns einige Antworten schuldig.«

»Wie meinst du das?«

»Nun, immerhin warst du der Letzte, von dem wir wissen, dass er mit der lebenden Veronika beisammen war«, erinnerte sie ihn. »Das ist einmal von der Optik her nicht besonders gut für dich.«

»Glaubst du denn, dass ... dass ich Veronika umgebracht habe?«, stotterte Jäger. »Das ist doch ... kompletter Unsinn.«

»Solche Dinge geschehen oft nicht bewusst, sondern auf einer ganz anderen Ebene«, deutete Bianca geheimnisvoll an. »Du warst gestern Abend sehr nervös, das habe ich bemerkt. Du wolltest an Veronika herankommen, aber sie hat es nicht zugelassen.«

»Es war kein Geheimnis, dass du dich um sie bemüht hast«, schaltete Klein sich ein. »Du kannst es ruhig zugeben.«

Franz Jäger presste die Lippen zusammen und schwieg.

»Du hast davon geträumt, ihr gegenüber so aufzutreten, wie dein Vater es getan hätte«, fuhr Klein fort. »Sag, wie lange ist es her, dass er deine Mutter und dich verlassen hat?«

»Vier Jahre, glaube ich«, murmelte Jäger. Es war doch kein Geheimnis. Warum sprach er dann nicht lauter? Warum blieb ihm bloß jedes Wort im Halse stecken?

»Na, siehst du. Seither kiefelst du daran herum. Es hat dich damals sehr beschäftigt, dass er plötzlich Hals über Kopf zu einer Freundin nach Deutschland gezogen ist, das hast du uns gegenüber einmal erwähnt. Es stimmt doch, oder?«

Franz Jäger nickte stumm. Die Erinnerung an jene Zeit lebte wieder in ihm auf. Er konnte nicht sagen, ob er seinen Vater jemals verstanden hatte. Aber konnte er nicht wenigstens einmal in seinem Leben so sein wie er?

»Du warst enttäuscht, euer Kontakt ist schnell abgebrochen«, redete Bernhard Klein ungeniert weiter. »Trotzdem ist er dein großes Vorbild geblieben. Veronika gegenüber wolltest du gestern dieser starke Mann sein, das hat man die ganze Zeit deutlich gesehen. Dann warst du mit ihr allein, hattest deine große Chance – und hast versagt. Das muss dich tief ins Mark getroffen haben. Da bist du zur Tat geschritten.«

»Es war eine unheilschwangere Nacht«, bemerkte Bianca Roth kryptisch. »Die meisten Dinge im Leben sind vorgezeichnet. Botschaften von überall können uns erreichen, von den Lebenden, wie weit weg sie auch gerade sind, und von den Toten. Vieles, was wir tun, geschieht ohne unseren eigentlichen Willen.«

»Ja, seid ihr denn alle übergeschnappt? Wollt ihr mir diesen Mord andrehen?«, geriet Jäger jetzt total außer sich. »Aber ihr könnt tun, was ihr wollt. Euch fehlen die Beweise.«

Jetzt wurde auch Korber, der sich nach Leopolds stummer Zurechtweisung bemerkenswert lange zurückgehalten hatte, wieder aktiv. »Du hast gestern einen Schal mitgehabt. Was ist eigentlich aus dem geworden?«, fragte er Jäger.

Jäger überlegte. Er durfte keinen Fehler mehr machen. Er musste diese Sache, seine Sache, durchziehen. Warum fiel es ihm so schwer, Wichtiges von Unwichtigem zu unterscheiden? Konnte der Schal den Verdacht auf ihn lenken oder nicht? Seine Mutter hatte gemeint, nein, aber das war ihm jetzt keine Hilfe. Er war darauf angewiesen, sich selbst zu helfen.

»Ich habe ihn Veronika gegeben«, antwortete er. »Ihr war kalt. Ich wollte nicht, dass sie friert.«

»Für dieses kurze Stück Weg? Und du hast ihn dir nicht zurückgeben lassen?«, bohrte Korber weiter.

»Nein, das wäre mir nicht im Traum eingefallen. Und hört jetzt bitte auf mit diesen albernen Fragen und grundlosen Verdächtigungen. Ich habe Veronika vor der Schule verlassen. Dass sie dann vorhatte, zu dir zu gehen, lieber Bernhard, ist ein offenes Geheimnis. Warum sie später ein paar Schritte weiter hinten, auf dem kleinen Vorplatz, gelandet ist, weiß ich nicht. Sie muss wohl irgendwo ihrem Mörder begegnet sein.«

»Wie oft vermischt sich die Wahrheit mit der Fantasie. Ich glaube, du verheimlichst uns etwas, Franz«, kam wieder Biancas düstere Stimme. Ihre Augen waren weit geöffnet, und sie blies den Zigarettenrauch genussvoll in die Luft.

»Ich sage nichts mehr«, brauste Jäger auf. »Nur so viel: Veronika ist an diesem Abend einige Male angepöbelt worden. Hier im Kaffeehaus habt ihr es selbst alle mitbekommen. Schon vorher hat sie vor dem Heller eine Auseinandersetzung mit dem Tierschützer gehabt, der am Anfang ein paar Mal mit ihr mit war. Das ist euch offensichtlich egal. Hauptsache, ihr habt einen Schuldigen gefunden.«

»Aber so war es doch nicht gemeint, Franz«, versuchte Gernot Stolz, ihn zu beruhigen.

»Wie war es denn gemeint? Ihr braucht einen Dummen, aber da spiele ich nicht mit. So tun, als ob man geistig über allen Dingen stünde, aber bei der nächstbesten Gelegenheit einem anderen das Hackl ins Kreuz hauen. Das schaut euch ähnlich. Vergesst mich!«

Franz Jäger war immer noch überaus erregt, seine Augen funkelten. Es sah jetzt wirklich so aus, als würde er jeden Augenblick einen der am Tisch Sitzenden, vorzugsweise Bernhard Klein, packen und ihm eine Tracht Prügel verabreichen wollen. Aber gleich darauf wirkte er wieder seltsam desinteressiert und gleichgültig, so, als ob ihn das alles nichts anginge. Er redete nichts mehr, und es schien ihm egal zu sein, was die anderen redeten. Er verfolgte das, was sie des Weiteren besprachen, aus einer Art innerer Emigration heraus. Franz Jäger war nicht mehr Teil dieser Runde. Man musste sich ernsthaft die Frage stellen, ob er es überhaupt je gewesen war.

*

Die Philosophen verließen das Heller unter Anführung aller möglichen Beweggründe diesmal schon früh. Korber lehnte wieder vorn an der Theke. »Jetzt habe ich mir aber wirklich ein Bier verdient«, rief er Leopold zu.

»Weil du dich ausnahmsweise zusammengerissen hast, nachdem ich dir den Stesser gegeben habe? Was wäre gewesen, wenn ich nicht zufällig vorbeigekommen wäre? Du warst schon wieder ganz schön in Fahrt.«

»Ja, aber immerhin war ich dann ausgesprochen friedlich und habe sogar die entscheidende Frage gestellt.«

»Die Frage nach dem Schal? Pah, es war doch klar, dass so eine Antwort kommen musste, und wahrscheinlich stimmt sie sogar. Das einzig Verblüffende für mich hat darin bestanden, dass dieser Jäger auf einmal aus sich herausgegangen ist. Das hätte ich ihm nicht zugetraut.«

»Was mir durchaus nicht in den Kopf will, ist, dass er nichts von dem Glatzkopf erwähnt hat«, überlegte Korber. »Laut dem, was du mir gesagt hast, muss Jäger doch praktisch daneben gestanden sein, als der das Mädchen angegriffen hat. Warum hat er also nicht über etwas berichtet, das ihm helfen könnte?«

»Würde es ihm wirklich helfen?«, fragte Leopold.

»Denk doch mal nach. Er könnte unseren Spanner ins Spiel bringen. Weshalb tut er es nicht? Weil Veronika nach dessen Attacke noch sehr lebendig war, und dann ist Jäger ihr nachgelaufen. Das hat der Spanner wahrscheinlich genauso bemerkt wie die zwei alten Damen. Und jetzt ist Jäger begreiflicherweise verunsichert. Er weiß, er steckt mittendrin in der Sache, so oder so. Was macht er also? Er spielt Hase und weiß von nichts, wie es eben seine Art ist, zunächst nur einmal das Notwendigste zu sagen.«

»Glaubst du, dass das mit seiner Beziehung zu seinem Vater zusammenhängt?«, wollte Korber wissen.

»Auf jeden Fall scheint er eine ziemlich starke Bindung zu seiner Mutter zu haben. Was mit seinem Vater war, das wüsste ich jetzt gern. Es gibt einstweilen ja nur Gerüchte, die man hinter vorgehaltener Hand hört. Was waren die Hintergründe dafür, dass er plötzlich alle Zelte abgebrochen hat? Die große Liebe, oder gar mehr? Wie hat Franz Jäger damals reagiert, wie seine Mutter? Hat Franz noch Kontakt zu seinem Vater? Da müssen wir mehr darüber herausfinden.«

»Glaubst du, dass er es war? Für die Leute aus unserer Runde steht er schon als Täter fest, glaube ich.«

»Das würde ich zunächst einmal entspannt sehen. Die brauchen natürlich ein schwarzes Schaf, um sich reinzuwaschen. Er kann es gewesen sein, aber jeder andere auch«, folgerte Leopold. »Niemand hat etwas gesehen, keiner gibt dem anderen ein Alibi. Da stimmt etwas nicht, wenn du mich fragst. Und dann haben wir da noch unseren Herrn Schweda von der Firma Frick. Der ist, wie mir scheint, ein ganz besonderes Früchtchen. Aber ich werde ihn mir schon noch vorknöpfen.«

»Und der Glatzkopf?«

»Da glaube ich, dass es immer wichtiger wird, diesen Typ zu finden, so oder so. Ist er der Täter, haben wir ihn. Ist er hingegen nicht Veronikas Mörder, traue ich mich zu wetten, dass er eine wichtige Beobachtung gemacht hat, die uns auf die Sprünge helfen könnte.«

Der Inhalt von Korbers Glas ging zur Neige. Er hatte in den letzten Minuten schneller getrunken. »Wenn ich dich richtig verstehe, Leopold, sind das großteils Hypothesen und Vermutungen«, befand er. »Damit kann ich herzlich wenig anfangen. Da lasse ich mir lieber noch ein Bier von dir kredenzen.«

»Mitnichten«, lehnte Leopold ab. »Du schaust jetzt, dass du schleunigst nach Hause kommst.«

»Was soll denn das heißen?«, äußerte Korber verwundert. »Es ist doch nicht spät. Der Abend hat gerade erst angefangen.«

»Du bist gerade an der Kippe, ich seh dir's an«, maßregelte Leopold ihn. »Vorhin bist du auf deinen ehemaligen Kollegen losgegangen. Deine Stimmung ist also nicht gerade friedlich. Da wird es das Beste sein, wenn du vor dem Schlafengehen noch ein wenig in dich gehst.«

»Sag einmal, bist du noch zu retten? Morgen ist Samstag, mein freier Tag. Und heute ist der letzte Freitag vor Weihnachten.«

»Mir egal, welcher Tag heute ist. Du hast bei dir zu Hause einiges abzuklären. Du wirst mit Julia über die Spielregeln in eurer neuen Wohngemeinschaft reden müssen. Da solltest du nüchtern sein.«

»Quatsch! Julia ist gar nicht zu Hause, sondern treibt sich irgendwo herum. Da kann ich nichts mit ihr regeln.

Außerdem glaube ich nicht, dass sie der Typ ist, der sich an irgendwelche Abmachungen hält.«

»Da musst du eben mit leuchtendem Beispiel vorangehen. Zieh dir deine Hauspatschen an und setz dich mit einer Kanne Tee vor den Fernseher. Da hast du dann die nötige Autorität, um sie zusammenzustutzen. Und ein bisschen familiär wirkt es auch.«

Korber legte seine Stirne in Falten. Was er da hörte, behagte ihm überhaupt nicht.

»Und ruf ja nicht bei der Geli an«, fuhr Leopold unbarmherzig fort. »In deinem jetzigen Zustand sind keine Sentimentalitäten gefragt, da kommt nur ein neuer Streit dabei heraus. Du könntest etwas sagen, was dir später leid tut.«

»Kannst du jetzt endlich mit deinem Strafgericht aufhören?«, reagierte Korber nun schon ziemlich beleidigt. »Ich weiche ohnehin der Gewalt. Nur schade, dass du dich an manchen Tagen absolut nicht in meine Psyche hineinversetzen kannst.«

»Das kann ich mittlerweile leider allzu gut«, versetzte Leopold, während er Korbers Zeche kassierte. »Soll ich dir Details aus früheren Tagen aufzählen?«

»Nein danke, es reicht.« Korber streifte demonstrativ das gesamte Retourgeld ein. »Denk lieber über deine eigenen Fehler nach. So long und schöne Weihnachten. Ich glaube nicht, dass wir uns so bald wiedersehen.« Damit ging er, bemüht, Sicherheit vorzutäuschen, bei der Tür hinaus.

Während Leopold noch sinnierte, über welche Fehler er, wenn überhaupt, nachdenken sollte, läutete sein Handy. Es war die Tante. Sie meldete sich aus seiner Wohnung. Typisch, dachte er bei sich. Wenn's nichts kostet, hat sie keine Probleme mit dem Anrufen. Laut sagte er dann: »Hallo, Tante Agnes. Wie geht's dir denn? Ich vermisse dich schon.«

»Ach, Leopold«, hörte er. »Entschuldige, wenn ich heute nicht mehr ins Kaffeehaus komme. Zuerst habe ich eine alte Freundin von mir, die Gerlinde Pelinka, besucht, und dort ein paar Gläser Wein getrunken. Dann war so ein schöner Film im Fernsehen. Vorhin wäre ich beinahe schon eingeschlafen. Es war doch ein anstrengender Tag. Ich glaube, ich gehe jetzt lieber zu Bett.«

Leopold schien fürs Erste erleichtert. Wie sich Tante Agnes häuslich eingerichtet hatte, das wollte er lieber gar nicht wissen. »Tu das, Tantchen«, ermunterte er sie. »Bei mir dauert es noch ein bisschen. Aber morgen bin ich ganz für dich da.«

»Na hoffentlich. Und am Sonntag brauche ich dich erst recht. Ich möchte mir den Weinkeller meiner Freundin anschauen. Da musst du uns mit dem Auto hinführen.«

»Ach so, das habt ihr beide so einfach beschlossen«, murrte Leopold. »Ohne mich zu fragen. Am Sonntag würde ich mich lieber ein wenig ausruhen.« Natürlich ging es ihm in erster Linie darum, wieder Zeit für seine Jagd nach dem Mörder zu gewinnen, aber das durfte er seiner Tante nicht sagen.

»Ach was«, sprach Agnes Windbichler resolut in den Hörer. »Jetzt, wo ich da bin, hast du dich um mich zu kümmern. Der Weinkeller war früher ein Lieblingsort von mir. Wir brauchen nur noch den Schlüssel, dann geht's schon los.«

»Schön, wenn es unbedingt sein muss«, gab er nach.

»Aber es darf nicht lange dauern. Und was steht morgen so auf dem Programm?«

»Einiges, das kannst du dir ja denken. Wir brauchen einen Christbaum, und euren Weihnachtsmarkt möchte ich auch sehen. Und ich möchte ein schönes Geschenk kaufen, weil du mich so lieb aufgenommen hast. Was wünschst du dir eigentlich?«

Leopold brauchte nicht lange nachzudenken. Jetzt redete die Tante wieder ganz nach seinem Geschmack. »Mein sehnlichster Wunsch wäre ein Pullover«, teilte er ihr mit. »Ein schöner, dicker Winterpullover. Ich weiß auch schon, wo wir den besorgen: beim Frick. Dort habe ich gute Beziehungen.«

*

Korber stolperte, aber er ging geradeaus. Er wusste jedoch nicht, wohin er sich wenden sollte, hierhin oder dahin – es war alles so kompliziert. Der Alkohol machte ihn sentimental und ließ die unglücklichen Ereignisse vom Mittag immer wieder in ihm aufleben. Eigentlich hatte er keine Lust, sich schon jetzt, kurz nach 22 Uhr, heimwärts zu wenden und den eben erst angebrochenen Abend für beendet zu erklären. Andererseits wusste er natürlich, dass ihm seine fatale Laune eine Menge Schwierigkeiten einbringen konnte, wenn er ziellos bis frühmorgens durch Lokale der Innenstadt streifte, wie es bei solchen Gelegenheiten seine Angewohnheit war.

Er dachte also nach und blickte zum Himmel hinauf. Es war, im Gegensatz zu gestern, eine klare Nacht. Die Sterne versteckten sich zwar beinahe vollzählig hinter der großen Dunstglocke, die über der Stadt hing, aber der Mond leuchtete hell. Welche Richtung würde er ihm weisen? Korber war für einen Augenblick so tief in die Szenerie versunken, dass er kurz den Gehsteig verließ und beinahe mit einem Radfahrer, der sich um diese Zeit noch hierher verirrt hatte, zusammengestoßen wäre. Das gab ihm schlagartig ein Gefühl der Nüchternheit und Entscheidungsgewalt. Ein kleiner, kurzer Abstecher in die City konnte nicht schaden. Was brachte es schon, brav auf Julia zu warten, die sich wohl entweder auf einer Sauftour oder im Bett eines anderen Mannes befand?

Vorher musste er allerdings noch den rasch anwachsenden Drang in einer gewissen Körpergegend loswerden, der ihn daran erinnerte, dass er das Heller allzu fluchtartig verlassen hatte, ohne vorher die Toilette aufzusuchen. Er bemerkte, dass er seine Schritte unwillkürlich in Richtung Gymnasium gesetzt hatte und jetzt bei dem kleinen Vorplatz stand, auf dem Veronikas Leiche gefunden worden war. Die polizeiliche Absperrung, die noch am Vormittag allgemeine Aufmerksamkeit erregt hatte, war bereits wieder entfernt worden, wahrscheinlich auf Betreiben Direktor Marksteiners, der um eine rasche Erledigung der letzten Arbeiten am Tatort gebeten hatte. Was lag also näher, als sich hier im intimen Umfeld seiner Arbeitsstätte des Problems zu entledigen? Das Bier drückte, und Korber eilte zur nächstgelegenen Mauer.

Kaum rann jedoch der erste warme Tropfen auf den kalten Stein, fuhr ihm der Schreck in alle Glieder. Da lag etwas. Da lag schon wieder ein Mensch, der verdammt tot aussah. Es handelte sich offenbar um einen Mann, unter dessen Kopf sich eine kleine Blutlache gebildet hatte und um den herum Glasscherben verstreut waren. Es hatte den Anschein, dass er mit einer Flasche niedergeschlagen worden war. Und er rührte sich nicht.

Wieder gaben Korbers Beine leicht nach. Er fühlte sich plötzlich ganz allein. Nicht einmal die sturzbetrunkene Julia Leichtfried vom Vortag war da, für die er zu seinem eigenen Besten eine Art Beschützergefühl entwickeln hätte können. Was also tun? Mit äußerstem Widerwillen überwand er sich, tat ein paar Schritte nach vorn und blickte in die Richtung des am Boden Liegenden. Es war Bernhard Klein, das konnte er jetzt deutlich sehen.

Ein panikartiges Gefühl überkam ihn. Er mühte sich auf die Straße zurück, wo er zuerst bemerkte, dass es der Anstand gebot, sein bestes Stück wieder ordentlich zu verstauen, und dann unverzüglich Leopold anrief. »Du … du wirst es nicht glauben«, stammelte er ins Telefon. »Aber da … da ist schon wieder ein Toter. Genau dort, wo Veronika gestern gelegen ist.«

*

»Weißt du, wann ein Mensch gestorben ist? Wenn er nicht mehr atmet. Wenn er die Augen nach oben verdreht. Wenn er schon starr ist. Oder – ganz wichtig – wenn er keinen Puls mehr hat«, klärte Leopold Korber auf. »Nur, weil jemand bewusstlos auf dem Boden liegt und ein bisschen Blut unter seinem Kopf hat, ist er noch nicht tot. Gut, dass ich schnell nachsehen gekommen bin, ehe ich die Polizei verständigt habe.«

»Aber es war dunkel. Außerdem: Hast du schon einmal an zwei Tagen hintereinander solch eine grausige

Entdeckung gemacht? Da muss man ja den Verstand verlieren. Es hat mich schon eine gehörige Überwindung gekostet, nachzusehen, um wen es sich handelt«, gab Korber zerknirscht zu.

»Ist schon gut. Sie schicken ohnehin immer einen Arzt vorbei, der den Tod feststellen muss«, beruhigte Leopold ihn. »Blamiert hätten wir uns halt. Und für den armen Kerl war es sicher besser, dass gleich die Rettung gekommen ist und kein Leichenwagen. Bei diesen Temperaturen erfriert man leicht. Gott sei Dank dürfte alles noch nicht lang her gewesen sein.«

Leopold war auf Korbers Anruf hin natürlich sofort zum Tatort geeilt, hatte sich rasch von dessen Irrtum überzeugt und dann die nötigen Schritte eingeleitet. Vom Szenario her war alles ziemlich klar. Klein war von hinten mit einer Flasche, allem Anschein nach einer Weinflasche, niedergeschlagen worden. Darüber waren sich auch Oberinspektor Juricek und Inspektor Bollek gleich einig gewesen. Klein war vermutlich mit einer schweren Gehirnerschütterung davongekommen, beim Abtransport mit dem Rettungswagen aber noch immer ohne Besinnung gewesen.

»Ich möchte jetzt gehen«, beschloss Korber. »Es reicht mir für heute.«

»Langsam, langsam«, bremste Leopold ihn. »Hast du auch eine vollständige Aussage gemacht? Der Herr Inspektor ist da ganz genau.«

»Ja, wir haben vorläufig alles«, bestätigte Bollek. »Außerdem ist der Herr Magister ja nicht aus der Welt.«

Der Herr Magister! Was sollte diese Anbiederung schon wieder? Leopold schlug der süßliche Ton Bolleks mehr auf den Magen als seine früheren cholerischen Attacken, denen er immer elegant ausweichen hatte können. »Dann ist ja alles in schönster Ordnung, und ich kann mich wieder den Gästen im Kaffeehaus widmen«, brummte er.

»Der Herr Oberinspektor wartet dort schon auf Sie«, lächelte Bollek. »Er ist, glaube ich, vorausgegangen. Sie haben sicher noch einiges zu besprechen. Für mich ist jetzt jedenfalls Feierabend. Schauen wir, ob es morgen tatsächlich ein freier Tag wird.«

»Und ich …«

»Du gehst jetzt auf der Stelle nach Hause, Thomas«, fiel Leopold Korber ins Wort. »Wer einen Lebenden nicht von einem Toten unterscheiden kann, hat nichts mehr in diversen Bars verloren, sondern sollte sich schleunigst die Decke über die Ohren ziehen.«

»Der Herr Magister ist ein bisschen unglücklich, wie er mir vorhin gestanden hat«, räumte Bollek ein. »Ja, ja, die Liebe. Vielleicht ist es am besten, wenn ich ihn noch schnell heimbringe, damit er keine Dummheiten macht.«

Dieses Gesülze war wirklich kaum auszuhalten. Allerdings klang Bolleks Vorschlag brauchbar. »Na gut«, fügte sich der angeschlagene Korber tatsächlich und stieg in das Auto des Inspektors ein.

Damit war Leopold wenigstens eine Sorge los und konnte sich einigermaßen beruhigt auf den Weg zurück ins Café Heller machen. Fraglich war nur, was seine Chefin zu seinem kleinen Ausflug sagen würde.

*

Wie immer, wenn sich die Sperrstunde unbarmherzig näherte, war es im Heller angenehm ruhig geworden. Im hinteren Teil des Lokals ging die legendäre Tarock-partie – der Herr Kammersänger, der pensionierte Herr Kanzleirat, der Herr Adi und der Herr Hofbauer – schön langsam ins letzte Radl. Die Billardbretter waren bereits verwaist. Vorn turtelte ein Pärchen, und eine ältere Dame trank stumm ihr Glas Rotwein aus. Der Medizinalrat Pfister war nach seiner Schicht im benachbarten Kran-kenhaus noch auf einen Sprung vorbeigekommen und studierte die Zeitungen. Herr Heller spielte mit Herrn Sedlacek die unvermeidliche vorweihnachtliche Partie Schach. Und Richard Juricek lehnte genüsslich an der Theke, trank ein Häferl heißen Punsch und unterhielt sich angeregt mit Frau Heller.

»Wirklich ein Glücksfall, dass Ihnen der noch über-geblieben ist«, nickte er anerkennend. »Der Punsch schmeckt wieder einmal ausgezeichnet.«

»Er mundet Ihnen? Das freut mich«, nahm Frau Hel-ler dieses Lob zufrieden auf. »Zuerst habe ich überlegt, unseren Philosophen, die ja heute aus einem ziemlich traurigen Grund zusammengekommen sind, zum Trost eine Runde zu spendieren. Aber dann habe ich diesen Gedanken wieder verworfen. Wissen Sie, diese Damen und Herren reden immer so gescheit daher, aber ihre Konsumation bewegt sich auf dem niedrigsten Niveau. Wenn wir lauter solche Gäste hätten, müssten wir das Kaffeehaus zusperren, Herr Oberinspektor. Und solch ein geschäftsschädigendes Verhalten soll ich noch unter-stützen? Nein, danke! Da hebe ich doch lieber etwas für einen so liebenswerten Gast wie Sie auf.«

Juricek nahm das heiße Gebräu in kleinen Schlucken zu sich. »Danke für das Kompliment! Sagen Sie, wie machen Sie den Punsch eigentlich?«, erkundigte er sich. »Das ist wirklich der beste, den ich im heurigen Advent bekommen habe.«

»Nun, eigentlich ist es ein Geheimnis«, lächelte Frau Heller verlegen. »Die Rezeptur ist immer nur innerhalb unserer Familie weitergegeben worden.«

»Ich hatte gehofft, dass Sie bei mir eine Ausnahme machen«, beharrte Juricek. »Es ist ja nur für unseren kleinen Kreis am Weihnachtsabend. Unser Sohn kommt mit seiner Freundin und deren Mutter. Da würde ein guter Punsch zum Gelingen des Festes beitragen. Das Geheimnis würden wir selbstverständlich bewahren.«

Frau Heller zierte sich ein wenig. »Sie dürfen halt wirklich nichts weitersagen«, drang sie dann in ihn. Gleichzeitig schaute sie sich um, ob auch ja niemand zuhörte. Schließlich begann sie: »Für fünf Leute ist es nicht so schwer. Da würde ich etwas mehr als einen Liter Wasser zum Sieden bringen, etwa drei Beutel Schwarztee – nicht zu stark – darin ziehen lassen und auch gleich die restlichen Gewürze hinzufügen: ein paar Gewürznelken, und, ganz, ganz wichtig, ein Stück Zimtrinde. Die Teebeutel nach circa fünf Minuten entfernen, den Saft von einer Zitrone und drei Orangen eingießen. Ich menge immer noch nach Gefühl ein wenig Orangensaft aus der Packung bei.«

Juricek notierte alles genau, so als ob es sich um neue, wichtige Details für den Mordfall handeln würde.

»Wenn sich alles schön vermischt hat, einen Liter leichten, süffigen Rotwein dazugießen und in Ihrem Fall, je nach Säure des Weins, zwei bis vier Mokkatassen Kristall-zucker hineinleeren«, fuhr Frau Heller mit unterdrück-ter Stimme, mittlerweile aber äußerst bereitwillig, fort. »Wichtig ist, dass die Flüssigkeit nie zu schnell und zu stark erhitzt wird, einfach alles gemütlich vor sich hin-sieden lassen. Je mehr Zeit Sie sich dafür nehmen, desto besser wird der Punsch. Am Schluss kommt noch ein Viertelliter 38-prozentiger Inländerrum dazu. Die Tas-sen dann über ein Sieb anfüllen.«

»Danke, Frau Heller«, nickte Juricek zufrieden. »Ich glaube, Sie haben mit diesem Rezept die Basis für einen schönen Weihnachtsabend gelegt. Wissen Sie, mein Sohn und ich, wir haben die slawische Seele. Wir reden nor-malerweise nicht viel. Wir brauchen etwas, das uns in Stimmung bringt. Ich werde mich, wann immer es geht, erkenntlich zeigen.«

»Aber Sie haben uns doch schon geholfen«, wehrte Frau Heller ab. »Wenn ich nur daran denke, wie Sie es dem Herrn von der Gesundheitspolizei gezeigt haben.«

In der Zwischenzeit hatte auch Leopold das Lokal betreten. »Da bist du ja, alter Freund«, begrüßte Juricek ihn jovial. »Gut, dass du mir noch Zeit gelassen hast, Frau Heller ein kleines Geheimnis zu entlocken.« Dann setz-ten sich die beiden an den Tisch neben die ihre Schach-partie ausfechtenden Herren Heller und Sedlacek. Herr Heller erwies sich dabei wieder einmal als der überle-gene Spieler. Er hüpfte gerade munter mit seinen zwei Springern über das Brett, in dem Versuch, Sedlacek, der nur mehr seinen König übrig hatte, matt zu setzen. In kurzen, regelmäßigen Abständen gab er ein routiniertes, gedämpftes »Schach« von sich.

»Na, hast du dir alles genau angesehen?«, erkundigte sich Juricek. »Ich habe vorhin noch einen Anruf erhalten. Klein hat das Bewusstsein wiedererlangt, kann sich aber an nichts mehr erinnern, was nach seinem Besuch im Kaffeehaus passiert ist. Die Möglichkeit, dass er uns seinen Widersacher selbst nennt, können wir also streichen.«

»Die Geschichte hängt jedenfalls sicher mit dem Mord an Veronika Plank zusammen«, mutmaßte Leopold.

»Das kann so sein oder auch nicht«, relativierte Juricek.

»Aber Richard! Glaubst du, es ist ein Zufall, dass einen Tag nach dem Mord eine Person, die mit der Tat in unmittelbarem Zusammenhang steht, ein Liebhaber des Opfers, an genau demselben Ort, wo sich das Verbrechen ereignet hat, niedergeschlagen wird?«

»Natürlich könnte man jetzt irgendwie davon ausgehen, dass da Liebe und Hass im Spiel sind, sexuelles Vergnügen und Eifersucht. Aber das Einzige, das wir bis jetzt sicher wissen, ist, dass Klein von hinten mit einer wahrscheinlich nicht ganz vollen Rotweinflasche erwischt wurde«, konstatierte Juricek.

»Der Angreifer wird schon gewusst haben, warum er Klein hinterrücks eine verpasst«, brummte Herr Heller vom Nebentisch, den weißen Springer in der Hand. »Im offenen Kampf hätte er keine Chance gehabt. Ich kenne den Klein. Da kann er noch so obergescheit daherreden oder meinetwegen philosophieren. Das war früher ein ordentlicher Raufbold und Schläger. Schach!«

»Der war wegen Totschlags im Gefängnis, Richard«, ergänzte Leopold. »Aber das hast du sicher auch schon herausgefunden.«

»Schwere Körperverletzung mit Todesfolge«, korrigierte Juricek. »Er hat seine damalige Freundin geschlagen, und sie ist mit dem Hinterkopf unglücklich auf der Tischkante aufgeprallt.«

»Das Urteil war jedenfalls ein Skandal«, mischte sich Herr Heller erneut ein. »Soviel ich weiß, war das Absicht, glatter Mord. Bei mir wäre er nicht so billig davongekommen. Schach!«

»Er hat seine Strafe jedenfalls abgebüßt und sich seither nichts mehr zuschulden kommen lassen«, bemerkte Juricek. »Seine Beschäftigung mit der Philosophie hat ihm offenbar zu mehr Gelassenheit verholfen.«

»Dass ich nicht lache. Er hat ein paar Wickel gehabt, seit er wieder aus dem Häfn heraußen ist«, gab Herr Heller noch einmal seinen Senf dazu. »Aber er hat das jedes Mal mit ein bisschen Geld gebegelt.« Seine Augen bewegten sich suchend über das Schachbrett. Er war ungeduldig wie ein Jäger, der sich seiner Beute sicher ist, ihr aber von Schlupfwinkel zu Schlupfwinkel folgen muss. Die Partien mit Herrn Sedlacek spulte er meist ohne große Begeisterung herunter. Zu ungleich war das Spielvermögen der beiden. Aber Herr Sedlacek fand sonst niemanden, der sich Zeit für ihn nahm.

Jetzt, endlich, sah Herr Heller den entscheidenden Zug. Wie ein Habicht, der sich gleich in Blitzesschnelle auf sein Opfer stürzt, kreiste der Springer ein letztes Mal kurz in der Luft. Mit einem erlösten und gleichzeitig gelangweilten »Schach und matt!« beendete Herr Heller dann die Partie.

Herr Sedlacek blieb gleich einem schweifwedelnden, auf den nächsten Wurf mit dem zu apportierenden Gegenstand wartenden Hund sitzen. Er hatte noch nicht genug. Wer wartete schon auf ihn? Aber Herr Heller zerstörte all seine Hoffnungen auf eine weitere Partie. »Nix mehr«, sagte er schroff. »Gehn's z'Haus. Aber geben S' gut Acht auf sich, in letzter Zeit passiert so viel auf der Straße.« Damit schickte er ihn kurz und bündig hinaus in die Einsamkeit. Die Tarockspieler hatten ihr letztes Radl beendet, das Pärchen und der Medizinalrat waren gegangen, die Dame hatte ihr Glas ausgetrunken. Es war Zeit zum Zusperren. Leopold und Juricek durften allerdings noch ein bisschen bleiben.

»Den Thomas hat die Geschichte wenigstens ausgenüchtert«, zeigte sich Leopold zufrieden. »Der war schon ganz schön schlecht drauf. Bei ihm geht's derzeit rund, weil sich eine ehemalige Schülerin kurzfristig bei ihm einquartiert hat. Gott sei Dank ist er nach Hause gefahren. Dein seit Neuestem so zuvorkommender Inspektor Bollek hat ihn sogar mit dem Auto mitgenommen.«

Juricek zog die Augenbrauen hoch. »So, so«, registrierte er nur. »Aber kommen wir wieder zur Sache. Wie viel Zeit ist eigentlich zwischen dem Zeitpunkt, als eure Philosophen das Kaffeehaus verließen, und dem Augenblick, als Korber Klein gefunden hat, verstrichen?«

»So genau habe ich nicht auf die Uhr geschaut, aber sicher mehr als eine halbe Stunde.«

»Und was hat Klein bei euch getrunken?«

»Einen kleinen Braunen wie immer. Die geben ja kein Geld aus, die Philosophen.«

»Dann muss er in der Zeit bis zum Überfall noch wo gewesen sein. Er hat aus dem Mund nach Alkohol gerochen. Ich habe Frau Inspektor Dichtl gebeten, sich in den

Lokalen der Umgebung umzuhören«, erklärte Juricek. »Bollek habe ich für das Wochenende frei gegeben. Es gibt da kleine Probleme in seiner Beziehung, die soll er ausmerzen. Gott sei Dank ist sie eingesprungen.«

Wie als Bestätigung seiner Ausführungen läutete in diesem Augenblick Juriceks Mobiltelefon. Er lauschte, sagte ein paar Mal knapp »Ja« und »Gut« und beendete das Gespräch dann wieder. »Wie ich es mir gedacht habe«, weihte er Leopold ein. »Klein war noch kurz in dem Espresso Leonie etwas weiter vorn an der Ecke. Er hat dort einen Kaffee und zwei Gläser Hochprozentiges zusammen mit einem Mann konsumiert, dessen Beschreibung am ehesten auf Rudolf Caha passt.«

»Heißt das, dass Caha jetzt für dich der Hauptverdächtige ist?«

»Es hat keine Auffälligkeiten gegeben, und die beiden scheinen sich gut unterhalten zu haben. Wenn Alkohol im Spiel ist, weiß man natürlich nie, wann die Laune umschlägt, und Klein ist immer noch, wie wir vorhin gehört haben, als Streithansl bekannt. Was mich aber zunächst brennend interessiert, ist die Angriffswaffe, die Weinflasche. Woher ist sie gekommen? Hat sie einer der Philosophen bei euch im Lokal mitgehabt? Es könnte sich ja um ein Weihnachtsgeschenk gehandelt haben.«

»Mir ist nichts aufgefallen«, gab Leopold nach kurzem Nachdenken Auskunft. »Klein und Caha haben bei Leonie keinen Wein mitgenommen?«

Juricek schüttelte den Kopf.

»Jemand könnte Klein nachgegangen sein«, meinte Leopold. »Nehmen wir an, es war Franz Jäger. Er hat eine Wut, weil sie alle auf ihn losgegangen sind, vor allem

Klein. Er organisiert sich eine Weinflasche und fängt an zu trinken. Dann läuft er Klein nach oder wartet bei der Schule auf ihn, bricht einen Streit vom Zaun, und als sich Klein einen Augenblick umdreht, zieht er ihm die Flasche über den Kopf.«

Juricek zuckte die Achseln. »Vielleicht. Eigentlich frage ich mich schon die ganze Zeit, was dieser Jäger für ein Mensch ist.«

»Er steht zwar unter der strengen Kandare seiner Mutter, aber ich glaube, der Schlüssel zu seiner Persönlichkeit könnte im Verhältnis zu seinem Vater liegen. Der ist vor ein paar Jahren zu einer Freundin nach Deutschland abgehauen, hat es wahrscheinlich zu Hause nicht mehr ausgehalten«, erzählte Leopold. »Er dürfte immer noch eine Art Vorbild für Franz Jäger darstellen, gelebte Stärke und so. Ich hätte deshalb gern gewusst, ob er noch Kontakt zu seinem Sohn hat und wo er sich eigentlich befindet. Das müsstest du doch herausfinden können.«

Juricek nickte. »Ich werde mich darum kümmern. Auch bei der Attacke auf Klein selbst gibt es einige Rätsel. Ich möchte mich jedenfalls nicht festlegen, dass die Sache etwas mit dem Mord zu tun hat.«

»Habt ihr eigentlich schon eine Spur von dem Glatzkopf?«, erkundigte Leopold sich vorsichtig.

»Nein«, gab Juricek leicht verärgert zu. »Es ist immer dasselbe. Wahrscheinlich handelt es sich im Grunde um einen eher unauffälligen Typ, dessen krankhafter Trieb erst jetzt voll durchschlägt. Vielleicht hat er schon da und dort einmal eine Frau belästigt, aber jede kommt ja nicht zu uns, und die Beschreibung ist auch nicht immer hilfreich. Auf dem Kerbholz scheint er noch nichts zu haben, in unserer Datei taucht jemand mit dieser Beschreibung nicht auf. Es wird also nicht leicht, ihn zu finden.«

»Immerhin war er in der Nähe des Tatorts und hat Veronika Plank attackiert, das wissen wir. Entweder ist er der Mörder oder ein wichtiger Zeuge.«

»Ja, aber wir müssen Geduld haben. Er wird sich nicht so schnell aus seinem Bau herauslocken lassen, auch wenn er nicht der Täter ist. Er muss um seinen Ruf, seinen Job und wahrscheinlich auch um seine Freiheit fürchten. Sonst gibt es nichts Neues. Einen Zeugen, der von seinem Fenster aus etwas beobachtet hat, gibt es offenbar nicht. Ich werde mich morgen also wieder gründlich mit unseren üblichen Verdächtigen beschäftigen. Du könntest dich noch einmal im Kaffeehaus umhören, ob nicht doch jemand zufällig den Glatzkopf kennt.«

»Von mir darfst du dir nicht zu viel erwarten, Richard«, stapelte Leopold tief. »Du weißt, meine Tante Agnes ist auf Besuch und Weihnachten kommt. Da gehen mir überhaupt ganz andere Dinge im Kopf herum.«

»Was dir im Kopf herumgeht, weiß ich. Du denkst natürlich schon wieder darüber nach, wie *du* den Fall lösen kannst. Aber ich sage dir jetzt etwas als dein Freund, Leopold«, wurde Juricek ernst. »Lass deine Finger von allzu gewagten Ermittlungen deinerseits. Du schadest weniger uns, als dass du dich selbst in Gefahr bringst. Immerhin hatten wir in zwei Tagen eine Tote und einen Schwerverletzten. Das genügt doch, oder?«

Juricek sprach diese letzten Worte möglichst eindringlich zu Leopold, der ihn aus großen Kuhaugen unschuldig anblickte. »Wir haben gestern am Tatort übrigens tatsächlich einen Blusenknopf gefunden«, sagte er dann.

*

»Du kommst spät. Hat es denn wieder so lange gedauert?«

»Ja, Mutter!« Franz Jäger hatte versucht, sich still und heimlich in die Wohnung zu schleichen, ohne seine Mutter aufzuwecken, aber es war ihm nicht gelungen.

»Pfui Teufel, du stinkst nach Alkohol«, maßregelte sie ihn sofort. »Du hast dich betrunken.«

»Ja, Mutter!« Umständlich zog er seine Schuhe aus und beschloss, ihre Predigt einfach über sich ergehen zu lassen. So war vielleicht alles am unkompliziertesten.

»Du kannst ja nicht einmal mehr gerade stehen. Schämst du dich denn nicht? Dich so gehen zu lassen«, fuhr Valerie Jäger auch schon unerbittlich fort.

An sich war er zu müde, um ihr zu antworten, und mit ganz anderen Gedanken beschäftigt. Dennoch ließ er sich zu einem Satz hinreißen: »Sie glauben alle, ich habe Veronika umgebracht«, sagte er.

»Dann lass sie es doch glauben! Haben sie Beweise? Nein!«

»Sie sagen, weil ich als Letzter mit ihr beisammen war. Dabei stimmt es doch gar nicht. Da war noch dieser Mann …« Franz Jäger brach plötzlich in hemmungsloses Schluchzen aus.

»Ich weiß, du hast mir davon erzählt. Hast du es der Polizei auch erzählt?«

»Nein. Der Mann war ja dann weg, und ich war immer noch da. Was hätte ich sagen sollen? Es hätte wieder alles gegen mich gesprochen. Ich war wie gelähmt. Jeder verdächtigt mich. Jeder ist der Ansicht, dass ich …«

Valerie Jäger schüttelte den Kopf. »So beruhige dich doch, Franzilein«, versuchte sie, auf ihn einzuwirken. »Es wird alles wieder gut. Aber du musst bei der Wahrheit bleiben. Wie oft habe ich dir schon gesagt, ehrlich währt am längsten. Und was machst du? Du baust eine Scheinwelt um dich herum auf, aus der du nicht mehr herausfindest. Das ist nicht gut für dich. Hast du diese Veronika eigentlich wirklich geliebt?«

»Ja, Mutter!«, antwortete er, seine Brille herunternehmend und die Tränen abtrocknend.

»Aber das mit der Heirat, das hat doch nicht gestimmt. Da hast du mich angeflunkert, oder?«

»Ich wollte sie ja heiraten, aber …«, stotterte Jäger, von einem neuen Gefühlsausbruch übermannt.

»Schon gut, schon gut, ich weiß, wie schlimm ihr Tod für dich ist. Aber fang mir jetzt bloß nicht so an wie dein Vater, hörst du? Da kann ich nämlich böse werden. Das hat nichts mit Stärke oder Männlichkeit zu tun. Es ist nur dumm. Diese Lügengebäude brechen irgendwann alle zusammen, und du bist nicht talentiert zum Lügen. Hast du etwa schon im Kaffeehaus gesoffen, vor all den anderen? Sodass sie gleich erkannt haben, dass du ihnen etwas vormachst?«

»Nein, Mutter«, kam es gequält aus Franz Jäger heraus. Er war mit seinen Nerven am Ende und spürte gleichzeitig, wie sein Körper gegen den Alkohol rebellierte.

»Wo hast du getrunken?«

Er wollte stark sein, aber er konnte es nicht. Sein Fleisch wurde immer schwächer. »Ich weiß nicht genau … In einem kleinen Lokal vorn am Spitz … Es war mir egal«, stotterte er. »Bernhard war so gemein zu mir, ich habe einfach etwas gebraucht … Ich habe mir eine Flasche Rotwein bestellt.«

»Hoffentlich hast du nicht komplett die Kontrolle über dich verloren, Franzilein. Ich fürchte, du hast Dinge gesagt oder getan, die du jetzt bereust. Du musst ruhiger und aufrichtiger werden. Siehst du nicht ein, wie wichtig das ist?«

»Mutter, bitte!« Franz Jäger war gar nicht mehr gut.

»Ich sehe schon, die Sache regt dich viel zu sehr auf«, ließ Valerie Jäger nicht locker. »Und bringt dich unnötig in Verdacht. Es gibt nur einen Weg: Du gehst gleich in der Früh zur Polizei und sagst dort die ganze Wahrheit, alles, was du weißt. Versprichst du mir das? Du wirst sehen, nachher fühlst du dich richtig erleichtert. Wenn du willst, gehe ich auch mit dir, ja?«

Aber Franz Jäger hörte diese letzten Worte seiner Mutter nur mehr wie aus weiter Ferne. Eine maßlose Übelkeit ergriff Besitz von ihm. Alle Versuche, das, was sich nun rasch in ihm nach oben arbeitete, hinunterzuwürgen, schlugen fehl. Mit einem mächtigen Satz beförderte er sich auf die Toilette und erledigte dort geräuschvoll das Unvermeidliche.

Eine Zeitlang war es still, bis auf das Rauschen der Spülung. Dann kam Franz Jäger mit glasigen Augen und einer noch um eine Spur bleicheren Hautfarbe als vorher wieder heraus. Valerie Jäger wirkte für einen Augenblick unentschlossen. Schließlich ging sie nachschauen.

Ja, es war alles in Ordnung, Gott sei Dank. Schön sauber und geputzt, wie man es von einem wohlerzogenen Kind verlangen durfte. »Du gehörst jetzt schleunigst ins Bett«, ordnete sie an. »Aber vorher trinkst du noch einen guten Tee für den Magen, und zwar in ganz, ganz kleinen Schlucken.«

»Ja, Mutter«, fügte sich Franz Jäger in sein Schicksal.

8

Leopold hatte eine unruhige Nacht verbracht. Die Tante hatte geschnarcht, dass man es durch die geschlossene Tür gehört hatte, und viele Gedanken waren ihm im Kopf herumgegangen. Was war das Motiv für die Attacke gegen Klein gewesen? Hatte sie tatsächlich etwas mit dem Mord an Veronika Plank zu tun? Vor allem: Welche Möglichkeiten blieben ihm, sich weiter um den Fall zu kümmern, jetzt, wo ihn seine Tante allmählich für sich vereinnahmen würde?

Beim Frühstück hatte er dann grantig sein Marmeladenbrot gegessen und an seinem Kaffee geschlürft. Agnes Windbichler hatte einen nicht enden wollenden Redeschwall über ihn niedergehen lassen, erzählt und erzählt, Fragen über Fragen gestellt. Leopold hatte einen Eindruck davon bekommen, wie das Leben seines Onkels Ignaz tagein, tagaus, vor allem am Morgen, ausgesehen haben musste. Zwischen zwei Bissen hatte er immer wieder höflich genickt und »Ja, Tante« gesagt. Ja, sie sollte ihn im Kaffeehaus abholen. Ja, natürlich würden sie sich den Floridsdorfer Weihnachtsmarkt ansehen. Und ja, er wusste, dass er sich am Sonntag für den kleinen Ausflug zu dem Weinkeller bereithalten sollte. Am Schluss war er froh, als er sich in sein Auto setzen und zur Arbeit fahren konnte.

Dort genoss er die Zeit bis zum Aufsperren. Das leise Summen der Kaffeemaschine, sobald er sie eingeschaltet hatte, der angenehme, aromatische Duft der ersten Schale, die er sich selbst herunterdrückte, hoben seine Laune schnell wieder. Beschwingt setzte er seine Schritte über den leicht knarrenden Parkettboden und sah sich um, ob auch alles seine rechte Ordnung hatte. Gerade jetzt, in den Tagen vor Weihnachten, schneite immer wieder unerwarteter Besuch herein. Es war ja Sitte, vor dem Heiligen Abend noch schnell alle Freunde und Lokale aufzusuchen, die man kannte, so als ob man einander wochen- und monatelang nicht wiederbegegnen würde. Gar mancher beinahe schon vergessene ehemalige Stammgast setzte da seinen Fuß über die Schwelle, und es war dann schön zu hören, dass das Heller immer noch denselben Reiz ausübte wie früher, dass alles im besten Sinne des Wortes beim Alten geblieben war. Gut gelaunt, aber mit ein ganz klein bisschen Wehmut im Herzen, ging so ein selten gewordener Gast dann wieder, und wenn Leopold Glück hatte, führte diese eigenartige Stimmung zu einer großzügigen Adventkranzspende.

Es war also nicht ohne Spannung, dass Leopold darauf wartete, wer heute als Erster das Kaffeehaus betreten würde. Der pensionierte Studienrat Klampfer? Oder Frau Fürthaler, die immer zu den ganz zeitigen Gästen gehörte? Oder einer von den alten Bekannten, mit dem man in der gemeinsamen Erinnerung an frühere Zeiten ins Schwärmen geraten konnte?

Was tatsächlich eintraf, hätte Leopold nicht einmal im Traum erwartet. Ein wenig übernächtig und völlig aufgelöst, stürzte Julia Leichtfried ins Lokal. »Guten Morgen«, säuselte er überrascht. »Was belieben zu wünschen? Kaffee? Tee? Bier? Wein? Cola?«

»Lassen Sie den Quatsch«, japste Julia einigermaßen außer Atem. »Sagen Sie mir lieber, wo Thomas ist.«

Schlimme Ahnungen stiegen in Leopold auf. »Ist er denn nicht zu Hause, mein Kind?«, fragte er, obwohl er sich die Antwort darauf selbst geben konnte.

»Eben nicht! Er ist die ganze Nacht nicht heimgekommen«, berichtete Julia.

»Er ist ein erwachsener Mensch, der tun und lassen kann, was er will. Außerdem hat er heute keine Schule, soviel ich weiß.«

»Schön und gut, aber als Gastgeber hat er eine gewisse Verantwortung mir gegenüber übernommen«, mokierte Julia sich. »Wissen Sie, was es heißt, allein in einer Wohnung aufzuwachen, die einem fremd ist? Ohne dass man weiß, was los ist und wo sich der Herr Professor gerade befindet? Er hat ja nicht einmal angerufen, und abheben tut er auch nicht.«

»Er wird saufen sein, gnädiges Fräulein«, erklärte Leopold.

»Saufen? Ach, du lieber Himmel«, stellte Julia resignierend fest.

Leopold kannte seinen Freund. Wenn er von Selbstmitleid geplagt war, wenn er die Welt und die Welt ihn nicht mehr verstand, konnte er alles nur Menschenmögliche unternehmen, um Trost im Alkohol zu finden. Wahrscheinlich hatte er Bollek kaltblütig getäuscht, so getan, als würde er sich in seine vier Wände zurückziehen, dann telefonisch ein Taxi herbeigerufen und sich in den Orkus der Wiener Innenstadt begeben, wo er schließlich in zweifelhaften Lokalen mit noch zweifelhafteren neuen Bekanntschaften, vorzugsweise weiblicher Natur, versumpft war. Leopold musste sich den Vorwurf machen, den Ernst der Lage doch nicht ganz erkannt zu haben.

»Wahrscheinlich sind dem Thomas die Vorfälle von gestern Mittag sehr zu Herzen gegangen«, schob er jetzt auf jeden Fall einmal Julia die Schuld sachte in die Schuhe. »Er ist eine sensible Natur. Dass es Ihretwegen zum Bruch mit seiner Freundin gekommen ist, war wahrscheinlich zu viel für ihn.«

»Ja, wollen Sie vielleicht mich dafür verantwortlich machen? So ein Blödsinn! Er hätte mir ruhig etwas von seinem Verhältnis erzählen können.«

»Hat er aber nicht. Ich habe Ihnen schon gesagt, wie sensibel er ist.«

»Das ist schließlich sein Problem. Als Lehrer habe ich Thomas immer geschätzt und gemocht, aber schön langsam glaube ich, er ist ein Komplexler. Es ist doch die einfachste Sache der Welt, die Dinge beim Namen zu nennen. Stattdessen hat er sich in was weiß ich für welche Ausreden geflüchtet. Und jetzt betrinkt er sich? Na bravo!«

»Also, was das Trinken betrifft, das haben Sie vorgestern auch sehr gut gekonnt«, hakte Leopold ein. »War nicht gerade der beste Stil, wie Sie sich den beiden Herren von der Firma Frick an den Hals geworfen haben. Für welchen von ihnen haben Sie sich denn als neuen Lover entschieden?«

»Für gar keinen natürlich«, antwortete Julia bockig. »Das ist wieder einmal typisch Mann. Ihr glaubt wohl alle, dass es eine Frau ohne euch gar nicht aushält, wie? Dass sie sich gleich den nächsten anlacht, wenn's mit dem einen aus ist. Dass wir nach einer Trennung manchmal so etwas wie eine Nachdenkpause nötig haben, geht in euer Hirn wohl nicht hinein. Und dass wir uns auch gut mit Männern unterhalten können, ohne dabei gleich ans Bett zu denken, schon gar nicht.«

»Dann haben Sie sich also nichts mit Mario Schweda angefangen?«

»Nein, warum? Er war an sich recht nett, bis auf den Zwischenfall mit Veronika, aber das ist auch schon alles.«

Leopold war die Antwort nicht unangenehm. Jetzt konnte er frisch drauflos fragen. »Er hat doch behauptet, er kenne Veronika. Hat er Ihnen vielleicht gesagt, woher?«, wollte er von Julia wissen.

»Sie sind miteinander aufgewachsen. Eine Zeitlang sind sie auch zusammen zur Schule gegangen, glaube ich.«

Leopold glaubte zu bemerken, dass Julia von dem Augenblick an, wo er sie nicht mehr mit allen möglichen Vorwürfen quälte, mitteilungsbedürftiger wurde. Er beschloss, das auszunützen. »Und dann will sie auf einmal nicht mehr wissen, wer er ist«, meinte er kopfschüttelnd, während er zwei große Braune zubereitete. »Das war natürlich nicht fein von ihr. Aber um Geld ist es ihm doch auch gegangen.«

»Ja, er ist sich richtiggehend verarscht vorgekommen.«

»Weil er ihr was geborgt und nicht zurückbekommen hat.«

Julia schaute Leopold kurz ungläubig an. »Nein, so war das nicht, also zumindest nach dem, was ich gehört habe. Mario hat Veronika bei irgendwas geholfen, ihr und ihrem Freund. Er hat sich nicht näher darüber geäußert, aber es soll ein richtiger Freundschaftsdienst gewesen sein, nicht mit Geld aufzuwiegen, aber auf der kleinen Anerkennung, die man ihm versprochen hat, hat er bestanden. Ihr muss das total unangenehm gewesen sein, wahrscheinlich war sie ziemlich flach.« Julia wiegte den Kopf hin und her. »Darum hat sie ihm dann wohl auch noch ein paar Scheine gegrapscht. Na ja, jetzt ist sie ohnehin tot und hat nichts mehr davon«, fügte sie gleichgültig hinzu.

»Vielleicht hat Ihr netter Mario da noch ein wenig nachgeholfen«, goss Leopold erneut Öl ins Feuer.

»Sie sehen offenbar in jeder Frau ein leichtes Mädchen, und in jedem Mann einen Mörder«, protestierte Julia. »Also, so etwas traue ich Mario einfach nicht zu. Aber das ist nicht so wichtig. Vielleicht taucht Thomas irgendwann einmal hier auf. Rufen Sie mich dann bitte an, das ist meine Nummer. Langsam mache ich mir nämlich Sorgen um den blöden Kerl.«

»Ist schon in Ordnung«, versicherte Leopold. Während er ihr noch kurz dabei zusah, wie sie aus dem Lokal hinaushuschte, begann sich das Heller schon in aller Frühe zu füllen. Er hatte deshalb gar keine Zeit, sich noch lange über die neuen Ausritte seines Freundes Thomas Korber den Kopf zu zerbrechen, geschweige denn sich darüber Gedanken zu machen, wie tief Mario Schweda nun wirklich in der Tinte steckte. Es hieß jetzt, im Geschäft seinen Mann zu stehen und einen Gang zuzulegen.

Während Frau Heller den Kaffee braute, war das dazugehörige Tablett mit dem obligaten Glas Wasser herzurichten, das Ganze allenfalls mit einem Körberl frischen Gebäcks an den betreffenden Tisch zu bringen. Ein Glas Apfelsaft hier, eine Flasche Bier dort waren rasch, aber nicht hingehudelt, sondern immer mit der nötigen Aufmerksamkeit zu servieren. Schließlich war den Sonderwünschen einiger Stammgäste Rechnung zu tragen: »Bitte mir die Frankfurter

Allgemeine unbedingt weglegen, dass ich sie dann am Montag mitnehmen kann, und nicht vergessen wie beim letzten Mal.« »Leopold, kannst du mir schnell mit einem Zwanziger aushelfen, kriegst ihn ganz bestimmt nach Weihnachten wieder.« »Wenn meine Frau anruft, bin ich nicht hier, hast du gehört, Leopold?« Alles war mit der allerhöchsten Diskretion zu erledigen, dabei der freundliche Umgangston stets zu bewahren und vor allem die Contenance nicht zu verlieren. Da blieb nicht einmal Zeit für die allerkleinste Plauderei, die man unter Umständen mit einem kurz auf einen Vorweihnachtstrunk vorbeikommenden Stammgast aus früheren Tagen führen wollte. Die gestrengen Augen von Frau Heller überblickten alles und schauten dazu, dass kein Schlendrian einriss.

Als Leopold gerade eine heiße Schokolade und einen Früchtetee routiniert durch die Gegend jonglierte, begann sein Handy unbarmherzig zu läuten. Was tun? In dieser Situation einen Anruf entgegenzunehmen, grenzte gewissermaßen an Tollkühnheit. Dennoch siegte in Sekundenbruchteilen Leopolds Neugierde über seine Dienstbeflissenheit. Mit einem diskret genäselten »Wohl bekomm's, meine Damen« stellte er die zwei Tabletts am zweiten Fenstertisch ab und meldete sich.

»Hallo! Spricht dort nicht Agnes Windbichler?«, hörte er eine weibliche Stimme.

»Nein, ihr Neffe Leopold«, antwortete er. Offensichtlich hatte Tante Agnes seine Telefonnummern bereits großzügig in ihrem Bekanntenkreis verteilt. Wenn sie nichts dafür zu bezahlen hatte, war sie tatsächlich nicht kleinlich, was das Telefonieren anging.

»Ach, der Leopold. Hier spricht Gerlinde Pelinka.

Sie sind jetzt im Kaffeehaus, stimmt's? Haben Sie viel Arbeit?«

»Es geht.« Einerseits musste sich Leopold zusammen-reißen, dass er nicht gleich einige Unfreundlichkeiten von sich gab, andererseits ahnte er, was er sich von sei-ner Tante anhören konnte, wenn er sich nicht zumindest bemühte herauszubekommen, was die etwas begriffsstut-zige Dame am anderen Ende der Leitung wollte.

»Frau Windbichler ist nicht zugegen. Kann ich viel-leicht irgendwie helfen?«, säuselte er deshalb wohlerzo-gen ins Telefon.

»Ja, also, es ist wegen dem Weinkeller«, hub Gerlinde Pelinka an, so als ob Leopold in alle diesbezüglichen Pläne vollständig eingeweiht wäre. »Sagen Sie Agnes, ich habe den Schlüssel gefunden. Jetzt ist er allerdings schon wieder weg. Ich weiß nicht, gestern habe ich ihn noch gehabt und war ganz stolz darauf. Wo kann ich ihn nur hingelegt haben? Ich werde die Frau Jäger fra-gen müssen, das ist sicher das Beste.«

Leopold hatte schon überlegt, kurzen Prozess zu machen und das Gespräch abrupt zu beenden, weil er sich dieses wirre Gefasel nicht mehr länger anhören wollte. Aber der Name Jäger riss ihn aus seiner Lethargie. »Wer ist diese Frau Jäger?«, fragte er neugierig.

»Das ist eine sehr liebe Frau, die mir mit dem Haus-halt hilft«, erklärte Gerlinde Pelinka. »Sie kommt fast jeden Tag nach mir schauen. Gestern am Abend war sie da, und heute kommt sie auch wieder, glaube ich. Ich bin ja nicht mehr die Jüngste, wissen Sie.«

»Schon gut, schon gut! Hat diese Frau Jäger vielleicht einen Sohn, der Franz heißt?«

»Natürlich, unser Franzilein. So ein wohlerzogenes Kind! Auf den kann sie wirklich stolz sein. Er hat eine feste Anstellung und gibt ihr auch einiges von dem Geld ab, das er verdient. Da können sich andere Söhne ein Beispiel nehmen. Sie hat ja Pech gehabt. Ich weiß nicht, ob Sie das wissen, aber sie ist von ihrem Mann verlassen worden, einfach so, mir nichts, dir nichts.«

»Das erzählen Sie mir bitte ein andermal, Frau Pelinka«, unterbrach sie Leopold, dem das Gestammel schon ordentlich auf den Nerv ging. »Die Weinkellerpartie findet also statt?«

»Sie findet natürlich statt«, versicherte Frau Pelinka. »Das können Sie Ihrer Tante Agnes ausrichten. Ich habe sie leider unter der anderen Nummer nicht erreicht. Das heißt, zuerst muss ich noch den Schlüssel finden. Nun, er kann ja nicht weit sein. Kommen Sie auch mit? Es ist morgen Nachmittag.«

»Gezwungenermaßen. Aber tun Sie uns doch den Gefallen und laden Sie Frau Jäger und ihren Franz auch zu diesem Ausflug ein. Dann wird es bestimmt ein unvergessliches Erlebnis«, bat Leopold. Auf einmal begann die Besichtigung des alten Weinkellers für ihn ihren Reiz zu bekommen. Er konnte unter Umständen Franz Jäger auf den Zahn fühlen und seine dominante Mutter dabei kennenlernen.

»Meinen Sie?«, überlegte Gerlinde Pelinka. »Ich kann sie ja fragen. Ich glaube, sie kommt heute noch. Natürlich, es ist ja Samstag. Also sagen Sie der Agnes …«

Leopold war es jetzt endgültig zu bunt. Er beendete das Gespräch. Eine Zumutung war das! Wie viel manche Menschen quasseln konnten, ohne zu einem Ergebnis zu kommen, und anderen die Zeit dabei stahlen.

Dann schaute er sich vorsichtig im Kaffeehaus um. Ein paar ungeduldige Gesichter sahen ihn fordernd und verständnislos an. Das war ja gerade noch auszuhalten. Aber wo war Frau Heller abgeblieben? Von wo sandte sie ihm ihre bösen Blicke entgegen, von wo kam ihre tadelnde Stimme? Hinter der Theke war sie jedenfalls nicht.

Drüben bei den Billardbrettern erfasste sie sein Blick. Mit seltsam glitzernden Augen, beinahe entrückt, schaute sie von dort zum Fenster hinaus. Große, weiße, immer dichter werdende Flocken tanzten vom Himmel herunter. »Schnee«, stieß sie verklärt hervor. »Und diesmal wirklich ausreichend. Jetzt bekommen wir tatsächlich weiße Weihnachten, Leopold. Schauen Sie nur, wie prachtvoll bereits alles angezuckert ist. Ist das nicht wunderbar? Ich muss unbedingt noch einen großen Topf Punsch zubereiten, damit die Leute in Stimmung kommen.«

Leopold bemerkte nur wieder die unvermeidlichen kleinen Lackerln und Pfützen, die die Leute ins Kaffeehaus hereintrugen und die sich unübersehbar über den ganzen braunen Parkettboden ausbreiteten. Das steuerte nicht gerade viel zur Verbesserung seiner persönlichen Stimmung bei. Aber immerhin hatte der Schnee ein kleines Lichtlein im Herzen seiner Chefin angezündet und ihn vor einer gröberen Strafpredigt bewahrt.

»Na, was sagen Sie, Leopold? Schaut so aus, als ob es weiße Engerln vom Himmel herunterschneien würde«, hörte er da Herrn Lothar im Gehen sagen. »Ich wünsche Ihnen ein frohes Fest. Euer Adventkranz ist übrigens einmal mehr der schönste weit und breit.« Dabei warf Lothar einen bewundernden Blick nach oben und drückte Leopold ein 2-Euro-Stück in die Hand.

Jetzt begannen auch Leopolds Augen zu glänzen. Weiße Weihnachten haben halt doch ihren eigenen Zauber, dachte er bei sich und ging mit einem leichten Stoßseufzer wieder an seine Arbeit.

*

Es hörte den ganzen Vormittag nicht auf zu schneien. Allmählich gewöhnten sich Leopolds Augen an das unselige Getropfe der eintretenden Menschen. Dann aber kam etwas zur Tür herein, das ihm Rede und Atem verschlug.

Das von einer dunklen Röte überzogene Gesicht des einen Mannes hob sich deutlich von den sonst ebenfalls roten, jetzt aber angezuckerten und weiß glänzenden Haaren ab. Mit ein paar unsicheren Schritten betrat er das Café Heller, hustete ein paar Mal laut, zog den Rotz in seiner Nase hoch und wischte sich gleichzeitig mit dem Armrücken über das Gesicht. Die kleinen, zusammengekniffenen Augen versuchten, sich in der ungewohnten Umgebung zu orientieren. Hinter ihm stolperte ein größerer, schlankerer Mann ins Lokal. Der Größere rief so laut, dass sich alle anwesenden Gäste nach ihm umdrehten: »Wer klopfet an? – O zwei gar arme Leut. – Was wollt ihr dann? – O gebt uns Herberg heut. Bring uns was zu trinken, Leopold, aber rasch.«

»Bedaure, aber wir schließen gleich, meine Herren«, bedeutete Leopold den beiden, das Kaffeehaus so rasch wie möglich wieder zu verlassen. Auch sein Gesicht war rot angelaufen, als er erkannt hatte, was ihm da zur Tür hereingetorkelt war. Vor ihm standen, angeheitert und in einem bedauernswerten Zustand, Inspektor Bollek und Thomas Korber.

»Versuch ja nicht, uns mit deinem Schmäh zu vergraulen, Leopold«, mahnte Korber. »Dazu ist unsere Lage zu ernst.«

»Wir sind nüchtern wie ein kleines Kind nach der Taufe, lieber Herr W. Hofer. Sogar Ihre kleine Initiale habe ich mir gemerkt«, behauptete Bollek. Dabei taumelte er gegen den Kleiderständer neben der Tür und vermied es in letzter Sekunde, mit diesem umzukippen.

»Ihr verschwindet jetzt sofort, bevor ich böse werde«, zischte Leopold. »Wir sind ein Kaffeehaus und kein Auffanglager für hoffnungslose Herumtreiber.«

»Nicht so streng, nicht so streng, Leopold«, ließ sich da Frau Heller aus ihrer kleinen Küche vernehmen. Der Schnee hatte offenbar ihr Herz verzaubert, denn sie ließ Milde walten. »Setzen Sie die beiden Herren hinüber zu den Billardtischen, dort ist jetzt ohnedies nichts los«, zwinkerte sie Leopold zu. »Und bringen Sie ihnen zwei große Mokka. Das ist, glaube ich, das, was sie in ihrer jetzigen Situation am ehesten brauchen.«

Unter Andeutung zahlreicher untertäniger Verbeugungen in Richtung Theke stolperten Korber und Bollek auf die ihnen angewiesenen Plätze zu. Dort ließen sie sich in die Sessel fallen, schnauften jeder ein bisschen, um die damit verbundene Anstrengung anzudeuten, und stierten einige Augenblicke mit leerem Blick geradeaus vor sich hin. Korber zündete sich mechanisch eine Zigarette an, begann allerdings schon beim ersten Zug fürchterlich zu husten.

»Das geschieht dir recht«, schnauzte Leopold ihn an,

während er das Tablett mit den beiden großen Schwarzen und den nicht minder großen Gläsern Wasser lieblos auf dem kleinen, runden Tisch abstellte. »Na, in welcher Spelunke haben wir denn diesmal die Nacht verbracht?«

»Es war keine Spelunke, sondern ein äußerst angenehmes Lokal«, korrigierte Bollek mit erhobenem Zeigefinger.

»Wir waren im Botafogo«, erklärte Korber.

»Gute Musik, anständige Getränke, vernünftige Preise. Was will man mehr?«, zeigte sich Bollek zufrieden.

»Und ein paar Damen, eher nett als anständig, im Halbdunkel natürlich nur verschwommen zu erkennen«, ätzte Leopold. Er kannte das Botafogo sehr gut von unzähligen Nächten, in denen er Korber von dort zu dessen eigenem Besten abgeholt hatte.

»Genau«, attestierte Bollek. »Also die eine da, erinnerst du dich, Thomas? Die mit dem Schmollmund. Von der hätte ich gern einmal …« Er grinste nur schmutzig, anstatt den Satz zu vollenden. Seine kleinen, roten Äuglein leuchteten dabei ein wenig. Sie wurden aber, während Leopold sich diskret entfernte, um weiterhin seiner Arbeit nachzugehen, sofort wieder matter und wirkten jetzt wie ein Schranken, der jeden Augenblick ohne vorherige Warnung heruntergehen konnte. »Das war wirklich eine gute Idee von dir, Thomas, noch einen Sprung in die City zu machen«, redete er leise in immer gleichmäßigem Tonfall auf Korber ein, ohne ihn dabei anzuschauen. »Wann kommt unsereins denn sonst dazu? Wenn wir als Polizisten einem Lokal einen Besuch abstatten, dann geht es für gewöhnlich um illegal Beschäftigte, Prostitution, Drogen oder Raufhändel. Wir sehen sozusagen immer die

Kehrseite der Gastronomie. So richtig gemütlich einen trinken bei lauschiger Musik und in netter Gesellschaft – dazu kommen wir nur selten.«

»Die Musik war zwar mehr laut als lauschig, aber ab und zu muss man sich einfach etwas gönnen, Norbert«, meinte Korber phlegmatisch. »Vor allem, wenn es einem so mies geht wie uns.«

Bollek schien an einer Wiederbelebung seines Körpers mehr zu liegen als ihm. Er stürzte den Kaffee mit gierigen Schlucken hinunter. »Diese verflixten Weiber«, seufzte er dann. »Es ist zum Wahnsinnigwerden. Nachdenken muss sie, hat sie gesagt. Über unsere Beziehung. Ob es so weitergehen soll im neuen Jahr.«

»Wahrscheinlich will sie dich nur heiraten«, sprach Korber ihm Mut zu.

»Das ist ja das Schlimme«, stöhnte Bollek. »Damit setzt sie mir jetzt das Messer an. Aber warum so schnell eine Bindung fürs Leben eingehen? Es prüfe, wer sich ewig bindet, heißt es doch, glaube ich. Das ist den Frauen, speziell meiner Nora, anscheinend egal. Das kommt davon, wenn man diesen Weibern zeigt, dass man sie gern hat, dass man Gefühle für sie entwickelt. Von der ersten Ejakulation an befindet man sich in ihrer Hand. Warum ist das eigentlich so?«

»Weil uns die Frauen im sinnlichen Bereich überlegen sind«, konstatierte Korber. »Dabei hätte ich in meinem Fall gar keine Angst vor einer Bindung. Bei mir hat es bloß noch keine Ejakulation gegeben.«

»Ohne Ejakulation hast du keine Chance, Thomas.«

»Vielleicht doch«, redete Korber jetzt schon eher zu sich selbst. »Ich muss Geli ja nur davon überzeugen, dass es sich um ein entsetzliches Missverständnis handelt. Dass es vorweihnachtliche Güte und nicht sexuelle Begierde war, die mich dazu bewogen hat, Julia für ein paar Tage Quartier zu geben. Dass es derzeit für mich nur sie, Geli, gibt und keine andere.«

»Warum machen wir uns eigentlich so von den Weibern abhängig? Weshalb lassen wir uns dauernd von ihnen erpressen?«, brabbelte Bollek mehr oder minder zu sich selbst.

»Ich werde Geli eine Mail schicken, in der ich ihr alles erkläre«, beschloss Korber. »Und ein schönes Liebeslied schicke ich ihr gleich mit. ›Everything I do, I do it for you‹, von Brian Adams. Jawohl, das ist es, das ist der Hit. Da werden bei ihr gleich wieder Gefühle für mich aufkommen.«

»Ich habe noch kein Weihnachtsgeschenk für Nora«, verharrte Bollek gleichzeitig in seinen eigenen Gedanken. »Ich könnte ihr keines kaufen, als Exempel sozusagen. Ich bin ja nicht dazu verpflichtet, als Nicht-Ehemann, der ich auch bleiben möchte, verdammt noch einmal. Aber natürlich werde ich ihr ein Geschenk besorgen. Und warum? Weil ich ein weiches Herz habe, darum. Weil ich ein Trottel bin.« Zwei kleine Tränen des Selbstmitleids kullerten seine Wangen hinunter.

»Ach was, E-Mail«, steigerte sich auch Korber immer mehr in seine Gefühle hinein. »Das kann ich ihr später noch schreiben, als Krönung gewissermaßen. Aber es muss jetzt etwas geschehen, sofort. Ich rufe Geli einfach an und gestehe ihr meine Liebe. Im Gespräch klärt sich ja alles viel leichter auf, und die Sache ist gleich wieder in schönster Ordnung.«

»Nichts ist in Ordnung«, ließ sich da wieder Leopold vernehmen, der in Lauerstellung geblieben war. »Und gar nichts wirst du tun. Willst du es dir denn komplett mit Geli verderben? Wenn sie deine Stimme und dein melancholisches Gefasel hört und merkt, in welchem Zustand du dich befindest, hat sie für Monate genug von dir, wenn nicht für Jahre.«

»Du siehst die Sache viel zu eng, Leopold«, tat Korber diesen Einwand ab. »Man muss sich die Möglichkeiten der modernen Telekommunikation zunutze machen, vor allem in Herzensangelegenheiten.«

»Wo soll ich jetzt bloß ein passendes Geschenk herbekommen?«, jammerte Bollek gleichzeitig.

»In der Liebe heißt es, stets flexibel zu sein«, redete Korber indessen unbeirrt weiter.

»Ob ich Nora ein teures Parfum kaufe?«, fragte Bollek sich verzweifelt.

»Ich glaub, ich hab jetzt endgültig genug von euch«, unterbrach Leopold diese immer weiter auseinanderdriftenden Gesprächsfetzen. »Euren Kaffee habt ihr getrunken. Also marsch und ab ins Körbchen.«

»Ein bisschen mehr Verständnis hätte ich schon von dir erwartet«, schaute Korber ihn entgeistert an.

Jetzt konnte sich Leopold nicht mehr zurückhalten: »Ein bisschen mehr Verständnis? Dass ich nicht lache. Verständnis wofür? Dass du dich wieder einmal die ganze Nacht in Innenstadtlokalen herumgetrieben und besoffen hast? Mit dem *armen* Herrn Inspektor, der zufällig auch ganz schlecht drauf ist? Tut mir leid, aber da hält sich mein Mitgefühl in Grenzen. Ihr seid zwar erwachsene Menschen und könnt tun und lassen, was ihr wollt.

Der Herr Inspektor, auch wenn er frei hat, sollte allerdings bedenken, dass derzeit ein Mörder frei herumläuft, den man mit klarem Kopf besser jagen kann als mit einem Brummschädel. Und du, Thomas, hast schließlich jemanden bei dir aufgenommen, der sich schon gar nicht mehr auskennt, wo du steckst, und dich verzweifelt sucht.«

»Das haben Sie sehr schön gesagt, Herr W. Hofer«, konzedierte Bollek. »Ich brauche, wie gesagt, nur noch ein Geschenk für Nora, dann bin ich wieder im vollen Einsatz.«

»Ach was, Geschenk. Eine schöne Einstellung ist das«, fuhr Leopold unbeirrt fort. »Sie lassen Ihren Herrn Oberinspektor im Stich, und mein Freund lässt mich im Stich. Wie sollen wir die Sache denn da zu einem guten Ende bringen? Ich allein kann es auch nicht schaffen, schon gar nicht, wo ich derzeit gewisse Verpflichtungen meiner Familie gegenüber eingegangen bin. Sich vollrinnen zu lassen, bis man unfähig ist, einen klaren Gedanken zu fassen. Na, prost Mahlzeit.« Er schüttelte entrüstet den Kopf und stemmte seine Hände in die Hüften. »Weißt du, Thomas, was dir gebühren würde, wenn du jetzt nach Hause kommst?«, fragte er dann. »Zwei richtig schöne Watschen von deiner Julia, erst links, dann rechts, klatsch, klatsch.«

»Nein, nein«, winkte Korber sofort ab. »Das würde ich nie und nimmer zulassen. Von einer Frau geohrfeigt zu werden, weißt du überhaupt, was das für einen Mann heißt?«

»Es ist in höchstem Maße demütigend und erniedrigend«, stimmte Bollek ihm sofort zu.

»Demütigend und erniedrigend? So ein Blödsinn«,

brummte Leopold. »Verdient hättest du es auf jeden Fall, Thomas.« Dann kam ihm plötzlich eine Idee, und sein Gesicht hellte sich ein wenig auf. »Vielleicht hast du doch recht«, meinte er. »So abwegig scheint dieser Gedanke gar nicht zu sein. Er lässt jedenfalls einige interessante Perspektiven offen. Geh jetzt aber wirklich schleunigst nach Hause. Die Kleine macht sich große Sorgen um dich.«

»Na gut«, seufzte Korber, der Leopolds Aufregung noch immer nicht zu verstehen schien. »Wenn wir nicht willkommen sind, machen wir uns eben wieder auf die Socken.«

Wie zwei traurige, auf den Beinen reichlich unsichere Hirtengestalten schickten Korber und Bollek sich an, das Heller zu verlassen. Dabei summte Korber wehmütig die letzten Takte des von ihm schon beim Eintritt angestimmten alten Weihnachtsliedes: »Geht nur gleich fort! – O Freund, wohin? Wo aus?«

»Zur Türe dort! Und in den Schnee hinaus!«, fügte Leopold unbarmherzig hinzu.

9

Süßer die Glocken nie klingen ... – Ein Singen und Klingen war in der Luft an diesem Samstagnachmittag, dass man es schon gar nicht mehr aushalten konnte. In den Menschen wuchs der Drang, zu geben und zu schenken. Die himmlische Musik und die unzähligen Lichter in den Auslagen sowie über den Straßen halfen ihnen dabei. Sie stürmten die Geschäfte. Sie dachten nicht an den bevorstehenden letzten Adventsonntag, daran, das letzte Licht vor der Ankunft des Herrn auf dem Adventkranz anzuzünden, sondern an die vielleicht letzte Möglichkeit, etwas zu besorgen an diesem letzten Einkaufssamstag vor Weihnachten. Man rannte und hetzte. Und dazu fiel unaufhörlich der Schnee vom Himmel und machte die Straßen weiß und glatt.

Auch beim Frick war diesmal viel los. Schon beim Eingang stieß Agnes Windbichler beinahe mit einer korpulenten Dame zusammen. »Können Sie denn nicht aufpassen?«, wurde sie gleich schroff zurechtgewiesen. »Zuerst lässt man die Leute hinaus, bevor man hineingeht. Das Geschenk hat man mir gerade im Geschäft eingepackt. Wenn da jetzt etwas zerknittert oder verdrückt ist, kriege ich das nie wieder so hin. Eine Unverschämtheit. Samma vielleicht bei die Gscherten?«

»Woher kennt die mich?«, fragte Tante Agnes entgeistert.

»Die kennt dich nicht«, lächelte Leopold amüsiert. »Das ist nur so ein Spruch bei uns in Wien.«

»So was! Das ist also euer berühmter Wiener Charme«,

meinte Agnes Windbichler ein wenig beleidigt. »Und zugehen tut's hier überall ... wie beim Waschka-Wirten in Weitra am Sonntag zu Mittag. In diesem Geschäft kaufst du immer dein Gewand ein?«

»Ja, Tante. Man muss die Kleinen ein bisschen leben lassen, sonst sind sie eines Tages plötzlich nicht mehr da«, erklärte ihr Leopold. »Außerdem sind die Angestellten hier besonders freundlich und zuvorkommend.«

»Nicht Sie schon wieder!«, rief ihm da gleich Mario Schweda entgegen, und es klang gar nicht freundlich und zuvorkommend. »Ich werde das Geld demnächst vorbeibringen, aber heute ist Arbeiten angesagt. Da habe ich keine Zeit für solchen Firlefanz.«

»Sie werden es nicht glauben, aber ich brauche Sie trotzdem«, teilte Leopold ihm mit diebischer Freude mit. »Ich kriege nämlich zu Weihnachten von meiner lieben Tante hier einen Pullover geschenkt. Da ist Ihre Beratung vonnöten, damit es ein besonders schönes Präsent wird.«

»Da vorn liegen stapelweise Pullover, also schauen Sie sich einmal ein bisschen allein um«, versuchte Schweda, Leopold abzuschütteln.

»Aber es geht mir doch in erster Linie um den Service«, ließ Leopold nicht locker. »Grad hab ich der Tante erzählt, wie nett in diesem Geschäft alle zu den Kunden sind. Also: Welche Farbe steht mir, würden Sie sagen? Welches Muster?«

»Schlangenlinien«, brummte Schweda, bequemte sich aber doch dazu, Leopold zu den Pullovern zu begleiten.

»Sie haben übrigens da hinten Mäntel mit so hübschen Pelzkrägen«, zwinkerte Leopold Schweda zu.

»Möchte Ihre Tante vielleicht einen?«, schnauzte der zurück.

»Nein, aber ich frage mich, ob das nicht gewisse Tierschützer auf den Plan rufen wird. Man hört ja so allerlei in letzter Zeit. Aber Sie hat man bis jetzt ja in Ruhe gelassen, soviel ich weiß.«

»Wir müssen uns solchen Herausforderungen stellen«, bemerkte Schweda nüchtern. »Schließlich sind wir für unsere Kunden da, nicht für gewisse Randgruppen.«

»Da bin ich völlig Ihrer Meinung.« Leopold begann, die Pullover durchzusehen. »Der rote da ist schön«, meinte er schließlich. »Haben Sie den auch in einer kleineren Größe?«

»Nein, leider nicht mehr. Aber probieren Sie ihn doch an. Ich glaube schon, dass er passt«, befand Schweda knapp. »Die Umkleidekabinen sind im Augenblick allerdings leider alle besetzt.«

»Macht nichts«, zeigte Leopold keine sonderliche Eile. »Ich hab Zeit. Ich wollte Sie ohnedies noch etwas fragen. Dieses Geschäft ist vor nicht allzu langer Zeit überfallen worden, stimmt's?«

»Ja, aber was soll schon wieder diese andauernde dumme Fragerei?«

»Diese Fragerei ist nicht dumm. Ich habe nämlich gehört, dass Sie zum Zeitpunkt des Überfalls allein unten bei der Kassa waren.«

»Es war kurz vor dem Aufsperren«, versuchte Schweda, beiläufig zu klingen. »Mein Kollege war hier oben in der Herrenabteilung, und eine Mitarbeiterin hat uns noch schnell etwas zum Frühstück geholt. Wir haben die Tür gleich offen gelassen. Auf einmal ist dann dieser Typ mit

Maske und Pistole vor mir gestanden, hat gezischt, das sei ein Überfall, und wollte das ganze Geld, und zwar flott. Aber was rede ich. Ich habe alles bereits der Polizei erzählt. Sie geht das überhaupt nichts an.« Er ärgerte sich offensichtlich darüber, dass er Leopold gleich so bereitwillig Auskunft erteilt hatte.

»Ich glaube, ich brauche gar keine Umkleidekabine. Halten Sie bitte kurz.« Ungeniert drückte Leopold Schweda seine Jacke in die Hand, dann streifte er den roten Pullover über. »Ich glaube, der passt wirklich«, nickte er dann zufrieden. »Und vielleicht geht mich die Sache wirklich nichts an, aber ich mache mir halt so meine Gedanken.«

»In welcher Hinsicht?« Schwedas Stimme wurde heiser. Er begann wieder zu schwitzen. Es ging ihm offensichtlich nicht gut. Leopold kannte das schon.

»Sehen Sie, jetzt sind Sie neugierig«, fuhr er deshalb fort. »Dabei ist doch alles ganz einfach: Sie allein da unten mit dem Räuber. Der Kollege hier heroben, wo er so viel von der unteren Etage sieht wie ich jetzt, nämlich null. Die Kollegin fort, weil Sie sie wegen eines Frühstücks geschickt haben. Die Tür offen, obwohl es noch gar nicht neun Uhr ist. Sieht das nicht alles ein wenig – verzeihen Sie mir den Ausdruck – nach abgekartetem Spiel aus?«

»Jetzt nehmen Sie Ihren Pullover, zahlen Sie unten bei der Kassa, und dann verschwinden Sie!«, startete Schweda erneut einen Versuch, Leopold loszuwerden.

»Seien Sie doch nicht so ungeduldig. Wer sagt Ihnen denn, dass ich den roten haben möchte?«, ließ sich Leopold nicht aus der Ruhe bringen. »Er ist ein bisschen dünn. Im Fernsehen haben sie gesagt, es kommt ein strenger Winter. Vielleicht sollte ich mich doch nach etwas Stärkerem umsehen, nicht wahr, Tante?«

»Natürlich! Ich möchte dir ja nichts schenken, womit du frierst, Leopold«, stimmte Agnes Windbichler zu. Obwohl sie keinen blassen Schimmer hatte, worum es ging, konnte sie ihre Neugier, wie die Unterredung weiter verlaufen würde, dabei nicht ganz verbergen.

»Eben. Darum hätte ich jetzt gern diesen dunkelblauen Pullover anprobiert. Scheint etwas fester zu sein. Halten Sie bitte noch einmal kurz.« Und wieder landete Leopolds Winterjacke in den Händen Schwedas. »Passt gar nicht so schlecht«, redete Leopold in einem fort weiter. »Und Ihre Idee war auch nicht schlecht. Ich weiß nicht, ob das jetzt eine Frau oder ein Mann war, der Sie ausgeräubert hat, ist auch egal. Jedenfalls wird ein Zweiter, Frau oder Mann, draußen Schmiere gestanden sein, damit nur ja kein früher Kunde oder gar Ihre Kollegin unvermutet das Geschäft betritt. Der Räuber wird nicht viel geredet haben, denn Sie haben ihm schnell das Geld in die Hand gedrückt. Dann ist er verschwunden, und Sie haben sich noch ein klein wenig Zeit gelassen, bis Sie um Hilfe gerufen oder den Alarmknopf gedrückt haben, genug Zeit, dass sich alle Beteiligten unbemerkt aus dem Staub machen konnten. Wirklich nicht schlecht! Nur alles halt ein bisserl illegal.«

»Ich habe der Polizei alles mitgeteilt. Die waren übrigens höflich und nett und haben nicht so dumm dahergeredet wie Sie«, platzte es aus Schweda heraus, der sich mit Leopolds Jacke in der Hand allmählich reichlich belämmert vorkam.

»Das ist es ja, wovor ich Sie bewahren möchte: vor

dem Glauben, dass es schlecht ist, wenn Sie jemand auf-blattelt, und gut, wenn Ihnen jemand höflich ins Gesicht lacht«, wurde Leopold jetzt beinahe väterlich. »Das Gegenteil ist der Fall. Vor allem jetzt, nach Veronika Planks Tod, wird sich die Polizei so einiges zusammen-reimen. Man wird sich an Ihre Auseinandersetzung bei uns im Kaffeehaus erinnern, daran, dass Sie Geld von Veronika gefordert haben. Wofür? Doch nicht etwa für diese kleine Dienstleistung, mit der Sie ihrer Tierschüt-zergruppe zu einer netten Auffrischung ihres Budgets verholfen haben?«

»Ich habe Ihnen bereits gestern mitgeteilt, dass mir Frau Plank Geld schuldig war.«

Der Pegel der Unterhaltung war, wie schon am Vor-tag, ziemlich angeschwollen, sodass sich immer wieder Leute umdrehten und zu den Klängen von ›Ihr Kinder-lein kommet‹ bemüht waren, wenigstens einen Teil des Gespräches zu erlauschen.

»Wieder falsch«, berichtigte Leopold sein Gegenüber. »Sie dürfen halt einem feschen jungen Mäderl, das sich neben Sie setzt und Ihnen gefällt, nicht unter Alkoholein-fluss die intimen Details einer solchen Sache erzählen. Um einen Freundschaftsdienst ist es gegangen, nicht wahr? Weil Sie Veronika doch schon von der Schule her kannten. Weil sie Geld für ihre Tierschützergruppe brauchte, und weil sie Ihnen versprochen hat, Ihr Geschäft aus gewis-sen Störaktionen herauszuhalten. Das wird die Kiebe-rei schon in Erfahrung bringen, keine Sorge. Und dann sind Sie der Tatverdächtige Nummer 1. Ganz abgesehen davon, dass man Sie beim Tatort gesehen hat.«

Schweda räusperte sich, suchte nach seiner Stimme.

»Nehmen Sie nun den dunkelblauen Pullover oder nicht?«, wollte er wissen.

»Na, wie gefällt dir dieses Kleidungsstück, Tante?«, fragte Leopold und warf sich in Positur.

»Der ist fesch, den nehmen wir«, entschied Agnes Windbichler.

»Dann nehmen Sie ihn in Gottes Namen. Zu bezahlen unten bei der Kassa. Auf Wiedersehen«, zischte Schweda.

»Nicht so eilig, junger Mann. Meine Jacke müssen Sie mir schon zurückgeben«, forderte Leopold Schweda auf. »Außerdem: Überlegen Sie es sich bitte, ob Sie mir nicht doch die Wahrheit sagen wollen, ehe es zu spät ist. Vielleicht lässt sich noch ein bisschen was machen. Aber da müssten Sie halt reden. Da drauf ist die Nummer von meinem Mobiltelefon.«

Ein wenig ungeschickt, so als ob er etwas Klebriges in der Hand hätte, überreichte Schweda Leopold die Winterjacke. »Ich weiß nicht, was ich noch mit Ihnen zu besprechen hätte«, brummte er dabei, steckte die Karte aber ein.

»Oh, da fiele mir genug ein, etwa, warum es von dem Räuber nach drei Wochen überhaupt keine Spur gibt. Wahrscheinlich, weil Sie eine vollkommen falsche Personenbeschreibung abgegeben haben. ›Irreführung der Behörden‹ nennt man so etwas. Na ja, ich hoffe, es werden für Sie trotzdem schöne Weihnachten. Und vergessen Sie bitte nicht die 19,20 Euro. Wir machen nämlich demnächst die Monatsabrechnung.«

Nach diesen Worten schritt Leopold gut gelaunt die Treppe hinunter und überzeugte sich mit ein paar kurzen, fachmännischen Blicken davon, dass alles so ablaufen hätte können, wie er sich das vorstellte. »Dem hast du's aber gegeben«, meldete sich jetzt auch wieder Agnes Windbichler zu Wort. »Verdächtigst du ihn etwa, dass er den Mord begangen hat?«

»Wer ist schon frei von Schuld?«, meinte Leopold achselzuckend. »Und dieser junge Mann hat sich eben besonders auffällig verhalten.«

»Bist du eigentlich wegen ihm in dieses Geschäft gegangen oder wegen dem Pullover?«

»Glaubst du mir, wenn ich dir sage: wegen beidem?«

»Kein Wort glaube ich dir«, verneinte Agnes Windbichler sofort. »Du hast es immer schon faustdick hinter den Ohren gehabt. Jetzt zeig mir euren Weihnachtsmarkt, damit ich endlich ein bisschen in Stimmung komme. Und wehe, wenn du dich dort wieder mehr um deine Verdächtigen kümmerst als um mich.«

*

Es ist ein Ros' entsprungen – I'm dreaming of a White Christmas – Kling, Glöckchen, klingelingeling … Auch am Floridsdorfer Weihnachtsmarkt, der sich vom Bahnhof Floridsdorf bis zur Kirche am Pius-Parsch-Platz hinzog, sang und klang es von überall her. Die weihnachtliche Musik strömte auf alles ein, was sich dort bewegte, und jedes einzelne Lied war einmal leiser, einmal lauter zu hören, je nachdem, wo man sich gerade befand. Dazu fiel stiller Postkartenschnee auf die Erde nieder.

Leopold und seine Tante Agnes befanden sich bereits in Richtung Kirche, wo es, wenn schon nicht besinnlicher, so doch wenigstens ruhiger war als auf der anderen Seite vor dem Bahnhof. Die Sonne hatte mittlerweile beinahe unbemerkt diesen Teil der Welt verlassen und für die vielen künstlichen Lichter Platz gemacht. »Na, wie gefällt's dir, Tantchen?«, fragte Leopold neugierig.

»Das Weihnachtsdorf bei uns in Weitra ist halt viel romantischer«, klärte Agnes Windbichler ihren Neffen auf. »Aber wahrscheinlich kann zwischen diesen vielen Häusern gar keine solche Stimmung aufkommen. Und nicht alles, was hier zur Schau gestellt wird, ist mit Liebe gemacht oder ausgesucht worden«, kritisierte sie.

Sie zeigte sich von dem Dargebotenen nur wenig angetan. Dennoch blieb sie immer wieder stehen, nahm etwas in die Hand, prüfte es kritisch und legte es wieder weg wie so viele andere, die mehr des Schauens als des Kaufens wegen hier durchpromenierten. »Schöne Engerl hamma da um einen Euro fuffzig«, versuchte sie ein Kaugummi kauender Standler mit Skihaube und ausländischem Akzent zu einer kleinen Investition zu bewegen.

Sie wandte sich ab. »Hast du überhaupt einen Weihnachtsschmuck zu Hause, Leopold?«, erkundigte sie sich vorsichtig.

»Wird schon noch einer im Keller herumliegen. Wegwerfen tu ich so etwas jedenfalls nicht.«

»Ja, um Gottes willen, jetzt fällt's mir überhaupt erst ein. Einen Christbaum brauchen wir auch noch«, äußerte Agnes Windbichler besorgt.

Leopold zeigte sich keineswegs begeistert. »Ich glaub, einen Punsch brauche ich jetzt viel notwendiger«, murrte er. Er wollte kurz zur Ruhe kommen und darüber nachdenken, welche neuen Perspektiven sich durch sein

Gespräch mit Mario Schweda bezüglich des Mordfalles ergeben hatten.

Schweda war in diesen Mordfall verwickelt, das schien ihm jetzt so gut wie sicher. Er hatte Veronika Plank und Jochen Angerer, den Leopold von den ersten Treffen der Philosophen her kannte, der später aber – wohl aus Eifersucht – weggeblieben war, geholfen, die Vereinskasse der Tierschutzgruppe ein wenig aufzufüllen. Allzu viel konnte da ja nicht drin gewesen sein. Vielleicht hatte Veronikas Vater, der einen gut bezahlten Posten bei einer Bank innehatte, den einen oder anderen Betrag beigesteuert, ehe er seiner Tochter mit einer größeren Summe aus der Patsche hatte helfen müssen, vielleicht hatte es die eine oder andere Spende von Sympathisanten gegeben, aber sonst? Solche Gruppierungen litten doch immer unter chronischem Geldmangel. Also hatte man beschlossen, sich selbst zu bedienen. Mario Schweda, der in einem Bekleidungsgeschäft arbeitete, das auch mit Pelzstücken handelte, und den Veronika von Kind auf kannte, kam den beiden da gerade recht.

Wie sie ihn wohl überredet hatten mitzumachen? Offensichtlich hatten sie ihm einen bescheidenen Anteil an der Beute versprochen. Vielleicht hatten sie ihm in Aussicht gestellt, das Geschäft später von diversen Aktionen auszunehmen. Wahrscheinlich waren auch Begriffe wie Freundschaft und Auf-der-richtigen-Seite-Stehen gefallen. Und vielleicht hatte Veronika dem im nüchternen Zustand scheu und verklemmt wirkenden Schweda sogar Hoffnungen auf ein Stelldichein als Belohnung gemacht. Jedenfalls hatte er, so gut es ging, dafür gesorgt, dass das Geschäft zum Zeitpunkt des Überfalls praktisch leer war, hatte bereitwillig das Geld herausgerückt und der Polizei nachher eine falsche Täterbeschreibung gegeben.

Veronika Plank und Angerer hatten sich nicht mehr bei ihm blicken lassen. Auch er hatte den Kontakt wohl zunächst gemieden. Dann die unerwartete Begegnung im Kaffeehaus. Der enthemmende Alkohol. Die unzugängliche Veronika, der nichts unangenehmer sein konnte als ein öffentliches Zusammentreffen mit dem illuminierten Schweda. Die Enttäuschung. Schließlich noch der Diebstahl. Grund genug, sie in der maßlosen Wut, in die er sich hineingesteigert hatte, zu erwürgen? Ein Lercherl war er ja nicht, das hatte Leopold bei der kurzen Auseinandersetzung mit Veronika vor den Toiletten gemerkt.

Während Leopold so sinnierte, waren er und Agnes bei einem Stand angekommen, bei dem sich zu den Aromen verschiedenster Punschgewürze und dazugehöriger Spirituosen auch der Duft frischer Waffeln und gebratener Würste gesellte. »So, da bleiben wir jetzt und essen und trinken etwas Gutes«, beschloss er. »Es ist Zeit, dass wir uns ein wenig ausrasten.«

»Muss denn das sein?« Agnes Windbichler war gar nicht begeistert. »Wir haben doch noch keinen Baum. Außerdem habe ich für uns für heute Abend ein gutes Geselchtes eingekauft.«

»Lass dir Zeit und trink einmal ein Glas Punsch«, versuchte Leopold beruhigend auf sie einzureden. »Musst ja nicht großartig speisen. Ich werd mir aber – mit deiner Erlaubnis – ein gutes Würstel genehmigen. Für den Baum bleibt uns noch genug Zeit.« Dann bestellte er eine Heiße mit Brot und Senf und zwei Heferln Orangenpunsch.

»Bei uns in Weitra ist halt alles viel weihnachtlicher«, äußerte Agnes Windbichler achselzuckend, sich die Hände ein wenig an dem heißen Getränk wärmend. Leopold war bereits wieder ganz in Gedanken, den Mordfall betreffend, versunken, während er seine Wurst in den Senf eintunkte und davon abbiss.

Schweda war jedenfalls einer der Hauptverdächtigen. Er musste sich beim Tatort befunden haben, sonst wäre seine Reaktion auf Leopolds Anschuldigung nicht wie die eines auf frischer Tat Ertappten ausgefallen. Wie aber war er auf die Idee gekommen, Veronika dort zu suchen? Und hatten der Glatzkopf und Jäger vorher tatsächlich von ihr abgelassen?

Andere Namen gingen kurz durch Leopolds Kopf, etwa jener von Bernhard Klein. Auch der war kein Waserl, wie man mittlerweile aus seiner Vorgeschichte wusste. Er tat offenbar nur abgehoben und war leichter aus der Fassung zu bringen, als viele vermuteten. Hatte er Veronika gesucht, weil sie nicht gleich zu ihm gekommen war, und war es dann zu einer verhängnisvollen, tödlichen Auseinandersetzung gekommen? Wer jedoch hatte dann Klein niedergeschlagen und warum? Warum vor allem an genau derselben Stelle, wo Veronika den Tod gefunden hatte? Fragen über Fragen gab es und zu viele Leute, die etwas wussten, das sie nicht preisgaben. Ein Blick auf seine ungeduldige Tante sagte Leopold, dass er nicht viele Möglichkeiten haben würde, an diese Leute heranzukommen. »Komm, gehen wir weiter«, mahnte Agnes Windbichler ihn auch schon, kaum hatte er den letzten Rest seiner Wurst in den Mund gesteckt. »Trink deinen Punsch aus.«

»Gleich!« Obwohl Leopold spürte, dass die Kälte jetzt, wo die Sonne schon bald eine Stunde untergegangen war, langsam vom Boden nach oben kroch, über die viel zu dünnen Socken hinauf unter das restliche Gewand, wo er natürlich keine Skiunterhose trug, wollte er noch ein wenig verweilen und dem Treiben zusehen. Der Punsch und die Wurst hatten ihn gewärmt und träge gemacht. Wozu die lästige Geschäftigkeit seiner Tante? »Es pressiert doch nicht«, sagte er und holte kurz entschlossen noch zwei Häferl Punsch.

Am Nebenstand sah er einen der vielen Weihnachtsmänner lehnen, die mit ihrem weißen Bart und der roten Zipfelmütze in den Kaufhäusern und Einkaufszentren für Stimmung sorgen sollten, aber oft nur wie billige Karikaturen wirkten. Dieser hier schien sich eine verfrühte Stärkung knapp vor Dienstschluss zu genehmigen. Er erregte jedenfalls die Aufmerksamkeit vor allem der kleineren Passanten.

»Papa, wer bringt eigentlich die Geschenke, das Christkind oder der Weihnachtsmann?«, hörte Leopold auch schon eine hohe, noch ein wenig unsichere Kinderstimme hinter sich. Der Bub mochte vier oder fünf Jahre alt sein und wirkte einerseits aufgekratzt, andererseits schon müde von dem ganzen Rummel.

Der angesprochene Vater hatte nicht mit dieser Frage gerechnet. Er räusperte sich. »Also bei uns ... bei uns ist noch jedes Jahr das Christkind gekommen, das weißt du doch«, antwortete er vorsichtig.

»Aber warum hängt dann bei dem einen Fenster im Nachbarhaus ein Weihnachtsmann heraus, der mit einem großen Sack hinaufklettert? Kommt dort etwa der Weihnachtsmann zu den Kindern?«, ließ der Kleine nicht locker.

»Vielleicht, das kann ich dir jetzt nicht sagen«, brummte der Vater, der seine Ruhe haben wollte.

»Wieso kommt zu den einen Kindern der Weihnachtsmann und zu den anderen das Christkind?«, forschte der Knabe nach.

Der Vater überlegte kurz. Er suchte nach einer Antwort, die die nervtötende Fragerei abstellen würde. »Das Christkind kann nicht überall gleichzeitig sein«, unterwies er deshalb seinen Sprössling. »Es hat so viele Kinder auf der ganzen Welt zu betreuen. Da muss der Weihnachtsmann eben auch seinen Teil beitragen.«

»Stimmt nicht, Kevin«, meldete sich da Kevins vielleicht neun oder zehn Jahre alter Bruder zu Wort, der bisher still daneben gestanden war, jetzt aber offenbar Lust verspürte, ein wenig Öl ins Feuer zu gießen. »Das Christkind muss nicht überall auf der Welt zur gleichen Zeit sein. Es gibt nämlich Zeitzonen, deshalb ist es nie auf der ganzen Welt gleichzeitig Abend. Wenn es bei uns sechs oder sieben Uhr ist, ist es in Amerika erst zu Mittag. Darum geht sich für das Christkind alles locker aus. Außerdem kann das Christkind viel mehr als ein Mensch, wie der liebe Gott!«

»Aber in Amerika kommt ganz bestimmt der Weihnachtsmann. Das habe ich sogar in einem Film gesehen«, maunzte Kevin.

Die Nerven des Vaters wurden auf eine harte Probe gestellt. Er hatte inzwischen einen Punsch geholt, um für alle Eventualitäten gerüstet zu sein. »Gib Ruhe, Manuel«, ordnete er in Richtung des Älteren an.

»Ich kann keine Ruhe geben, wenn du nichts sagst,

Papa«, stichelte Manuel weiter. »Kevin möchte doch erfahren, wer wirklich zu Weihnachten die Geschenke bringt, oder?« Dabei zwinkerte er seinem Vater schelmisch zu.

»Ja, Papa, sag mir jetzt endlich, wer sie bringt«, bat Kevin erwartungsvoll.

Dem Vater wurde immer weniger wohl in seiner Haut. Eine desillusionierende Aufklärung seines Jüngsten konnte er jetzt gar nicht brauchen, das würde Kindertränen bedeuten und Krieg mit seiner Frau. »Also schön, meinetwegen«, bemühte er sich deshalb um väterliche Allwissenheit. »Die vielen Geschenke zu Weihnachten bringt das Christkind, das steht einmal fest. In Amerika gibt es schon einen Weihnachtsmann, aber bei uns nicht. Bei uns kommt am 6. Dezember der Nikolaus mit einem großen Sack und lauter schönen Sachen für die braven Kinder. Er ist sicher schon einmal bei dir im Kindergarten gewesen.«

»Zu mir in den Kindergarten ist kein Nikolaus gekommen«, plärrte Kevin und stampfte dabei zornig mit dem Fuß auf. »Warum ist er nicht gekommen? Warum hat er mir nichts gebracht?«

»Du hast keine Ahnung, Papa«, seufzte Manuel. »In Wien darf der Nikolaus gar nicht in den Kindergarten.«[*]

»Ach so?« Der Vater war bereits sichtlich überfordert. »Warum denn das?«

»Weil sich die kleinen ausländischen Mädchen, die

---

[*] Tatsächlich gibt es in Wien seit einigen Jahren ein Nikolausverbot im Kindergarten, damit die Kinder nicht beunruhigt oder erschreckt werden. Kritiker behaupten, dies geschehe vor allem aus Rücksichtnahme auf die steigende Zahl nicht katholischer ausländischer Kindergartenbesucher.

nicht an den lieben Gott glauben, vor ihm fürchten«, antwortete Manuel spitzbübisch.

»Soso! Aha!« Der Vater machte nervöse Schlucke von seinem Punsch. »Gebt jedenfalls bitte noch ein paar Augenblicke Ruhe. Wir gehen gleich weiter.«

»Ich will das Christkind sehen«, beharrte Kevin. »Warum kann man das Christkind nicht sehen, nur immer diese blöden Weihnachtsmänner?« Dabei zeigte er auf den nicht gerade beispielhaft wirkenden Vertreter dieser Zunft, der am Nebenstand bereits ungeniert Feierabend zu machen schien, wenn auch noch in voller Arbeitskleidung.

»Der ist nicht echt«, lachte Manuel. »Der ist eine ganz plumpe Fälschung. Willst du sehen?«

Kevins Augen begannen zu leuchten. Erwartungsvoll blickte er seinen Bruder an.

»Hallo, Weihnachtsmann!«, rief Manuel. »Ich muss dir etwas ins Ohr sagen.«

»Was denn, mein Junge?«, säuselte der schon etwas punschselige, selbsternannte Santa Claus durch seinen weißen Bart.

Manuel bedeutete ihm mit dem Zeigefinger, dass er sich zu ihm herunterbeugen solle. »Nun, mein Kind?«, fragte der Weihnachtsmann forschend, begab sich dabei auf Augenhöhe mit Manuel und breitete seine Alkoholfahne über dessen Gesicht aus. Wie zur Strafe riss der Knabe an dem mittlerweile nur mehr schlampig befestigten Bart des Weihnachtsmannes, der sich auch partout gleich vom durch den Punsch geröteten Gesicht löste. Patsch, jetzt stand er ganz schön nackt da, der Weihnachtsmann.

Kevin kriegte sich vor lauter Lachen gar nicht mehr

ein. »Du bist überhaupt kein Weihnachtsmann«, jauchzte er. »Du bist ein ganz blöder Blödian. Ein ganz blöder Blödian bist du.«

»Manuel, Kevin, sofort zu mir! Auf der Stelle!«, schrie der Vater der Buben, dem nun ganz schön mulmig zumute war.

Der gerupfte Santa Claus erfasste am langsamsten, was da mit ihm geschehen war. »Warte nur, ich … ich hau dir eine runter, dass dir Hören und Sehen vergeht. Bleib gefälligst stehen«, schimpfte er dann aber lautstark dem sich eilig entfernenden Manuel nach.

»Sie werden niemandem eine runterhauen, schon gar nicht einem unschuldigen Kind«, mischte sich Leopold jetzt ein und stand auch schon vor dem bartlosen Weihnachtsmann.

»Unschuldig? Dass ich nicht lache! Der Lausbub hat mir frecherweise den Bart abgerissen«, konnte sich der jetzt gar nicht beruhigen.

Leopolds Augen starrten einen Augenblick gebannt auf das Gesicht des Fremden. »Das war auch vollkommen richtig«, konstatierte er dann. »Gestatten Sie, dass ich Ihnen noch eine Kleinigkeit von oben entferne?« Und mit einem schnellen Griff zog er die Zipfelmütze vom Kopf seines Gegenübers.

Welch Kahlheit tat sich da zwischen den spärlich verbliebenen künstlichen Haarteilen auf! Die Verkleidung war nun endgültig abmontiert. Wer da vor Leopold stand, das war der Glatzkopf, der Spanner, der Voyeur, den die Polizei und er so dringend gesucht hatten.

»Kennen wir uns nicht von irgendwo?«, fragte Leopold, so unschuldig er konnte.

Wieder begriff der Spanner nur langsam, aber er begriff. Gefahr war im Verzug, höchste Gefahr! Er schüttete den Becher mit dem restlichen Punsch in Richtung Leopold. Der duckte sich aber instinktiv, sodass die Ladung den sich mit der Absicht, das Verhalten seiner Kinder zu entschuldigen, vorsichtig nähernden Vater mitten ins Gesicht traf. Dann versuchte er wegzulaufen. Er entschloss sich, die Flucht nach vorn durchs Gewühl zu wagen. Agnes Windbichler bekam dabei nur einen unsanften Rempler ab, eine Frau und ein Mann, die ungünstiger standen, landeten auf dem Boden.

»Haltet den Dieb!«, rief Leopold, da ihm im Augenblick nichts Besseres einfiel, und nahm die Verfolgung auf, der punschgebadete Vater hinterher. »Lass dir das nicht gefallen, Papa«, wurde er von Manuel angefeuert, während Kevin von der Demaskierung noch immer so begeistert war, dass er freudestrahlend auf und nieder hüpfte und dabei »Blöder Blödian, blöder Blödian« brüllte.

Der Weihnachtsmann rannte, aber er kam mit seinen Stiefeln und müden Beinen nicht recht voran. Schon vermeinte er, den Atem seiner Jäger im Genick zu spüren. Er musste sich etwas einfallen lassen, um wieder an Boden zu gewinnen. Der Stand mit den Badesalzen, Seifen und Ölen kam ihm da gerade recht. Lautlos glitten, von der Hand des entlarvten Nikolaus geschubst, etliche Seifenstücke in den Schnee. Dort zogen sie kurz eine saubere Spur, ehe sie liegen blieben und für alle zum schlüpfrigen Hindernis wurden. Jetzt hieß es aufpassen, und als Erster begab sich gleich der punschbekleckerte Vater auf eine unfreiwillige Rutschpartie.

Aber keiner ließ sich wirklich dadurch abhalten, im Gegenteil: Leopolds Rufe und Gesten lockten schnell weitere Verfolger an. Ein wildgewordener Weihnachtsmann war auf der Flucht, das konnte man sich nicht entgehen lassen. In der Menge war man stark, und schön warm wurde einem auch dabei. »Ihm nach!«, schrie Leopold.

Vorn lag der größere Platz, der Franz-Jonas-Platz, mit dem Bahnhof, den Straßenbahn- und Bushaltestellen, weiteren Christkindlmarktständen und noch mehr Menschen. Der Spanner konnte nur hoffen, dass ihm das bunte Treiben dort die Möglichkeit bieten würde, irgendwo unterzutauchen. Aber wie konnte er die ihn hetzende Meute auf Distanz halten? Er benötigte eine Waffe.

Der Zufall kam ihm in Form eines etwas zu leichtfertig getragenen Christbaums zu Hilfe. Mit einem kurzen, kräftigen Ruck entriss er den Baum einem unschuldig und ahnungslos dahinschlendernden Pärchen. Er richtete das Kreuz gegen seine Verfolger. Traut ihr euch, oder traut ihr euch nicht? Nur heran, wer mag. Zieht blank, wenn ihr könnt!

Der Spanner fuchtelte wie wild mit dem Baum herum, versuchte, sich eine Art Bresche zu schlagen. En Garde, Attaque, Touché! Sehr elegant sah es nicht aus, was er da tat, aber es wirkte. Die Kontrahenten wichen zurück. Für einen Augenblick verschaffte er sich Luft. Er durfte jetzt allerdings keine Zeit mehr verlieren. Die Meute kurz neutralisieren, die verräterische rote Jacke abstreifen und auf hopp oder tropp hinein ins Gewühl auf der anderen Seite, das war die einzige

Chance. Wie einen mächtigen Speer warf er den Christbaum auf seine Feinde. Dann drehte er sich um und rannte, rannte, rannte. Er kam nicht weit. Es war der feine Unterschied zwischen Können und Wollen. Er prallte auf etwas Festes, Unnachgiebiges, das ihn mit beiden Händen zu packen versuchte, ein Etwas namens Bollek. Ein kurzes Handgemenge entstand, in dessen Verlauf beide Kämpfer zu Boden fielen. Ein Fall mit Folgen: Zuerst vernahm man das Splittern von Glas, dann einen lauten Aufschrei. »Warte nur, du Schweinehund, dir werd ich's zeigen«, brüllte Bollek wutentbrannt und zog sein Gegenüber nach oben, nur um ihm dann zwei kräftige Schläge ins Gesicht zu verpassen. Der Weihnachtsmann wimmerte. »Du bist ein Schweinehund und ein blöder Blödian«, trällerte Kevin vergnügt und trat ihm als Draufgabe gegen den Knöchel.

Auch Leopold war inzwischen herbeigeeilt. »Danke, Herr Inspektor, aber lassen S' ihn doch bitte ganz«, flehte er. »Den brauchen wir noch.«

Bollek blinzelte ungläubig. »Sie schon wieder, Herr Hofer – verzeihen Sie, Herr W. Hofer –, das hätte ich mir ja denken können. Seien Sie bitte so gut und mischen sich nicht in eine Amtshandlung ein. Ich bin gerade dabei, einen schlecht verkleideten Amokläufer, Vandalen und Berserker dingfest zu machen. Da kann ich Sie wirklich nicht brauchen.«

»Denken Sie bitte nach, was Sie tun, und hauen Sie nicht mehr hin«, mahnte Leopold. »Der Kampf, in dessen Verlauf Sie sich gewehrt haben, ist ja offensichtlich vorbei. Und im Dienst sind Sie derzeit, glaube ich, auch nicht.«

»Ein Polizist ist immer im Dienst«, erklärte Bollek und schüttelte sein Gegenüber dabei ungerührt weiter.

»Außerdem ist das kein gewöhnlicher Unruhestifter«, fuhr Leopold fort. »Was glauben Sie, warum der so durchgedreht hat? Weil ich ihn wiedererkannt habe! Das ist der Kaffeehausgast von vorgestern Abend, der später Veronika Plank angegriffen hat und den wir schon die ganze Zeit suchen.«

»Was, so einer bist du? Einer, der auf Frauen und kleine Mädchen losgeht?« Bollek maß den Spanner kurz von oben bis unten. »Na, wenn man so aussieht, muss man ja Gewalt anwenden, damit die Frauen mit einem schlafen. Aber jetzt wird dich die gerechte Strafe ereilen. Warte, Bürschchen!«

»Nicht!« Leopold hob beschwörend die Hände, als er sah, wie Bollek erneut zu einem Schlag ausholte. Bollek zögerte. Jetzt bemerkte Leopold auch Bolleks ganzes Unglück, das offensichtlich den Grund für seinen Rückfall in die Unbeherrschtheit darstellte. Aus seiner linken Manteltasche ragte ein Teil eines ziemlich stark zerdrückten Pakets heraus, gleichzeitig hatte sich dort ein dunkler, feuchter Fleck gebildet. Eine betörende, keineswegs billige Fragranz lag in der Luft. Bollek umwehte der zarte Hauch aufreizender Weiblichkeit, der Duft eines exquisiten Parfums, das wohl als Weihnachtsgeschenk für seine Nora gedacht gewesen, aber beim massiven Zusammenstoß mit dem fliehenden Weihnachtsmann zu Bruch gegangen war.

Armer Bollek! Leopold konnte ein gewisses Mitgefühl mit dem Inspektor nicht abstreiten. Gleichzeitig freute es ihn, dass Bollek nun brav seine Hand heruntergab und von weiteren Insultierungen absah. Offenbar hatte Leopold das Ärgste verhindern können.

Was er allerdings nicht verhindern konnte, war, dass Agnes Windbichler ziemlich außer Atem auf der Szene erschien und, ohne ein Wort zu sagen, dem Spanner einen derben Tritt in den Hintern versetzte.

10

»Wie heißen Sie?«, fragte Oberinspektor Juricek.

Der Mann schwieg. Er wollte sich offensichtlich nicht dazu aufraffen, auch nur ein Wort zu sagen.

»Zigarette?« Juricek hielt ihm das Päckchen hin. Der Mann überlegte kurz, dann schnappte er gierig danach.

»Sie können natürlich weiter schweigen und warten, bis ein Anwalt kommt«, redete Juricek ruhig auf ihn ein. »Ich halte es allerdings für sinnvoller, wenn wir uns hier in aller Ruhe über die ganze Geschichte unterhalten. Es ist in solchen Fällen immer gut zu wissen, mit wem man spricht. Die Kollegin, die mitschreibt, ist Frau Inspektor Dichtl, und mein Name ist Juricek, Oberinspektor Richard Juricek. Wie heißen Sie?«

»Paul Peterlik«, kam es leise und zögernd. »Ihr Inspektor hat ganz schön zugeschlagen.«

»Ach so?« Juricek verzog leicht den Mund. »Was würden Sie tun, wenn jemand wie ein Wilder in Sie hineinläuft und zu Boden wirft? Jemand, der vorher halb durchgedreht hat? Sie haben – so steht's hier – drei Marktstände abgeräumt, mehrere Personen insultiert und wie ein Irrer mit einem Christbaum um sich geschlagen. Warum haben Sie das getan?«

Peterlik zögerte weiterhin. »Ich habe mich bedroht gefühlt«, ließ er Juricek nach einer kurzen Pause wissen.

»Bedroht? Von wem?« Juricek schüttelte den Kopf. »Von zwei Kindern, die sich einen Spaß erlaubt haben?«

Peterlik wirkte müde. »Nein«, murmelte er. »Von diesem Mann, der plötzlich auf mich zugekommen ist.«

Juricek wurde ernst. »Wissen Sie, warum? Weil der Mann Sie wiedererkannt hat. Deshalb haben Sie die ganze Aktion durchgeführt«, sagte er Peterlik auf den Kopf zu. »Sie waren nämlich vor zwei Tagen am Abend im Café Heller. Dort haben Sie eine Frau angesprochen und diese Frau nachher verfolgt.«

»Das stimmt nicht«, stritt Peterlik sofort ab. »Das ist nicht wahr. Das kann er nicht gesehen haben.«

»Hat er auch nicht«, kam es trocken von Juricek. »Zwei Damen haben beobachtet, wie Sie etwa um Mitternacht vor dem Hauseingang gegenüber dem Gymnasium in der Franklinstraße versucht haben, die Frau zu vergewaltigen.« Er ließ die Worte kurz im Raum stehen. »Die Frau ist wenig später erwürgt worden«, fügte er dann hinzu.

Peterlik zog es jetzt wieder vor zu schweigen. »Soll ich Ihnen etwas zeigen?«, fragte Juricek ruhig. Er drehte den Bildschirm eines Computers in Peterliks Richtung und öffnete das Fenster mit seinem Phantombild. »Gut getroffen, nicht wahr? Wir werden auch eine Gegenüberstellung machen, aber ich denke, fürs Erste reicht das.«

»Ich habe diese Frau nicht umgebracht«, behauptete Peterlik, während er mit Daumen und Zeigefinger seinen Nasenrücken festhielt.

»So? Was haben Sie denn sonst getan? Und warum? Jetzt einmal alles schön der Reihe nach, bitte!«

»Ich habe die Frau flüchtig gekannt. Sie hat mir gefallen. Ich habe sie dann zufällig in diesem Kaffeehaus gesehen. Da wollte ich herausfinden, ob sie etwas für mich übrighat.«

»Aber sie war nicht allein«, stellte Juricek fest.

»Nein, so ein aufdringlicher Schnösel war bei ihr. Der war allerdings nicht ihr Typ. Sie hat ihn mit einer Ohrfeige abserviert.«

»Das hat Ihnen Mut gemacht?«

»Ich wollte sie ansprechen. Ich kannte sie, wie gesagt, flüchtig und wusste, dass sie nicht prüde ist.«

»Sie haben sich nicht gefragt, was sie in dem Haus suchte? Ihnen war doch bekannt, dass sie woanders wohnt.«

»Hören Sie, das war mir in diesem Augenblick nicht so wichtig, ich …«

»Sie konnten sich nicht mehr beherrschen und haben der Frau Gewalt angetan.«

»Es war nicht so … brutal, wie Sie das jetzt nennen.«

»Wie war es denn?« Juricek bemühte sich die ganze Zeit über, so ruhig und eindringlich wie möglich zu sprechen. Er hob seine Stimme kaum. Dennoch war die Schärfe in seinen nächsten Worten unüberhörbar: »Es ist mir eigentlich egal, ob ich mich Ihrer Meinung nach zu brutal ausgedrückt habe oder nicht. Sie haben begonnen, diese Frau zu misshandeln. Sie haben sie gewürgt. Nur einem Zufall ist es zu verdanken, dass sie sich befreien konnte. Dann haben Sie kurz abgewartet, in welche Richtung sie gehen würde. Als Sie merkten, dass sie zurückkam, haben Sie ihr aufgelauert und sie noch einmal traktiert. Vielleicht musste sie sterben, weil sie Sie erkannt hat. Noch eher glaube ich, dass es Ihnen gefallen hat, dass sie sich wehrte. War das für Sie der Beweis, dass sie mit allem einverstanden war? Der ultimative Kick? Hat sie versucht zu schreien? Sodass Sie ihr mit dem Schal, den sie umhatte, den Hals zudrückten, bis sie nicht mehr atmete?«

Peterlik vermied jeglichen Augenkontakt zu Juricek. Er zog sich jetzt wieder ganz in sich zurück. Die Augenblicke seiner Mitteilungsbereitschaft waren zu Ende. »Das stimmt nicht. Sie können gar nicht wissen, wie sich alles abgespielt hat«, stellte er nur einsilbig fest.

»Jetzt hören Sie einmal zu«, blieb Juricek um größtmögliche Sachlichkeit bemüht. »Sie sind derzeit der Hauptverdächtige im Mordfall Veronika Plank, so einfach ist das. Ich lasse eine Speichelprobe von Ihnen abnehmen. Sie haben sicher genügend Spuren am Körper der Toten und auf dem abgerissenen Blusenknopf hinterlassen. Das reicht, um Sie wegen Mordes vor Gericht zu stellen. Wenn Sie meinen, wir liegen da falsch, sollten Sie uns ein bisschen mehr erzählen, aber rasch.«

Peterlik schien beeindruckt, antwortete jedoch nicht. Stattdessen griff er noch einmal nach einer Zigarette. »Warum eigentlich das ganze Theater mit dem Weihnachtsmann?«, wollte Juricek wissen, sobald er ein paar hastige Züge gemacht hatte.

»Ich bin für jemanden eingesprungen. Das ist doch kein Verbrechen«, äußerte Peterlik spröde.

»Ein wenig Verstecken wollten Sie spielen mit uns, nicht wahr?«, mutmaßte Juricek. »Sie wussten, dass Sie gesehen worden sind und dass da etwas gegen Sie läuft. Sie hatten Angst, erkannt zu werden. Warum sonst diese Aggression und Nervosität, als Sie demaskiert wurden? Sie haben ein verdammt schlechtes Gewissen, und alles hängt mit dieser toten Frau zusammen.«

»Ich habe gedacht, dass es leichter sein würde«, redete

Peterlik plötzlich wie zu sich selbst. »Sie hat sich von jedem vögeln lassen, der ihr über den Weg gelaufen ist. Sie war so freizügig und offen. Warum nicht bei mir? War ich ihr nicht sympathisch? War ich ihr denn überhaupt nicht sympathisch?« Er war jetzt offenbar an dem Punkt angelangt, wo das Bedürfnis, mit jemandem über seine Probleme zu sprechen, größer war als die Angst, etwas zu verraten, was gegen ihn verwendet werden konnte.

»Sie waren enttäuscht und verärgert«, versuchte Juricek, sich in ihn hineinzuversetzen. »Sie sind auch schon von anderen Frauen abgewiesen worden, aber diesmal hat es Sie tiefer getroffen. Darum haben Sie gewartet und sind nicht gleich weg. Bei der Schule haben Sie gewartet, weil Sie gehört haben, dass ihre Stimme und ihre Schritte wieder nähergekommen sind.«

»Sie hat mit dem Schnösel geredet, diesem Versager. Mit dem hat sie wenigstens geredet.«

»Sie waren neugierig und haben sich versteckt.«

»Ja, in diesem kleinen Hof vor der Schule. Dort war es schön dunkel.«

»Sie ist dann doch allein gekommen?«

»Ich weiß nicht. Ich denke schon. Ich habe sie einfach zu mir hereingezogen und wollte sie zur Rede stellen, warum sie so abweisend mir gegenüber war.«

»Es hat Ihnen nicht gefallen, was sie gesagt hat«, konstatierte Juricek so, als sei es die selbstverständlichste Sache der Welt. »Dann sind Sie wieder gewalttätig geworden. Sie haben ihr den Blusenknopf abgerissen, trotzdem sind Sie nicht ans Ziel Ihrer Wünsche gekommen. Sie haben daraufhin in ohnmächtiger Wut am Schal gezogen und Veronika Plank erwürgt.«

»Das stimmt nicht!«

»Alles stimmt: Ort, Ablauf und Zeit. Und ein Vergleich der Spuren mit Ihrer DNA wird einen erdrückenden Beweis liefern.«

»Nein, so glauben Sie mir doch«, wehrte Peterlik sich. »Es stimmt, ich war grob zu ihr. Ich hätte das nicht tun dürfen. Sie ist ausgerutscht und in den Schnee gefallen. Ich habe sie daliegen gesehen, wehrlos. Auf einmal wollte ich nicht mehr. Und dann plötzlich dieses Licht …«

»Welches Licht?«, fragte Juricek überrascht.

»Das Scheinwerferlicht von einem Auto, vom Parkplatz. Es hat mich richtig geblendet. Da habe ich Angst bekommen, habe sie liegen gelassen und bin fort.«

Juricek wiegte nachdenklich den Kopf hin und her. »So soll es sich abgespielt haben?«

»Es war so, bitte glauben Sie mir. Ich habe Panik bekommen. Ich wollte ihr ja nichts tun. Ich möchte keiner Frau etwas tun.«

Juricek sah Peterlik tief in die Augen, versuchte, auf deren Grund zu leuchten. »Schön, Herr Peterlik! Es ist Ihnen wohl klar, dass wir Sie vorläufig hier behalten und eine Speichelprobe machen müssen«, erklärte er dann. Er deutete seiner Kollegin Dichtl kurz an, dass die Einvernahme beendet war, und ließ zwei Polizisten kommen, um Peterlik in eine Zelle zu bringen.

Juricek musste jetzt darangehen, sich auf das Ganze einen Reim zu machen. Eigentlich hoffte er, dass die Sache zu einem raschen Ende kommen würde. Es waren nicht einmal mehr zwei ganze Tage bis zum Heiligen Abend.

*

Draußen am Gang saß Leopold. »Jetzt bist du immer noch da«, wunderte Juricek sich. »Du hast deine Aussage doch schon längst gemacht.«

»Ich hab ja Zeit«, entgegnete Leopold. »Drinnen hab ich nicht bleiben dürfen, also habe ich hier auf dich gewartet. Vielleicht erzählst du mir, wie's gelaufen ist, hab ich mir gedacht, und in der Zwischenzeit ein bisschen die Zeitung gelesen. Sonst komme ich eh kaum dazu.«

»Und wo ist die Tante?«

»Die hat nur mehr wegen dem Christbaum gekeppelt. Gott sei Dank ist mir eingefallen, dass Frau Heller heute fleißig am Kekserlbacken ist. Da hab ich kurz im Kaffeehaus angerufen, und jetzt ist die Tante dort und hilft mit. Damit ihr nicht fad wird.«

»Scheinst nicht gerade begeistert über ihren Besuch zu sein.«

Leopold seufzte. »Weißt du, es ist ja gut und schön, wenn man seine Verwandten ab und zu einmal sieht. Aber doch nicht gerade zu Weihnachten! Und noch dazu, wo ein Mord geschehen ist.«

»Ich bin gern mit meinen Verwandten beisammen«, überlegte Juricek mehr für sich. »Wir reden halt nicht viel. Zu Weihnachten werden wir wieder dasitzen, um uns herum die vielen Geschenke, und uns anschweigen. Aber ich fühle mich wohl dabei. Das ist wahrscheinlich meine slawische Seele. Und deine Seele hält es wohl vor lauter Neugier gar nicht mehr aus, was?«, bemerkte er dann ein wenig tadelnd in Richtung Leopold.

»Na, das versteht sich doch irgendwie von selbst, wo ich euch den Hauptverdächtigen sozusagen auf dem Serviertablett geliefert habe«, rechtfertigte der sich.

»Ich weiß, ich weiß. Das heißt, geliefert hat ihn eigentlich Bollek«, korrigierte Juricek seinen Freund. »Aber den musste ich schleunigst aus dem Verkehr ziehen und nach Hause schicken, damit es keine Schwierigkeiten gibt. Er hatte ja ganz schön getankt, das kenne ich gar nicht bei ihm. Dadurch ist er in seine alte Grobheit verfallen.«

»Und weil der Spanner ihm bei der ganzen Auseinandersetzung das Weihnachtsgeschenk für seine Freundin, eine Flasche exquisites Parfum, zerbrochen hat.«

»Ach so? Armer Bollek! Na, ich hoffe, das ist alles noch einmal gut gegangen.«

»Was ist jetzt mit unserem Freund, dem Glatzkopf? Komm, spann mich nicht so auf die Folter.«

»Er heißt Peterlik, Paul Peterlik«, begann Juricek, nur zum Schein widerwillig. »Sitzt erwartungsgemäß ganz schön in der Tinte. Es gibt derzeit nicht viel, was für ihn spricht.«

»Glaubst du, dass er's war?«, forschte Leopold nach.

»Glauben heißt nicht wissen. Ich bin da immer sehr vorsichtig. Natürlich sieht's nicht gut für ihn aus, die Indizien sprechen eine deutliche Sprache. Dazu hat er wahrscheinlich am ganzen Körper der Toten eine Menge Spuren hinterlassen, was für eine Anklage mehr als genügen wird. Trotzdem bin ich mir noch nicht ganz sicher. Er gesteht zwar, dass er am Tatort war, behauptet aber, das plötzlich aufgedrehte Scheinwerferlicht von einem Auto auf dem Parkplatz gegenüber habe ihn überrascht und vertrieben.«

»Du hältst das für möglich?«

»Das muss ich wohl. Ich werde die Sache einmal an die

Medien weitergeben und schauen, ob sich der betreffende Fahrer als Zeuge meldet. Aber du weißt ja, wie das ist.«

»Die Leute haben mit so einer Sache nicht gern zu tun.«

»Eben, und schon gar nicht so knapp vor Weihnachten. Taucht andererseits jemand auf, der Peterliks Version der Geschichte bestätigt, so ist er fürs Erste aus dem Schneider.«

»Womit wir dann wieder bei unseren üblichen Kandidaten wären«, resümierte Leopold. »Schweda zum Beispiel. Vom zeitlichen Ablauf her geht sich das immer besser aus. Nehmen wir einmal an, er kommt an den Ort des Geschehens, als Peterlik gerade verscheucht worden ist, und findet in seiner Wut ein ziemlich ramponiertes, um nicht zu sagen, beinahe wehrloses Opfer vor.«

»Schweda ist offenbar im Augenblick dein Lieblingsverdächtiger, was?«, bemerkte Juricek nicht ohne einen Ansatz von Ironie.

»Er hatte ein einleuchtendes Motiv. Er fühlte sich bestohlen, aber auch übergangen. Weißt du, warum? Er war am Überfall auf seine eigene Firma beteiligt. Und wer, glaubst du, waren die beiden anderen?«

»Veronika Plank und Jochen Angerer«, antwortete Juricek trocken.

»Das weißt du?«, klang Leopold ein wenig enttäuscht.

»Wir haben da unsere Vermutungen. Schließlich sind wir ja nicht auf der Nudelsuppe dahergeschwommen. Und ich werde die Herren Schweda und Angerer auch noch zu dem Thema befragen, keine Sorge. Fraglich ist natürlich, wie viel und ob das Ganze mit dem Mord zusammenhängt. Aber etwas anderes: Weißt du, wer heute Nachmittag auf dem Kommissariat aufgetaucht ist? Franz Jäger! Er hat uns jetzt eine neue Geschichte aufgetischt. Er will Peterlik bei seiner ersten Attacke gesehen haben.«

»Das heißt, er hat zuerst gelogen.«

»Richtig. Jetzt deckt sich seine Aussage mit denen der anderen. Aber der Bursche war reichlich verwirrt, hatte Schwierigkeiten, zusammenhängend zu reden. Ich fürchte beinahe, er hat nur wiedergekäut, was seine Mutter ihm eingetrichtert hat. Ich werde aus dem Menschen einfach nicht klug.«

»Du könntest ihn dem Glatzkopf gegenüberstellen.«

»Du meinst, wir könnten die beiden damit aus der Reserve locken? Immerhin eine Möglichkeit, obwohl ich mir nicht sicher bin, dass es klappt.«

»Hast du eigentlich etwas über Franz Jägers Vater herausgefunden?«, schnitt Leopold jetzt das Thema an, auf das er schon sehnsüchtig gewartet hatte.

»Ja, und auch wieder nein«, gab sich Juricek bedeckt. »Er hat in Frankfurt gewohnt, bei einer gewissen Jutta Kowalczyk. Scheint seine damalige Freundin gewesen zu sein. Aber sie hat ihm vor etwa zwei Jahren den Hahn gegeben oder was auch immer. Seitdem ist er jedenfalls nicht mehr dort gemeldet.«

»Und wo ist er jetzt?«

»Überall und nirgends. In Deutschland haben wir ihn auf die Schnelle nicht gefunden. Und mehr ist nicht drinnen, Leopold. Der Mann hat sich nichts zuschulden kommen lassen und ist nicht als vermisst gemeldet. Es war ein reiner Gefallen von den Kollegen aus Deutschland, uns die Information zukommen zu lassen. Mehr dürfen wir

nicht von ihnen verlangen. Am ehesten wäre noch hilfreich, wenn wir an die Kowalczyk herankommen würden, aber ich habe sie bisher nicht erreicht.«

»Es ist also durchaus möglich, dass er sich wieder in
Österreich aufhält«, mutmaßte Leopold.

»Natürlich. Aber bis wir das in Erfahrung gebracht
haben, kann schon ein bisschen Zeit vergehen. Der Mann
heißt Franz Jäger, wie sein Sohn. Kein seltener Name also.
Und was ist, wenn er sich, ob in Deutschland, Österreich oder woanders, wieder ein liebend Weib gefunden
hat? Er muss dann dort nicht unbedingt gemeldet sein,
oder? Also Geduld. Du vermutest, dass er Kontakt mit
seinem Sohn hat?«

»Ich weiß nicht, ich habe da so ein Gefühl«, meinte
Leopold achselzuckend. Er stand auf, steckte die Zeitung,
die er die ganze Zeit über in der Hand gehalten hatte, in
die Jackentasche zurück und richtete sich zum Gehen.
»Sag mir noch eins, Richard«, bat er. »Gibt es Neuigkeiten von Bernhard Klein?«

Juricek schüttelte den Kopf. »Nein! Daran, wie er niedergeschlagen wurde, kann er sich nicht erinnern, und
sonst gibt er sich bedeckt wie die anderen auch.«

»Den dürfen wir nicht vergessen. Verdächtig ist er auf
jeden Fall. Er neigt zu gewalttätigen Zornesausbrüchen,
wie du dich erinnern kannst, und hat schon einmal den
Tod einer Frau verursacht. Durchaus möglich, dass er
einen Grund hatte, stinkwütend auf Veronika zu sein, und
sie suchen ging, als sie nicht bei ihm auftauchte. Als sie
dann so ramponiert vor ihm gelegen ist, brauchte er nur
mehr mit dem Schal fest zuzudrücken und den dann verschwinden lassen. Aus die Maus, keine Spur, nichts.«

»Und der Überfall auf ihn?«

»Von jemandem durchgeführt, der Veronika mochte und ihn des Mordes verdächtigt, Jochen Angerer zum Beispiel.«

Juricek fasste Leopold an der Schulter. »Ich glaube, du gehst jetzt besser, ehe deine Fantasie ganz mit dir durchgeht«, lächelte er. »Natürlich könnte sich alles mehr oder weniger so zugetragen haben, aber wir müssen nun einmal dort zupacken, wo die Wahrscheinlichkeit für die Lösung des Falles am größten ist. Und wie, glaubst du, kannst du mir dabei helfen?«

»Indem ich mich umhöre, ob es das ominöse Auto mit den aufgedrehten Scheinwerfern tatsächlich gibt, und wenn ja, wer damit gefahren ist«, antwortete Leopold umgehend.

»Richtig! Was also wirst du als Nächstes tun?«

»Blöde Frage! Die Tante vom Kekserlbacken abholen.«

*

Sie saß neben ihm und hielt seine Hand. So war Bianca Roth schon den größten Teil des Nachmittages in dem kleinen, überheizten Spitalszimmer neben Bernhard Klein gesessen, auch als er noch geschlafen hatte. Sie war allein mit ihm, die anderen beiden Betten waren leer und würden es wohl auch über die Feiertage bleiben, wenn kein dringender Notfall eintrat. Wer nur irgendwie konnte, verbrachte die Feiertage zu Hause und nicht in einem Krankenhaus.

»Am Montag kommst du heim, ganz bestimmt«, sprach sie ihm zu.

»Das wäre schön«, meinte Klein müde. »Andererseits müsste ich mich da schon besser fühlen. Ich hab ja niemanden, der auf mich schaut.«

»Ich könnte mich ein wenig um dich kümmern«, schlug Bianca vor. »Zumindest bis ich zu unserem Silvestertreffen in die Blockheide fahre.«

Selbst hier, in dem Zimmer, wo sie jetzt unter sich waren, spürte man die Spitalsluft, die schwer auf alles drückte, am meisten auf das Gemüt: diese unverwechselbare Mixtur aus Desinfektion, Abgestandenheit, menschlicher Notdurft und Krankheit. Man begriff sehr schnell, dass man sich hier in einem eigenen Kosmos befand, der einen alles, was außerhalb geschah, nur mehr erahnen ließ. Dem Leben, das anderswo pulsierte, war man jäh genommen. Man war krank unter Kranken. Das Gesunde schaute kurz zur Tür herein und ging dann wieder. Man konnte nur hoffen, dass sich die Tür auch für einen selbst wieder öffnen würde.

»Mach dir bitte nur ja keine Umstände wegen mir«, gab Klein vorsichtig von sich. »Es wird schon wieder. In Wirklichkeit versäume ich ja nichts.« Sein immer noch einigermaßen dämmriger Zustand ließ ihn die ganze Atmosphäre leichter ertragen.

Er wunderte sich, warum Bianca so lange neben ihm ausharrte. »Ich bin gern bei dir«, sagte sie gleichsam als Antwort auf seine fragenden Blicke. Sie betätschelte ihn. »Sag, hat dir diese Veronika eigentlich irgendetwas bedeutet?«, wollte sie dann wissen.

»Dazu möchte ich nichts sagen«, stieß Klein hervor. Das Sprechen bereitete ihm Anstrengungen, sein Kopf dröhnte. »Das ist zu privat. Weshalb willst du das wissen?«

Immer noch beäugte er sie irritiert. Er kam sich verloren vor. Der Rückhalt, auf den er sich bis jetzt immer hatte verlassen können, sein Gedächtnis, hatte für einen kurzen Zeitraum nicht funktioniert. War es Bianca gewesen, die ihn niedergeschlagen hatte? Er vermochte es nicht zu sagen.

»Weil dieses Flittchen in unser Leben eingedrungen ist, gerade als es anfing, wieder eine Linie zu bekommen«, äußerte Bianca tonlos. »Jetzt ist es weg, das kleine Dreckstück. Glaub ja nicht, dass ich auch nur irgendeine Art von Mitleid für sie empfinde. Sie hat mich lange genug geärgert. Gott sei Dank habe ich sie nie als wirkliche Konkurrenz betrachtet, sondern nur als vorübergehende Störung. Eins von deinen Haserln eben.«

Bianca Roth hatte immer für Bernhard Klein Partei ergriffen und ihre Affinität zu ihm nicht nur zur Schau gestellt, sondern mehrfach bewiesen. Nachdem er seine damalige Bettgenossin aus Eifersucht so brutal verprügelt hatte, dass sie gegen die Tischkante gestürzt war und sich dabei das Genick gebrochen hatte, kam sie auf die Idee, ihn im Gefängnis für die Philosophie zu begeistern und ihm dadurch zu mehr innerer Ruhe zu verhelfen. Bernhard reagierte erstaunlich positiv darauf, las sich ein entsprechendes Wissen an und fand, wie es schien, tatsächlich seinen inneren Frieden. Als er aus dem Gefängnis entlassen wurde, verschaffte sie ihm jene Stelle als Kfz-Mechaniker, die er heute noch innehatte. Sie hatte, was das betraf, so ihre Möglichkeiten. Als er später noch einmal in eine Rauferei verwickelt war – eine blöde, besoffene Geschichte – sprang sie mit einem entsprechenden Geldbetrag ein, um eine Anzeige zu verhindern. Auch diesbezüglich hatte sie ihre Möglichkeiten. Seine Weibergeschichten verzieh sie ihm zum größten Teil. Nur einmal brach sie den Kontakt zu Bernhard für längere Zeit ab, als Strafe sozusagen. Aber sie fand ihn über das Philosophieren wieder und ging fortan mit ihm ins Kaffeehaus, um gegenseitig Gedanken auszutauschen.

Dass aus ihren geistvollen Tischgesprächen eine ganze Philosophenrunde wurde, tat sie als lästige Begleiterscheinung ab. Veronika Plank kam ja damals noch mit ihrem Freund, Jochen Angerer. Auch als sie später nur mehr allein kam und den unvermeidlichen Kontakt zu Bernhard herstellte, übte sich Bianca in Geduld. Sie glaubte fest an ihre Erscheinungen und das, was sie ihr prophezeiten. Sie wusste, dass Ereignisse eintreten würden, die sie am Ende als Siegerin dastehen ließen. Ihr gemeinsamer Weg als Bernhard und Bianca war vorgezeichnet.

Sie saß am Bett und hielt Bernhard Kleins große, mächtige Hand, mit der er früher zugeschlagen hatte und die jetzt still dalag. Dabei spürte sie eine Innigkeit, die ihr niemand mehr streitig machen sollte. »Lass mich bitte mit Veronika in Ruhe«, hörte sie seine matte Stimme. »Es gehört jetzt einfach nicht hierher.«

»Wie du meinst, Bernhard. Jedenfalls ist sie tot und kann nichts Schlimmes mehr anrichten. Auf ihren Körper wirst du in Zukunft leider verzichten müssen. Es ist also gut, wenn du nicht mehr allzu oft an sie denkst.« Bianca Roth machte eine kleine, künstliche Pause. Im Krankenzimmer war es nach wie vor unnatürlich warm. Das Fenster war seit der Früh nicht mehr geöffnet worden. »Denk doch wieder mehr an uns«, sagte sie dann. »Glaubst du nicht auch, dass die Zeit für einen Neubeginn gekommen ist?«

Klein wurde hellhörig. »Für einen Neubeginn wovon? Oh nein, das kannst du nicht meinen«, begriff er. Er schüttelte kurz und heftig seinen Kopf, und es bereitete ihm Schmerzen.

»Doch, ich meine uns beide«, stellte Bianca kurz und präzise fest. »Ich fühle, wie sich langsam eins ins andere fügt und sich die Prophezeiung erfüllt.«

»Ich bitte dich, auf deine Wortwahl zu achten«, gab Klein sarkastisch zurück. »Neu kann nur etwas beginnen, das bereits zumindest einmal stattgefunden hat. Du verwendest den Terminus ›neu‹ also fälschlicherweise in deiner Diktion, um davon abzulenken, dass du bloß von einem Wunsch sprichst, der beinahe so alt ist wie du selbst: mich an deiner Seite zu haben. Diesen Wunsch werde ich dir aber niemals erfüllen, schlag ihn dir also bitte wieder ganz schnell aus dem Kopf.«

Ein kleiner, nervöser Reiz, den man nur bemerken konnte, wenn man sie ganz genau beobachtete, ergriff Besitz von Bianca. »Was sollen diese Belehrungen?«, fragte sie. »Ich erinnere mich noch sehr gut an die schönen Stunden mit dir. Dass du mich dann links liegen gelassen hast, war eine Verblendung, verursacht durch deine Körperlichkeit, die du nie ganz überwinden konntest. Du hast dir junge Mädchen genommen, obwohl sie Gift für dich waren, um deinen Lendensaft in ihnen loszuwerden. Ich habe es teilnahmslos mitverfolgt, bis zum Ende. Ich wusste, dass es ein Ende geben würde, ein bitteres Ende. Diesmal hattest du dir ja ein besonderes Christkindl ausgesucht, eine, die aus Langeweile die Gesellschaft bekämpft und dabei mit dem Hintern wackelt. Aber auch Christkindln müssen sterben. Du gehörst zu mir!«

Klein ließ ihre Hand auf der seinen ruhen wie jemand, der zu schwach und unentschlossen ist, eine Fliege zu erschlagen, die auf ihm herumkrabbelt. »Ich gehöre niemandem«, sprach er dafür nun so laut und deutlich, wie er konnte. »Merk dir das ein für alle Male. Es ist dein ständiges Besitzdenken, das dich lenkt. Von Anfang an wolltest du mich haben im ursprünglichsten Sinn des Wortes, hast geglaubt, du kannst es durch deine Hilfestellungen und deine ständige Nähe erzwingen. Wie musst du gelitten haben die ganze Zeit.«

»Ich wollte dir immer nur Gutes tun, ganz ohne Eigennutz«, versuchte Bianca, standhaft zu bleiben. Ihre Augen bekamen jetzt einen leichten feuchten Schimmer.

»Das Gute per se also«, lächelte Klein matt. »Philosophisch gesehen begibst du dich hier in einen Teufelskreis. Denn was ist als Gutes zu definieren? Das selbstlose Handeln zum Nutzen einer oder mehrerer Personen? Aber welcher Personen? Indem man dem einen nutzt, schadet man damit nicht zwangsläufig einem anderen? Das Gute als absolute Größe gibt es nicht, merk dir das. Es müsste auf alles und jeden angewendet werden können, eine unmögliche Sache. Es gibt nur das sogenannte Gute, das stets mit irgendwelchen Interessen verbunden ist. Auch du bist keinem ethischen Prinzip gefolgt, sondern nur deinem Egoismus. Nein, nein, da halte ich es lieber mit Wilhelm Busch: Das Gute, dieser Satz steht fest, ist stets das Böse, das man lässt!«

»Jetzt hör endlich auf zu dozieren. Hier ist niemand, dem du damit imponieren kannst. Es stört nur!«

»Wen stört es? Dich? Was glaubst du, wie sehr mich deine Anwesenheit stört. Die ganze Zeit hängst du an meinem Bett herum, und ich kann mich nicht wehren«, wurde Klein unwirsch. »Du nützt meine Situation schamlos aus. Aber bilde dir nur ja nicht ein, dass du mit dieser Tour auch nur irgendetwas erreichst. Jede Frau hat ein Ablaufdatum. Du bist mir egal geworden, verstehst du? Du interessierst mich schon lange nicht mehr. Und jetzt geh bitte, und lass mich in Ruhe, sonst rufe ich die Krankenschwester. Ich bin müde. Ich möchte schlafen.«

»Du brauchst mich nicht so anzuschnauzen, ich bin schon dabei, mich zu entfernen«, kam es von Bianca gefasst, aber stockend. Ihre innere Aufgewühltheit kratzte an ihrer Oberfläche. Wortlos stand sie auf und verließ das Zimmer. Draußen auf dem Gang setzte sie sich auf eine Bank und wartete. Ihre Augen fokussierten dabei das künstliche Licht, das von der Decke herabfiel. Es wirkte kalt und unpersönlich, kalt wie das ganze überheizte Spital.

Bianca blickte in ein Journal, das irgendjemand liegen gelassen hatte, und begann zu lesen. Nach einer Weile kam die diensthabende Schwester vorbei. Bianca lächelte sie breit an, die Schwester lächelte zurück. Es war ein Zeichen gegenseitigen Verstehens. Bianca deutete: Ob sie wohl noch einmal, trotz der späten Stunde, kurz in das Krankenzimmer könne? Natürlich, nickte die Schwester, immer noch lächelnd. Es sei heute nicht so streng.

Also ging Bianca Roth zurück in Bernhard Kleins Zimmer und setzte sich wieder neben sein Bett. Klein schlief tief und fest, so wie unschuldige Kinder schlafen. Bianca streichelte kurz über sein Haar. Dann nahm sie eine Zigarette heraus und begann seelenruhig zu rauchen. Mit sichtlicher Genugtuung blies sie große, graue Ringe in die Luft.

Als die Rauchmelder losschlugen, stand sie auf und drückte die Zigarette auf Bernhard Kleins Nachthemd aus, genau dort, wo sich seine rechte Brustwarze befand.

11

Leopold öffnete die Tür zum Kaffeehaus, und sofort stieg ihm der angenehme Duft von Weihnachtsbäckerei in die Nase. Es roch nach allen möglichen Köstlichkeiten: nach Vanillekipferln, Kokosbusserln, Anisplätzchen, Linzer Augen und noch nach vielem mehr. Offenbar hatten Frau Heller und seine Tante Agnes ganze Arbeit geleistet. Jetzt saßen sie, beide ein Heferl Punsch vor sich, am Haustisch und plauderten miteinander. Nach einem ersten Austausch von Förmlichkeiten – wie sich welche Rezeptur wohl am förderlichsten verfeinern ließe und welche Kniffe und Tipps jede der Damen kannte – hatte sich ein immer vertraulicheres Gespräch entwickelt. »Da sind Sie ja, Leopold«, unterbrach Frau Heller, sichtlich gut aufgelegt und genüsslich an ihrer Zigarette ziehend, das Tratscherl. »Sie kommen zur rechten Zeit. Wir sind gerade fertig geworden.«

»Zur rechten Zeit!«, war Tante Agnes außer sich. »Dass ich nicht lache! Abgeschoben hast du mich, wie einen Asylanten.«

»Sie sind ja einem Phantom hinterhergejagt, wie ich höre«, versuchte Frau Heller, die Situation zu beruhigen.

»Na ja, es war schon ein Mensch aus Fleisch und Blut«, äußerte Leopold vorsichtig. »Siehe die blauen Flecken bei der Tante. Obwohl die Polizei ein Phantombild von ihm angefertigt hat.«

»War es der Mörder?«, wollte Frau Heller mit durchdringendem Blick von ihm wissen.

»Es sieht gewissermaßen so aus!«

»Dann ist es ja gut«, lächelte Frau Heller verschmitzt. »Setzen Sie sich doch zu uns. Sie brauchen jetzt nicht mehr an Ihre nervtötende Kriminalistik zu denken. Machen Sie doch Ihr Kopferl endlich frei für Weihnachten. Aber das können Sie ja nicht, nicht wahr?« Sie befand sich mit dieser Frage in einem gewissen Gefühl der Überlegenheit. »Oder fällt Ihnen hier herinnen vielleicht etwas auf?«

Leopold schaute kurz mit prüfendem Blick durch das gesamte Kaffeehaus. Nur der Bereich um die Theke sowie das erste Billardbrett waren beleuchtet. Trotzdem hätte er jede Veränderung natürlich sofort bemerkt. Aber es gab nichts. Alles war so wie immer, und Leopold hätte es sich verbeten, dass es vielleicht irgendwie anders gewesen wäre.

»Nein, Frau Chefin«, sagte er und zuckte mit den Achseln.

»Er sieht es nicht!« Frau Heller, die an dieser Situation Gefallen fand, zwinkerte Agnes Windbichler verschwörerisch zu.

»Leopold, du bist ein seltener Tepp. Siehst du es denn wirklich nicht?«, griff sich die alte Dame an den Kopf.

Was sollte er sehen? Blind hätte er mit einem Tablett durchs Lokal laufen können und wäre nirgendwo angestoßen, so sehr befanden sich die Dinge an ihrem vertrauten Platz. Allerdings kannte Leopold seine Chefin. Sie hatte höchstwahrscheinlich eine Laune, in der sie ihn vor seiner Tante bloßstellen wollte. Also suchte er, was auch immer zu finden man für ihn vorbereitet hatte.

Jetzt bemerkte er es. Eine Bagatelle, wirklich. Ein undefinierbares kleines Etwas baumelte vor seiner Lade, jenem Heiligtum, in dem er alles aufbewahrte, was ihm in irgendeiner Hinsicht hilfreich und nützlich für den täglichen Gebrauch schien. Man musste es halt ein bisserl zur Seite schieben, um die Lade zu öffnen. Umständlich, zugegeben, aber wenn's weiter nichts war.

»Meinen Sie das Dings dort vor meiner Lade?«, fragte Leopold vorsichtig.

»Ich meine vor allem den Baum, zu dem das Dings, oder sagen wir besser Zweigerl, gehört«, verbesserte ihn Frau Heller. »Unseren heurigen Christbaum!«

Christbaum? Tatsächlich! In der Ecke links neben der Eingangstür stand, wie jedes Jahr, die Weihnachtstanne der Familie Heller, deren Spitze bis knapp unter den Plafond ragte. Obwohl noch ungeschmückt, war der Baum eigentlich nicht zu übersehen. Leopold kam sich ganz klein und erbärmlich vor. Wie konnte es passieren, dass er dieses Trumm nicht bemerkt hatte? »Verzeihen Sie, Frau Chefin, ich …«, stotterte er.

»Leopold, es ist unfassbar«, bemerkte Frau Heller spitz. »Es sind nur noch zwei Tage bis Weihnachten, und Sie schauen an unserem Christbaum, der die Herzen der Menschen bis Maria Lichtmess erfreuen soll, vorbei, als ob er nicht da wäre.«

»Wo der Baum doch aus dem Waldviertel kommt, Leopold«, betonte Agnes Windbichler.

»Ich wollte Ihrer Tante nur beweisen, wie sehr Ihre perversen kriminalistischen Neigungen Ihr Hirn blockieren, sodass Sie gar keinen vernünftigen Gedanken mehr fassen können«, erklärte Frau Heller. »Ich bin das leider schon gewohnt, aber Ihre Tante ist ganz schön arm dran mit Ihnen.«

»Herr und Frau Heller putzen heute gemeinsam den

Baum auf, und wir haben noch nicht einmal einen«, kam es in verzweifeltem Ton von der Tante. »Vom Christbaumschmuck möchte ich gar nicht reden, und die Bäckerei, die ich mitnehmen darf, hat großteils die Frau Heller gemacht. Mit dir kann man sich nicht auf Weihnachten freuen, nur Verbrecher jagen und dabei blaue Flecken einkassieren.«

»Tante, von nun an gibt's nur mehr Weihnachten«, gelobte Leopold. »Heute Weihnachten, morgen Weihnachten, und zu Weihnachten erst recht Weihnachten. Ich schwöre es hoch und heilig.«

»Wenn ich dir nur glauben könnte«, seufzte Agnes Windbichler.

»Du kannst, Tante, du kannst«, beruhigte Leopold sie. »Von nun an bin ich für dich da und für sonst gar nichts.« Sein Handy begann währenddessen ungeduldig zu läuten. Er zog es aus der Jackentasche. »Hallo?«, säuselte er hinein.

»Ich bin's! Kann ich Sie heute noch treffen?«

Leopold erkannte die nervöse Stimme sofort. »Schweda?«, fragte er.

»Ja, zum Teufel! Sie haben mir doch Ihre Nummer gegeben. Also! Wo können wir ungestört sprechen?«

»Hier im Kaffeehaus. Ich bin noch da.«

»Gut! In zehn Minuten!« Dann klickte es, und das Gespräch war beendet.

Leopold blickte in zwei unnachsichtige weibliche Augenpaare. »Es kommt noch ein Herr vorbei«, erwähnte er so beiläufig wie möglich. »Er wird mir vermutlich einige wichtige Dinge erzählen. Seien wir doch ehrlich: Können wir uns auf das Weihnachtsfest freuen, solange ein Mörder frei herumläuft? Sind wir es nicht den Angehörigen des

Opfers schuldig, dass er möglichst schnell gefasst wird? Und sollten sich nicht alle Unschuldigen über die Feiertage frei von Verdacht fühlen? Ganz nebenbei bemerkt: Ich habe das Gefühl, dass wir von dem Herrn heute noch 19,20 Euro bekommen werden, Frau Chefin.«

*

Ein Geräusch schreckte Julia Leichtfried auf. Thomas Korber, der auf der Couch im Wohnzimmer seinen Rausch ausschlief, so gut es ging, war wohl erwacht. Sie fand ihn in der Küche vor dem offenen Eiskasten. Er kaute nicht gerade sehr appetitlich an einem Stück Pizza vom Vortag herum.

»Na, sind der Herr ausgeschlafen?«, erkundigte sie sich. Der Ton war vorwurfsvoll, enttäuscht und verärgert. »Leider ist so gut wie gar nichts Essbares mehr im Haus. Du warst ja nicht einkaufen. Nur saufen!«

»So eine Pizza ist jetzt gerade das Richtige«, äußerte Korber mampfend.

»Und an mich, wie ich mich ernähre, denkst du wohl überhaupt nicht. Du hast ein Glück, dass ich derzeit keinen allzu großen Appetit entwickle. Übermorgen ist Weihnachten, da haben wir auch noch nichts. Wie stellst du dir eigentlich vor, dass es weitergehen soll?«

»Keine Sorge, es wird sich schon alles finden«, beschwichtigte Korber sie mit ein paar ausladenden Handbewegungen. »Morgen gehen wir erst einmal ganz groß frühstücken, ja? Und Weihnachten ist kein Problem! Das feiern wir in einem Lokal in der Innenstadt.«

»Von wegen! Das ist wohl das Einfallsloseste, was es

gibt«, lehnte Julia sofort ab. »Lokale sind bei einem solchen Anlass viel zu unpersönlich. Ich hätte es schon gern ein bisschen gemütlich. Außerdem: Willst du über die Feiertage einfach weitersaufen?«

»Um Gottes willen, nein!« Korber musste aufpassen, dass ihm kein Stück von der Pizza aus dem Mund fiel. »Ich dachte nur, einem jungen Menschen wie dir gefällt so etwas besser.«

»Da bin ich lieber altmodisch. Bemüh dich schön, hier bei dir zu Hause etwas auf die Beine zu stellen. Und was ist eigentlich mit heute? So ganz von allein füllt sich mein Magen auch nicht.«

Korber überlegte: »Hier in der Nähe sind ein paar nette Heurige. Da könnten wir hingehen.«

»Das kommt überhaupt nicht in Frage! Anscheinend denkst du ständig nur an Alkohol! Dass mir das als deine Schülerin nicht aufgefallen ist.«

»Ich habe doch nur gemeint, dass wir uns schnell etwas zu essen und zu trinken nach Hause holen können!«

»Na gut! Das ist gar keine so schlechte Idee. Ein wenig Bewegung an der frischen Luft kann nicht schaden. Aber zum Trinken nimmst du dir höchstens ein Kracherl, hörst du?«

»Ja, ja! Rede nicht so viel, sondern zieh dir lieber die Schuhe an«, forderte Korber, der es plötzlich eilig zu haben schien, sich zum Gehen bereit zu machen. Tatsächlich war ein kleiner Spaziergang das Beste, was sich für den Rest des Abends anbot: ein bisschen gehen, plaudern, auf andere Gedanken kommen; durch den weißen Schnee stapfen und sich aufs Essen freuen; versöhnlich werden.

Es hatte aufgehört zu schneien. Der Ortskern von Großjedlersdorf lag, ein wenig abseits der großen Straßen, ruhig und friedlich mit seiner Kirche und den ebenerdigen Häusern da. Im Licht der Laternen sah alles wunderschön angezuckert und beinahe unberührt aus. Sobald Julia Leichtfried und Thomas Korber in die Amtsstraße einbogen und einfach ein Stück geradeaus weitergingen, würden ihnen schon bald ein Hauslicht und der dazugehörige Buschen anzeigen, dass sie an ihrem Bestimmungsort angelangt waren.

Eine Zeitlang sagten sie nichts, nahmen nur die beinahe vollkommene Stille in sich auf. »War es wegen dieser Frau?«, fragte Julia dann. »Ich meine, dass du die gestrige Nacht durchgemacht hast.«

»Warum interessiert dich das?«

»Weil es mich in eine dumme Situation gebracht und dich sehr verändert hat, wenn du's genau wissen willst.«

»Bei der kenne ich mich einfach überhaupt nicht aus«, seufzte Korber. »Ich weiß nicht, will ich sie jetzt oder nicht.«

»Und wieso weißt du das nicht?«

»Bei ihr ist es anders als bei anderen Frauen. Ich stehe nicht rein körperlich auf sie, verstehst du?«

»Du meinst, es ist so eine Art Seelenverwandtschaft?«

»So ähnlich! Ich habe das Gefühl, da ist ein Mensch, der mich versteht. Ich spüre, dass da etwas mehr drinnen ist als sonst. Aber ich komme nur langsam voran, wahrscheinlich, weil ich zu viel nachdenke. Und dann verliert sie wegen einer Kleinigkeit wie gestern Mittag die Nerven. So etwas macht mich fertig.«

»Sie war einfach nur eifersüchtig, glaube ich.«

»Möglich. Der ganze Verlauf unserer Beziehung, wenn man es so nennen darf, ist eben blöd. Irgendwie stehe ich jetzt an und glaube, es geht nicht mehr weiter. Ist dir so etwas noch nie passiert?«

Julia dachte kurz nach. »Eigentlich nicht. Ich hüpfe immer zuerst einmal mit einem in die Kiste und schaue dann, wie es weitergeht. Das ist schon anders.«

»Der Letzte hat dich jedenfalls hinausgeworfen. So erfolgreich kann die Taktik also nicht sein«, urteilte Korber.

»Na ja, Garantie gibt es eben keine. So richtig gelungen ist mir halt auch noch nichts«, gab Julia zu.

Unmerklich hatten ihre beiden Hände einander gefunden, während sie so dahinschlenderten, Korber auf noch schwachen, durch seine Unmäßigkeit ausgelaugten Beinen. Das Ziel war nahe. »Schau!«, rief Julia plötzlich.

Eine zusammengekrümmte Gestalt lag in einer dunklen Ecke neben einer Garageneinfahrt. »Nein«, schrie Korber, völlig außer sich. »Nicht schon wieder!«

*

Herr Heller bemühte sich, den Stern möglichst attraktiv auf der Spitze des großen Christbaumes zu platzieren. Frau Heller und Agnes Windbichler sahen ihm dabei zu und mampften so eifrig an ihren Keksen, dass man meinen konnte, sie müssten immer so fortbacken, sonst bliebe nichts übrig. Tante Agnes warf Leopold ab und zu einen tadelnden Blick zu und trommelte dazu mit den Fingern der linken Hand im Takt auf die Tischplatte. Leopold blickte nervös auf seine Uhr. »Es ist gleich so weit, Tante«, flötete er. »Du kannst dir denken, wie unangenehm mir das ist, aber bei einem Mord muss man eben allzeit Gewehr bei Fuß stehen.«

Tante Agnes wollte etwas erwidern, aber da ging die Tür auf, und Mario Schweda trat ein. Seine Augen durchmaßen die dunkle Leere hinter den Billardbrettern. »Ist noch geöffnet?«, fragte er zweifelnd.

»Natürlich haben wir noch offen«, schnauzte Leopold ihn an. »Sonst wäre ja die Tür zugesperrt. Deshalb darf ich Sie auch bitten, eine Bestellung bei mir aufzugeben, ehe wir zur Sache kommen.«

»Wie bitte?«

»Kleiner Brauner, großer Brauner, Melange, Cappuccino? Bier oder Wein? Groß oder klein? Weiß oder rot? Oder eine Flasche Mineral gefällig? Mit oder ohne? Cola, Fanta, Almdudler? Apfelsaft pur oder gespritzt? Schwarztee, Kräutertee, Früchtetee? Oder vielleicht doch lieber eine heiße Schokolade?«, zählte Leopold unbarmherzig auf.

»Also dann meinetwegen ein kleines Bier«, brummte Schweda mürrisch. »Was ich Ihnen zu sagen habe, ist allerdings nicht für die Allgemeinheit bestimmt«, betonte er mit einem ängstlichen Seitenblick auf die übrigen Anwesenden. »Können wir irgendwo ungestört reden?«

Leopold deutete auf den abgedunkelten Bereich bei den Billardbrettern. Er hatte schon mittags als Ausnüchterungszelle herhalten müssen und kam nun auch als Beichtstuhl nicht ungelegen. »Nun?«, fragte Leopold neugierig, sobald sein Gast sich gesetzt hatte.

»Ich muss Ihnen etwas gestehen«, begann Schweda.

»Verstehen Sie mich jetzt bitte nicht falsch, aber ich war dort, am Tatort. Ich habe sie da liegen gesehen. Sie war schon tot.«

»Und warum haben Sie das nicht gleich gesagt?«, forschte Leopold.

»Ich habe ja gewusst, Sie verstehen mich nicht!« Schweda war noch fahriger und unruhiger als sonst. Er wusste gar nicht, was er mit seinen Händen machen sollte. »Ich hatte doch eine Wut! Ich wollte mein Geld wiederhaben. Ich habe zunächst gar nicht realisiert, dass sie nicht mehr lebt. Sie ist reglos dagelegen, das habe ich ausgenützt. Ich habe in ihre Hosentasche gegriffen und die Scheine herausgenommen, die sie mir geklaut hat. Das war mein gutes Recht! Erst dann habe ich gesehen, was los ist, und eine mordsmäßige Panik bekommen.«

Leopold erheiterte der Ausdruck ›mordsmäßig‹. »Sie sind einfach weggelaufen?«, wollte er wissen.

Schweda nickte jetzt sehr, sehr schnell, wie ein Kind, das will, dass man seiner Erzählung Glauben schenkt.

»Wie viel Geld haben Sie denn der Leiche geklaut?«

»50 oder 60 Euro, glaube ich. Gezählt habe ich es nicht.«

»Haben Sie irgendjemanden in der Nähe gesehen?«, bohrte Leopold weiter.

»Nein, das heißt, ja. Ich glaube, da war noch jemand, aber …«

»Mann oder Frau?«

»Ich weiß nicht, mir ist plötzlich ganz schwarz vor den Augen geworden. Ich habe begriffen, was los war. Mir hat vor der Toten gegraust und davor, dass ich sie berührt hatte. Ich wollte einfach weg, verstehen Sie? Weg!«

»War irgendein Auto da mit angelassenem Motor oder aufgedrehten Scheinwerfern?«

»Kann sein, ich habe jedenfalls nicht darauf geachtet. Das ist doch nichts Besonderes, wenn um diese Zeit ein Auto mit aufgedrehten Scheinwerfern fährt, oder schon?«

Leopold machte eine wegwerfende Handbewegung. Dieser Schweda war doch wirklich zu nichts zu gebrauchen. Ein Hirn wie ein Sieb! Nicht fähig, auch nur einen exakten Hinweis zu geben oder eine verdächtige Person in der Nähe des Tatorts zu nennen! Durchaus möglich, dass er Veronika Plank getötet und es gleich nachher wieder vergessen hatte.

»Sie werden doch nichts der Polizei verraten? Das bleibt doch alles unter uns?«, flehte Mario Schweda unterdessen. Er bot ein Bild des Jammers.

»Ich werde schweigen wie ein Grab«, versprach Leopold. »Obwohl ich zu bedenken gebe, dass es sehr naiv wäre zu glauben, dass die Polizei Sie nicht verdächtigt. Wie gesagt: Zu Ihnen ins Gesicht sind die Beamten freundlich, dabei haben sie schon längst ein Auge auf Sie geworfen. Außerdem bekommen Sie langsam wirklich ein schlechtes Gewissen. Also würde ich es erleichtern und den Kieberern reinen Wein einschenken. Und nicht nur über Ihr unbeherrschtes Rendezvous mit einer Leiche. Auch in der anderen Sache wäre es hoch an der Zeit. Wenn die erst einmal Ihren Freund Jochen Angerer in die Zange nehmen.«

»Hören Sie auf«, flehte Schweda. »Verraten Sie mich bloß nicht, alles andere … regle ich schon.«

»Na gut, jeder ist seines Glückes Schmied«, mahnte Leopold. Dem Kerl war offenbar nicht zu helfen.

»Heißt das, Sie zeigen mich nicht an? Und ich kann jetzt gehen?«, erkundigte sich Schweda vorsichtig.

»Nicht so vorschnell, junger Freund«, bremste Leopold ihn ein. »Ein kleines Bier macht 2,80 Euro.«

Mario Schweda kramte in seiner Hosentasche nach Kleingeld.

»Dazu kommt der ausstehende Betrag von 19,20 Euro von vorgestern, macht also insgesamt genau 22 Euro«, ergänzte Leopold. »Und damit Sie Ihren Seelenfrieden finden, wäre auch noch eine kleine Kranzspende angebracht.« Dabei deutete er zu dem in seiner vollen Pracht leuchtenden Adventkranz nach oben. »Die Scheine, die Sie der jungen Dame entwendet haben, können Sie übrigens auf jedem Polizeiwachzimmer hinterlegen.«

Schweda zog es fort von diesem Ort. Eilig und ohne weiteren Kommentar knallte er im Vorübergehen 25 Euro auf die Theke. Leopold nahm das Geld mit einer kurz angedeuteten Verbeugung und einem dienststeifrig dahingesäuselten »Gehorsamster Diener, wünsche ein frohes Fest, beehren Sie uns bald wieder«.

Ein barsches »Jetzt wird es aber Zeit, Leopold!« riss ihn aus seinen Gedanken. Agnes Windbichler hatte in der Zwischenzeit Hut und Mantel angezogen und stand mit einem Mal gehbereit vor ihm.

»Ah, du bist schon fertig, Tante«, lächelte Leopold ihr gezwungen entgegen, während er das Geld in seine große Kellnerbrieftasche steckte.

»Sicher. Und die Bäckerei von Frau Heller habe ich auch. Ich habe nur noch gewartet, bis dein Gespräch beendet ist«, schnauzte sie ihn ungeduldig an.

»Na, dann können wir ja gehen. Ich stehe mit dem

Auto praktisch vor der Haustür.« Leopold wischte sich den Schweiß von der Stirn. Aber das bisschen Verwandtschaftsstress würde er jetzt auch noch schaffen.

Da läutete sein Handy. Ungeduldig. Er zog es aus der Jackentasche. »Ja?«, meldete er sich. Sofort nahm sein Gesicht ernste Züge an. »Ist ja nicht möglich«, bellte er aufgeregt. »Er lebt? ... Du bist sicher? ... Ach so! ... Wartet auf mich, ich bin in fünf Minuten da.«

»Was ist denn jetzt schon wieder?« Tante Agnes ließ nun jegliche Hoffnung fahren, zu einer vernünftigen Zeit in ihr Quartier in Leopolds Wohnung zu kommen.

»Eine neue Entwicklung ... Es ist nicht weit ... Nur ein kleiner Umweg«, stotterte Leopold ein wenig hilflos herum.

»Offenbar hat sich in dem Mordfall etwas Neues ergeben. Da ist nun einmal nichts zu machen«, übersetzte Frau Heller für die Tante.

»Jetzt sind dir die Mörder und Verbrecher also endgültig lieber als ich, deine nächste Anverwandte. Da hätte ich gleich zu Hause bleiben können«, murrte Agnes Windbichler. Einen Augenblick schien es, als wolle sie zu einer größeren Tirade ansetzen, dann fügte sie sich doch kommentarlos in ihr Schicksal und ging hinter Leopold zur Tür hinaus.

12

Franz Jäger war nicht tot. Er war auch nicht allzu schwer verletzt, nur etwas ramponiert und stockbesoffen, nachdem er ein paar Heurige in Jedlersdorf abgeklappert hatte. Auf der Straße hatte er dann das Gleichgewicht nicht mehr halten können, war vornüber hingefallen und unsanft mit dem Gesicht aufgeschlagen. In der Folge gelang es ihm trotz aller Bemühungen nicht, wieder auf die Beine zu kommen. Der Alkohol und die Trägheit verleiteten ihn dazu, sich zusammenzurollen und einfach liegen zu bleiben. Rasch fiel er in einen Schlaf, der bei diesen Temperaturen durchaus tödlich hätte enden können.

Aber Thomas Korber und Julia Leichtfried klaubten ihn noch zur rechten Zeit auf. Korber merkte diesmal sehr rasch, dass es sich hier nur um eine Alkoholleiche und nichts Schlimmeres handelte. Sonst fehlte ihm allerdings der Plan, und da es sich um einen der Verdächtigen im Mordfall Veronika Plank handelte, rief er Leopold herbei, der dann auch sehr schnell mit seiner Tante zugegen war.

Julia und Korber hatten Jäger inzwischen auf eine Bank gesetzt. Er schien, den Umständen entsprechend, wieder halbwegs bei sich zu sein, wenn auch nicht sehr gesprächig. Das Kinn zierte eine kleine Wunde, die aber mittlerweile zu bluten aufgehört hatte. »Sie haben sich ja ganz schön volllaufen lassen«, bemerkte Leopold mit Kennerblick. »Aus welchem Grund?«

Franz Jäger blickte irritiert auf. »So halt«, gab er achselzuckend von sich. Er war dabei nur schwer zu verstehen, teils durch die unüberhörbare Wirkung des Alkohols, teils weil sein Sprechapparat durch den Sturz noch ein wenig malträtiert war.

»Ich denke, es hat mit Ihrem heutigen Besuch im Polizeikommissariat zu tun«, mutmaßte Leopold.

»Wieso das?«

»Ganz einfach! Sie haben dort eine sehr seltsame Aussage gemacht. Sie haben nämlich Ihre erste Darstellung des Sachverhaltes komplett widerrufen. Das ergibt ein ganz schönes Durcheinander. Kein Wunder, dass Sie jetzt auch ziemlich durcheinander sind.«

Jäger verharrte in seiner Abwehrhaltung. Körperlich schien es ihm nicht übertrieben gut zu gehen. Er spuckte immer wieder zu Boden, was bezüglich der Standfestigkeit seines Magens nichts Gutes verhieß. »Ich habe es tun müssen«, meinte er einsilbig.

»Warum? Weil Ihre Mutter es Ihnen befohlen hat?«

»Aber nein! Sie verstehen mich nicht!«

»Was gibt es da viel zu verstehen? Eine Aussage so, die andere so – das ist in höchstem Maße verdächtig.«

»Hören Sie, was ich der Polizei jetzt erzählt habe, ist die Wahrheit. Zuerst hatte ich Angst wegen dem dummen Schal. Er gehört ja mir, also hatte ich Angst, dass ich verdächtigt werde.«

Viel war von Franz Jäger nicht zu erwarten. Leopolds Hoffnung, dass ihn der Alkohol gesprächig machen würde, hatte sich bis jetzt nicht erfüllt. Nach wie vor blickte er zu Boden und konzentrierte sich in erster Linie darauf, das Rumoren in seinem Körper unter Kontrolle zu bringen. Leopold beschloss, ein paar Schüsse ins Blaue abzufeuern. »Hat es sehr wehgetan?«, wollte er wissen.

Jäger griff sich aufs Kinn. »Meinen Sie den Sturz? Na ja, es geht so.«

»Ach was, Sturz. Ich meine die Ohrfeige, die Ihnen Veronika Plank verpasst hat. Die muss doch ganz schön geschmerzt haben, am Körper und in der Seele«, berichtigte Leopold.

»Weshalb fragen Sie das? Was wollen Sie von mir?«

»Worauf ich hinauswill, ist, dass Sie sich an Veronika heranmachen wollten. Das hat doch schon im Kaffeehaus angefangen. Draußen sind Sie dann zudringlich geworden und sind von der Dame abgewatscht worden. Muss ein ganz beschissenes Gefühl gewesen sein. Da war es gerade günstig, dass dieser Unhold sie überfallen hat. Sie sind stehen geblieben und haben zugeschaut. Sie haben sich an dieser Szene vergnügt, oder? Natürlich haben Sie das der Polizei verschwiegen.«

»Aber jetzt habe ich alles so gesagt, wie es wirklich war.«

»Vielleicht, vielleicht auch nicht«, relativierte Leopold. »Ich bin mir da nicht so sicher. Sie mussten Ihre erste Aussage jedenfalls abändern, weil sie so nicht zu halten war. Ihre Mutter hat das sehr schnell erkannt und mit Ihnen eine neue Geschichte zusammengebastelt. Aber so richtig wohl fühlen Sie sich ja noch immer nicht. Sie verschweigen weiterhin wichtige Details. Sie waren am Tatort, sind Veronika später nachgelaufen. Vielleicht haben Sie sie sogar getötet.«

»Ich bin unschuldig! Dieser Perverse hat sie umgebracht«, lallte Jäger mit erhöhter Lautstärke.

»Haben Sie es gesehen?«

»Nein, aber er muss es ja getan haben. Ich wollte nur

kurz mit ihr reden, habe es aber dann aufgegeben. Er hat sie eiskalt noch einmal abgepasst.«

»Haben Sie sonst jemanden bemerkt?«

»Jemand hat nach ihr geschrien«, erinnerte Jäger sich. Kleine Schweißperlen zeichneten ein flüchtiges Muster auf seine Stirn. »Kann sein, dass es der ungute Typ aus dem Kaffeehaus war, ich weiß es nicht.«

»Und was haben Sie getan?«

»Ich bin nach Hause gefahren, mit dem Taxi. Aber ich habe das alles schon ausgesagt, hören Sie. Und jetzt will ich auch nach Hause.« Jäger machte einen plumpen Versuch aufzustehen, landete aber sofort wieder mit seinem Gesäß auf der Bank.

Leopold beschloss, nicht lockerzulassen. »Wo ist Ihr Vater jetzt?«, fragte er.

»Mein Vater? In Deutschland – wo sonst?«, erwiderte Jäger, der keinerlei Reaktion ob des plötzlichen Themenwechsels zeigte.

»Haben Sie Kontakt mit ihm?«

Jäger lächelte verkrampft und bekam dabei leichten Schluckauf. »Kontakt mit meinem Vater? Aber wo! Er ist doch auf und davon damals, von heute auf morgen. Er hat uns vor vollendete Tatsachen gestellt, meine Mutter und mich. Er wollte nichts mehr mit uns zu tun haben. So war Vater eben … , streng, aber gerecht – und recht hat er gehabt.«

Mit dem Schluckauf trat auch ein Kräfteverfall bei ihm ein. Franz Jägers Stern, der an diesem Abend nie sehr hell geleuchtet hatte, war am Verglühen. Die Stimme wurde schwächer, die Rede unkoordiniert: »Mein Vater hat immer fesche Frauen gehabt. So wie er muss man sein ... , beinhart. Man darf sich nicht unterkriegen lassen ... , schon gar nicht von der eigenen Mutter ... Taten muss man setzen ... Sein eigenes Leben leben ... , ungehorsam sein.«

Die letzten Worte waren kaum mehr verständlich über seine Lippen gekommen, über die Augen hatte sich ein glasiger Schleier gelegt. Er sah jetzt äußerst hilfebedürftig aus. »Sollen wir einen Arzt rufen?«, suchte Korber Rat bei Leopold. Die beiden Damen zitterten, wobei nicht ganz klar war, ob vor Kälte oder weil ihnen die ganze Szene nicht geheuer war.

»Ich kenne mich zwar bei seinem Zustand nicht aus«, überlegte Leopold. »Aber er wohnt ja nicht allzu weit weg, bei der Endstelle vom 31er. Kennst du die genaue Adresse, Thomas?«

Korber nickte.

»Dann bringen wir ihn zu seiner Mutter. Die ist wahrscheinlich der beste Arzt für ihn. Außerdem würde sie uns eine eigenmächtige Vorgangsweise unter Umständen nicht verzeihen. Also los!«

Apathisch lächelnd, ließ sich Jäger hochziehen und zum Auto führen. Dazwischen wurde es in seinem Kopf für Sekunden wieder klarer. »Bitte sagen Sie ja nichts zu meiner Mutter«, flehte er. »Von dem Ganzen kein Wort zu meiner Mutter!«

*

Valerie Jäger öffnete überrascht die Tür. Sie hatte offensichtlich noch nicht geschlafen. »Wir bringen Ihnen Ihren Sohn, Frau Jäger«, erklärte Leopold. »Er ist gestürzt und in keinem sehr guten Zustand. Deshalb haben wir gedacht, es ist besser, wir begleiten ihn nach Hause.«

Valeries Augen blinzelten nervös von einem zum anderen und blieben schließlich bei Franz Jäger hängen. »Du siehst schlecht aus, Franzilein«, stellte sie nüchtern fest. »Und gesoffen hast du auch schon wieder.«

»Ja, Mutter«, kam die automatische Bestätigung.

»Was ist bloß los mit dir? Man kann dich ja gar nirgendwo mehr allein hingehen lassen«, begann Valerie jetzt, nachdem die ersten Schrecksekunden vorüber waren, mit einer längeren Tirade. »Ich hätte doch zur Polizei mitkommen sollen, aber das wolltest du ja nicht. Warst überzeugt, du schaffst es auch so, weil du so stark bist. Dass ich nicht lache! Jetzt sieht man ja, was wirklich los ist. Fremde Leute müssen dich nach Hause bringen, weil du nicht mehr aufrecht stehen kannst. Man muss sich ja genieren!«

»Wir sind nicht fremd«, warf Korber ein. »Ich gehöre zu dem Philosophenzirkel, bei dem Franz immer mitdiskutiert.

»Und ich bin der Ober vom Kaffeehaus«, ergänzte Leopold.

»Das ist mir ziemlich wurscht«, entgegnete Valerie Jäger kühl. »Ich hoffe nur, du hast auf der Polizei diesmal eine vollständige Aussage gemacht und dich erst nachher vollrinnen lassen, Franzilein. Dann fällt wenigstens dieser schreckliche Verdacht von dir ab und du kannst beruhigt …«

»Ihr Sohn trinkt ja nicht gerade oft«, fiel Leopold ihr ins Wort. »Seit dem Mord aber regelmäßig. Glauben Sie nicht, dass sein Problem größer ist, als Sie annehmen?«

»Mein Sohn ist ein sehr sensibler Mann«, erklärte Valerie knapp. »Es stimmt, die Geschichte hat ihn offenbar aus der Bahn geworfen, jedoch in erster Linie, weil er sehr freundschaftliche Gefühle für Veronika hegte, nicht, weil er in die Sache verwickelt ist.«

»Wissen Sie, was ich Ihnen sage?«, entgegnete Leopold. »Ich bin mir gar nicht sicher, ob Ihr Franzilein weiß, was wirklich geschehen ist und was er sich nur einbildet. Ständig erzählt er etwas anderes und glaubt jedes Mal, dass es stimmt. Sehr bedenklich! Im Rausch verschmilzt dann alles endgültig ineinander, und der Schlamassel ist da.«

»Wer erlaubt Ihnen, so von meinem Sohn zu reden?«, wurde Valerie heftig, während Franz Jäger, der im Vorzimmer umständlich sein Gewand ablegte, das alles nicht zu kümmern schien. »Es war sehr aufmerksam von Ihnen, ihn zu mir nach Hause zu führen, aber das gibt Ihnen noch lange nicht das Recht, derartige Behauptungen aufzustellen. Im Übrigen ist es bereits spät. Ich ersuche Sie also …«

»Wir gehen gleich«, unterbrach Leopold sie nochmals. »Aber dürfte ich vorher noch rasch Ihre Toilette benützen? Die Kälte, verstehen Sie? Das alles hat ein bisschen gedauert, und jetzt ist es wirklich schon höchste Eisenbahn!«

»Von mir aus«, erteilte ihm Valerie Jäger mehr oder minder widerwillig die Erlaubnis. »Zweite Tür links. Aber bitte heraußen die Schuhe ausziehen.«

Leopold tat, wie ihm geheißen. »Blockieren Sie das Klo nicht allzu lange, ich habe das Gefühl, dass mein Franzilein es auch bald benötigen wird«, hörte er weitere Anweisungen. »Und erledigen Sie nur ja alles im Sitzen! Wer den ganzen Tag in fremden Häusern putzt, hat es zu Hause auch gern sauber.«

»Wird mir ein Vergnügen sein«, säuselte Leopold und verschwand für den Augenblick. »Ach, Sie helfen doch auch meiner Freundin Gerlinde Pelinka mit dem Saubermachen«, wandte sich seine Tante gleichzeitig interessiert an Valerie Jäger.

»Der Frau Pelinka? Natürlich! Das und noch ein bisschen mehr. Sie ist halt schon ein bisschen vergesslich geworden, die Arme. Sind das nicht Sie, deretwegen sie den Schlüssel gesucht hat?«

»Den Schlüssel zum Weinkeller, ja. Haben Sie vielleicht herausgefunden, wohin sie ihn verlegt hat?«

»Leider nein! Was glauben Sie, welchen Aufruhr es manchmal um andere Dinge gibt, die scheinbar verschwinden. Aber ich kann Sie beruhigen. Sie versäumen nichts, wenn Sie den Keller nicht sehen. Er ist sicher nur mehr alt und verfallen, nach so vielen Jahren.«

»Irgendwie schade«, bedauerte Agnes Windbichler. »Da hängen so viele schöne Kindheitserinnerungen dran.«

Das Gespräch der beiden Damen wurde durch Franz Jäger unterbrochen, der nach wie vor im Vorzimmer stand, mittlerweile auch seine Hose ausgezogen hatte und durch Gesten und verhaltene Zurufe andeutete, dass es nun auch für ihn an der Zeit war, der Toilette einen Besuch abzustatten. »Gleich, Franzilein«, beruhigte ihn Frau Jäger. »Wir müssen noch auf den Herrn warten. Mein Gott, wie du schon wieder ausschaust! Siehst du nicht, dass hier Leute vor der Tür stehen? Es wird Zeit, dass du dir wieder einen solideren Lebenswandel aneignest. Wahrscheinlich hast du auch nichts gegessen. Oder hast du etwas gegessen, Bub? Soll ich dir vielleicht noch schnell eine Kleinigkeit wärmen?«

»Nein«, verkündete Franz Jäger mit seltener Entschlusskraft. Gleichzeitig bewegte er sich unbeholfen auf das WC zu. »So warte doch, Franzilein!«, rief seine Mutter ihm nach.

Franz Jäger hörte nicht. Tatsächlich fand er die Tür unverschlossen. »Niemand drinnen«, konstatierte er zufrieden.

»Niemand drinnen?«, wiederholte Valerie Jäger ungläubig mit einer leichten, ruckartigen Bewegung ihres Kopfes. »Ja, wo ist denn der Herr?«

Sie fand Leopold in der Küche, wo er geschäftig in allen möglichen Laden herumkramte. »Was tun Sie denn da?«, fragte sie, und es klang gar nicht erfreut.

»Ich hab mir die Hände gewaschen«, antwortete Leopold, so unschuldig er konnte.

»In der Lade?« Valerie Jäger musterte ihn mit zusammengekniffenen Augen.

»Aber nein, lassen Sie mich doch ausreden. Ich hab mir die Hände gewaschen, und da ist mir eingefallen, dass ich auch noch meine Medizin nehmen muss.« Leopold winkte kurz mit einer kleinen Flasche. »Gegen Sodbrennen. Ich hab nur nach einem Löffel gesucht.«

»Nach einem Löffel, so so. Und das gibt Ihnen das Recht, gleich meine ganze Küche zu durchwühlen? Ich glaube, Sie waren gar nicht auf der Toilette, Sie sind nur ein neugieriger Schnüffler. Unfassbar! Verschwinden Sie jetzt auf der Stelle – alle miteinander!« Ihr Gesicht hatte einen giftigen Ausdruck angenommen. Verbissen kontrollierte sie alle Laden und Kästchen, ob auch ja nichts fehlte. »Haben Sie nicht gehört? Sie sollen gehen«, herrschte sie Leopold mit ungewohnter Lautstärke an.

»Bin ja schon fertig.« Mit Genuss schleckte Leopold den Löffel ab und begab sich wieder zu den anderen auf den Gang hinaus. Sobald er seine Füße ins Stiegenhaus gesetzt hatte und begann, seine Schuhe anzuziehen, wurde die Tür unsanft und grußlos hinter ihm geschlossen.

Draußen, in der kühlen Nachtluft, hatte niemand mehr Zeit und Lust, Leopold nach seinem seltsamen Gehabe zu fragen. Es war spät und kalt, man wollte nach Hause. Thomas Korber und Julia Leichtfried verabschiedeten sich von ihren Begleitern. »Wir gehen das Stück zu Fuß«, meinte Korber. »Wenn wir Glück haben, ergattern wir noch etwas Essbares beim Würstelstand. Sonst wird jetzt ja wohl nichts mehr offen haben.«

»Können wir euch nicht mit dem Auto mitnehmen?«, fragte Leopold.

»Aber nein, wir schaffen das schon«, antwortete der offensichtlich immer noch bewegungshungrige Korber.

»Tu mir noch einen Gefallen, Thomas«, bat Leopold. »Schau in deinem Computer nach, ob du Kontaktdaten von einer Jutta Kowalczyk aus Frankfurt am Main findest.«

Korber blinzelte kurz und zweifelnd. »Muss das sein?«

»Ja, es ist sehr wichtig. Hier habe ich dir den Namen aufgeschrieben. Und möglichst rasch, hörst du?« Leopold steckte ihm einen Zettel zu.

»Na gut!« Der Zettel wanderte in Korbers Hosentasche. Dann entfernte er sich mit Julia flott von Leopold und Agnes Windbichler. Als sie allmählich aus seinem Blickfeld verschwanden, bemerkte Leopold noch, wie Korber seine rechte Hand liebevoll um Julias kleinen Hintern legte.

*

In der größten Not schmecken die einfachsten Dinge oft am allerbesten. Thomas Korber und Julia Leichtfried verzehrten die heiße Burenwurst, die sie dem Würstelmann in letzter Minute vor dem Zusperren abgekauft und mit in Korbers Wohnung genommen hatten, wie ein Festmahl. Sie nahmen dazu einfach das eine Ende der Wurst, tunkten das andere in den Senf und bissen dann genüsslich davon ab.

»Schon komisch, dein Freund Leopold«, sinnierte Julia mit vollem Mund. »Er hat nur gewartet, bis die beiden Jägers nicht geschaut haben, und schon war er in der Küche. Warum hat er das bloß getan?«

»Das ist mir vollkommen egal, ich denke da gar nicht mehr nach«, sagte Korber und schob sich ein Stück Wurst zwischen die Lippen. »Wenn ich bei allem, was Leopold macht, den Grund herausfinden wollte, könnte ich meine anderen Beschäftigungen aufgeben.«

»Vielleicht hat er etwas gesucht«, mutmaßte Julia.

»Was weiß ich. Bei ihm kennt man sich nie genau aus. Aber das erinnert mich daran, dass er mich gebeten hat, noch etwas in meinem Computer nachzusehen.« Korber kaute an den letzten Bissen seines Brotes und spülte die

Speisereste mit einem Cola hinunter. Dann zog er den Zettel aus seiner Hosentasche und machte alle Anstalten, den Computer in Gang zu setzen.

»So warte doch«, rief Julia ihm nach. »Was ist denn mit mir?«

»Du musst jetzt ein wenig ohne mich auskommen. Oder du schaust mir beim Surfen zu.«

»So ein Quatsch! Deine Recherche kann warten.« Schon war sie hinter ihm und legte die Hand auf seine Schulter. »Meinst du nicht auch, dass wir es uns vorher ein bisschen gemütlich machen sollten? Ich bin noch immer ganz durchgefroren. Ich möchte, dass du mich wärmst, nicht, dass du mir die kalte Schulter zeigst.«

Korber drehte sich um. »Treibst du es tatsächlich mit jedem Mann, der dir über den Weg läuft? So wie Veronika?«, platzte es aus ihm heraus.

»Nicht mit jedem, nur mit denen, die mir sehr sympathisch sind.« Das war sie wieder, die ehemalige Lieblingsschülerin, mit ihrer direkten, unverfrorenen Art. Julias Stimme wurde leise, verführerisch: »Du willst es doch auch, oder? Glaub mir, das hat nichts weiter zu bedeuten. Auch nicht, was deine Freundin betrifft. Allerdings weiß niemand, wann die sich wieder bei dir meldet und wie sie dann drauf ist. Jetzt bin ich da! Und in ein paar Tagen verschwinde ich ohnedies aus deinem Leben.«

Erneut kehrte Korber Julia den Rücken zu. Er murmelte etwas von unmöglich, Weihnachten, Geli und sündhaftem Verhalten. Es war das erste Mal, dass er sich nicht wohl in seiner Haut fühlte, wenn die körperliche Vereinigung mit einem weiblichen Wesen so nahe bevorstand. Dann spürte er etwas an seinem Rücken reiben, das seine

Fantasie anregte. Es waren wohl Julias geschickt in Position gebrachte und schon erregte Brustwarzen.

Er musste nach Jutta Kowalczyk suchen, das hatte er Leopold versprochen. Rasch! Aber dazu hatte er eigentlich noch eine Menge Zeit. Wenn man es genau nahm, bis zum frühen Morgen.

*

Als sie noch beisammen lagen, sich umarmten und streichelten, waren Korbers Gedanken schon wieder ganz woanders. »Ich hab's!«, rief er triumphierend in die Dunkelheit des Zimmers.

»Was hast du?«, fragte Julia verschlafen.

»Die ganze Zeit schon geht es mir nicht aus dem Sinn. Bevor ich Klein gefunden habe, wäre ich beinahe mit einem Radfahrer zusammengestoßen, daran habe ich mich jetzt wieder erinnert. Und ich glaube, ich weiß auch, wer der Radfahrer war.«

»Na toll.« Julia verstand die Welt nicht mehr.

»Hör mal, das kann für unsere Ermittlungen wichtig sein.«

Julia richtete sich auf. »Komm, spuck es aus. Vorher gibst du ja doch keine Ruhe!«

»Der Jochen Angerer war's, das schwöre ich. Ich kenne ihn ja noch von unseren ersten Philosophensitzungen. Der alte Anorak, die Haube und die Hornbrille – er muss es gewesen sein. Aber durch den Schock habe ich es einfach vergessen.«

»Sehr romantisch. War's das jetzt? Stehst du auf, oder bleibst du da?«

Korber gab ihr einen tiefen Kuss, der andeutete, dass seine Begierde noch nicht erloschen war. »Natürlich bleib ich noch hier bei dir im warmen Bett, Dummerchen. Aber irgendwann muss ich dann auf und den Computer aufdrehen wegen dieser Jutta irgendwas. Und bei der Gelegenheit sage ich das mit Angerer auch dem Leopold – und natürlich meinem neuen Freund, Inspektor Bollek!«

13

Sie musste tapfer sein und das tun beziehungsweise sagen, worum man sie gebeten hatte. Es war dabei völlig egal, ob sie es mit aufgeregter oder ruhiger, zitternder oder fester, lauter oder leiser Stimme tat. Wichtig war, was sie sagen würde. Davor hatte sie Angst. Es war zwar jemand bei ihr, aber diese Person würde ihr nicht helfen können. Und der Zettel, den man ihr gegeben hatte? Würde der eine Stütze sein? Sie wusste es nicht. Mein Gott, war sie nervös! Und wenn man nervös ist, macht man Fehler, dachte sie, auch wenn man die Dinge sonst im Schlaf beherrscht. Wie also würde es ihr gehen, die sowieso dazu neigte, den Faden zu verlieren?

War es unüberlegt gewesen, dass sie zugesagt hatte? Musste sie Angst haben? Es würde nicht gefährlich werden, hatte man ihr versichert, man würde schon auf sie aufpassen. Aber was zählten solche Versprechen? Sie fühlte sich ein wenig überrumpelt. Trotzdem konnte sie jetzt nicht mehr zurück und musste versuchen, das Beste aus allem zu machen.

Aus irgendeinem unbestimmten Grund fürchtete sie plötzlich um ihr Leben. Sie hatte, trotz ihres Alters, noch nicht oft darüber nachgedacht, wie es sein würde, dem Tod ins Auge zu schauen. Wenn sie etwa sagte: »Wir müssen alle einmal gehen«, so war das eine Floskel, ein Bestandteil ihres Sprachschatzes, den sie gern anwendete, nichts weiter. Dabei konnte es immer und überall passieren. Man war plötzlich nicht mehr. Das wurde ihr mit einem Mal schmerzlich bewusst. Nein, so schlimm würde es schon nicht werden. Sie würde kämpfen, und jemand anders war ja auch noch da. Es war wichtig, dass sie sich auf ihre Aufgabe konzentrierte. Noch einmal las sie sich die Notizen auf dem Zettel durch. Wie viel davon würde sie behalten? Man gab ihr ein Zeichen. Jetzt! Was, so weit war es schon? Einen Augenblick stand sie nur da und schien schon wieder alles vergessen zu haben, was sie tun sollte. Ihr Herz schlug bis zum Hals. Was sollte sie sagen? Man erinnerte sie: Das, was man gemeinsam besprochen hatte. Was auf dem Zettel stand. Wie benommen ging sie zum Telefon, nahm den Hörer ab, wählte die vertraute Nummer.

Und doch kamen ihre ersten Worte genau richtig: ein wenig zögernd, ein wenig unpräzise, aber sie trafen die Person am anderen Ende der Leitung tief ins Mark.

*

Gerlinde Pelinka öffnete die Tür und streckte ihren Kopf vorsichtig hinaus. »Ja, Frau Jäger, was machen denn Sie heute hier?«, fragte sie ungläubig.

»Ich komme nur schnell die Wäsche holen«, antwortete Valerie Jäger.

»Die Wäsche?«

»Ja! Es ist doch morgen Heiliger Abend, und da dachte ich, ich schaue noch einmal einen Sprung vorbei. Dann haben wir alle über Weihnachten unsere Ruhe, und Sie bekommen Ihre Wäsche gleich nach den Feiertagen wieder. Haben wir das denn nicht jedes Jahr so gemacht?«

»Jedes Jahr? Also ich weiß nicht so recht.«

»Lassen Sie mich bitte nur kurz herein. Ich mache das schon. Sie brauchen sich um gar nichts zu kümmern.«

»Aber ich habe die Wäsche gar nicht hergerichtet«, äußerte Gerlinde Pelinka Bedenken.

»Das macht nichts! Ich weiß doch, wo die Sachen sind. Im Handumdrehen habe ich alles beisammen.« Zielstrebig bewegte Valerie Jäger sich auf das Schlafzimmer zu.

»Sie bringen mir ja alles durcheinander«, rief Gerlinde ihr hinterher.

»Liebe Frau Pelinka! Seit Jahren komme ich jede Woche – na, wie oft? – mindestens zweimal zu Ihnen, und ich habe Ihnen noch nie etwas durcheinandergebracht«, versuchte Valerie, solche Bedenken im Keim zu ersticken. Sie begann, die Schmutzwäsche in einen großen Sack zu räumen, während Gerlinde misstrauisch herbeigeeilt kam. »So beruhigen Sie sich doch, Frau Pelinka, ich bin praktisch schon fertig«, redete sie unterdessen weiter. »Sie haben vorhin bei mir angerufen, wegen dem Schlüssel für den Weinkeller. Sie haben ihn tatsächlich gefunden?«

»Nein, das heißt, ja. Der eine, der von gestern, ist verschwunden. Aber ich habe ganz vergessen, dass es noch einen zweiten Schlüssel gibt. Mein Sohn hat mich daran erinnert und auch noch gewusst, wo er sich befindet. Jetzt kann ich doch mit meiner Freundin in den Weinkeller gehen. Ist das nicht schön?«

»Natürlich, sehr schön! Komisch, dass wir nicht schon früher auf diesen Schlüssel gestoßen sind. Wo haben Sie ihn denn jetzt?«

»Er ist … einen Augenblick! Wo ist er denn?«

»Haben Sie ihn denn schon wieder verlegt?«, erkundigte Valerie Jäger sich neugierig.

»Nein, ausgeschlossen!« Gerlinde Pelinka dachte einen Augenblick nach. »Hier in der Westentasche hab ich ihn, ja. Jetzt kann wirklich nichts passieren«, vermeldete sie dann stolz.

»Glauben Sie?« Valerie Jäger, die leicht gebückt gestanden war, richtete sich auf. »Ich bin da anderer Ansicht. Sie nehmen den Schlüssel heraus, um zu prüfen, ob er noch da ist, legen ihn irgendwo hin und vergessen wieder, wo er ist. Das haben wir doch schon etliche Male so gehabt. Es ist immer dasselbe. Nein, nein, am besten, Sie geben ihn mir.«

»Aber ich brauche ihn doch!«

»Sie verstehen mich jetzt vielleicht falsch, Frau Pelinka«, kam es von Valerie mit leichter Ungeduld. »Ich will Ihnen den Schlüssel nicht wegnehmen. Ich möchte ihn nur an einem sicheren Ort aufbewahren. Wir schreiben dann auf vielen Zetteln auf, wo er ist, und verteilen sie in der ganzen Wohnung. Das ist wirklich die sicherste Lösung. Allerdings brauche ich dazu jetzt den Schlüssel.«

»Warum? Meine Freundin kommt gleich mit ihrem Neffen, und wir fahren dann zum Weinkeller. Bis dahin möchte ich ihn bei mir behalten.«

»So viel Zeit habe ich nicht. Wir müssen das jetzt erledigen!« Man spürte förmlich die Spannung, die mit einem Mal zwischen den beiden Frauen herrschte.

»Ich gebe Ihnen den Schlüssel aber nicht«, sagte Gerlinde Pelinka entschlossen.

»Machen Sie keine Dummheiten! Es ist nur zu Ihrem Besten«, forderte Valerie Jäger in ungewohnt scharfem Ton.

»Ich möchte nicht, dass Sie mir den Schlüssel wegnehmen.«

»Das tue ich ja gar nicht!«

»Doch!«

Die Stimmung war endgültig aufgeheizt. Valerie Jäger war auf einmal von einer giftigen Besessenheit gepackt. Gerlinde Pelinka wiederum wollte nicht nachgeben. »Sie verstecken mir immer meine Sachen, damit ich sie nicht finde«, rief sie.

»So nehmen Sie doch Vernunft an und geben Sie ihn her«, befahl Valerie. Gerlinde Pelinkas Hand krallte sich um den Schlüssel in ihrer Westentasche. Valerie ging nun geradewegs auf sie zu. Gerlinde wich angsterfüllt ein paar Schritte zurück.

Valerie schnappte sie beim Kragen. »Den Schlüssel her, aber rasch«, zischte sie und schüttelte ihr Gegenüber dabei. »Lassen Sie ihn sofort los, sonst kann ich auch andere Methoden anwenden.«

Gerlinde Pelinka wehrte sich tapfer. »Hilfe, so helft mir doch!«, schrie sie, während sich Valeries Hand um ihre Kehle legte. »Ihnen wird niemand mehr helfen«, sagte Valerie. Gerlinde hatte das Gefühl, als müsse sie noch einmal schnell einatmen, ehe alles zu spät war.

»Was tun Sie denn einer armen, alten Frau?«, ertönte da plötzlich Leopolds Stimme aus dem Hintergrund. »Sie wollen sie doch nicht am Ende erwürgen, einen Tag vor Heiligabend?«

»Was machen Sie denn hier?«, fuhr Valerie Jäger überrascht auf.

»Ich schaue nur ein bisschen nach Frau Pelinka, und natürlich nach dem Schlüssel zum Weinkeller. Der ist uns nämlich heilig. Wir wollen uns ja den Keller anschauen, meine Tante und ich.«

»Schlüssel? Welcher Schlüssel?«, lächelte Valerie verkrampft. »Es gibt keinen Schlüssel!«

»Sie meinen, weil Sie ihn jetzt noch schnell aus Frau Pelinkas Westentasche stibitzt haben? Ich habe es gerade blitzen gesehen.«

»Fassen Sie mich nur ja nicht an! Sie haben kein Recht dazu, was auch immer zu suchen!«

»Ich tu Ihnen schon nichts«, bemerkte Leopold gelassen. »Vor allem deswegen, weil ich den Schlüssel, den Sie soeben eingesteckt haben, gar nicht brauche. Es handelt sich um einen alten Wohnungsschlüssel von mir. Ich habe ihn damals zum Spaß aufgehoben. Den dürfen Sie ruhig behalten.«

Valerie Jäger schaute ihn entgeistert an.

»Sie wundern sich?«, fuhr Leopold fort. »Sie müssten doch wissen, dass sich der echte Schlüssel schon lange bei Ihnen zu Hause befindet. Vermutlich in einem der Küchenkästchen, die Sie sofort kritisch geprüft haben, als Sie mich gestern aus Ihrer Küche hinauskomplimentiert haben. Den anderen Schlüssel haben wir erfunden, um Sie neugierig zu machen.«

»Was ist das hier für ein Versteckspiel? Was soll das heißen?«, Valerie war außer sich.

»Das soll heißen, dass Sie gut beraten wären, uns den echten Schlüssel auszuhändigen und Zutritt zum Weinkeller zu verschaffen«, antwortete Oberinspektor Richard Juricek, der nun ebenfalls vor Gerlinde Pelinkas Schlafzimmer auftauchte.

»Sie auch hier? Was ist das? Ein Komplott?«, kreischte Valerie. »Aber Sie bekommen nichts von mir, gar nichts. Ich verstehe überhaupt nicht, was Sie meinen!«

»Und wenn ich darauf bestehen würde, in Ihrer Wohnung nach dem Schlüssel zu schauen? Würde Ihnen das auf die Sprünge helfen?«, wollte Juricek wissen.

»Ausgeschlossen! Dazu benötigen Sie schon einen Durchsuchungsbefehl. Haben Sie etwa einen?«

»Im Augenblick noch nicht.«

»Na, sehen Sie! Und so schnell werden Sie auch keinen bekommen, nehme ich an. Ich habe mir nämlich nichts zuschulden kommen lassen. In letzter Zeit scheinen es alle darauf abgesehen zu haben, so mir nichts, dir nichts meine Sachen zu durchwühlen und in meiner Wohnung herumzustöbern. Aber nicht mit mir! Ohne meine Erlaubnis geht gar nichts! Und den Weinkeller werden die Herrschaften wohl aus ihrem Programm streichen müssen.«

»Das halte ich für einen kleinen Irrtum Ihrerseits«, stellte Juricek seelenruhig fest. »Wir werden das Schloss einfach gewaltsam öffnen. Dazu brauche ich nämlich nicht Ihre Erlaubnis, sondern die von Frau Pelinka – und die hat sie mir bereits gegeben.« Er sah, wie Valerie Jägers Gesicht an Farbe verlor und sie ihre Lippen fest aufeinanderpresste. »Wir fahren jetzt also mit ein paar von meinen Leuten dorthin, in die Krottenhofgasse«, fügte er hinzu. »Ich muss Sie leider bitten mitzukommen, Frau Jäger.«

*

Zusammen mit Agnes Windbichler und Gerlinde Pelinka stand Leopold ein wenig abseits des Weinkellers. Der Wind blies kräftig und kündigte einen erneuten Wetterumschwung an. Tante Agnes schaute traurig hinüber zur

Stätte zahlloser Kindheitserlebnisse. So sehr hatte sie sich auf diesen Sonntagnachmittag gefreut, auf ein Wiedersehen mit der Vergangenheit. Jetzt gingen Polizisten ungeniert ein und aus und sperrten systematisch das Gebiet rund um die Eingangstür ab. »Es ist halt ewig schade um die schönen Jugenderinnerungen«, seufzte sie.

»Die bleiben«, spendete Leopold ihr Trost. »Aber der Keller ist jetzt nur mehr ein Abstellkammerl. Und sei doch einmal ehrlich, Tante: Glaubst du, es ist schön, in einem Raum zu sitzen mit einer skelettierten Leiche? Das würde dir sicher nicht behagen. Dann auch noch der Geruch, der sich aufs Magerl schlägt, dass einem der Appetit vergeht, und den man wochenlang nicht aus der Nase bekommt. Nein, da bleiben wir lieber heraußen und schauen zu, was sich Interessantes tut.«

»Eigentlich stimmt das«, gab Agnes zu.

»Eines kann ich dir jedenfalls versichern, Tante: Ohne dich hätte ich diesen Fall nicht lösen können. Wer weiß, was geschehen wäre, wenn du nicht das Bedürfnis gehabt hättest, deinen alten Weinkeller wiederzusehen.«

»Meinen alten Weinkeller«, korrigierte Gerlinde Pelinka.

Agnes Windbichler winkte ab. »Das ist doch jetzt egal. Mich würde viel mehr interessieren, wie du auf diese ganzen Zusammenhänge gekommen bist, Leopold.«

Leopold machte eine kurze Pause wie ein Vortragender, der darauf wartet, dass er sich der absoluten Aufmerksamkeit seiner Zuhörer sicher sein kann, dann begann er: »Zunächst war eure Verabredung bezüglich des Weinkellers für mich nichts Außergewöhnliches, liebe Tante. Es war mir nur schrecklich unangenehm, dass ich in die Sache involviert sein sollte. Dann allerdings geschahen zwei Dinge: der ungewollte Anruf von Ihnen, Frau Pelinka, bei mir im Kaffeehaus, der mir sagte, dass etwas mit dem Kellerschlüssel nicht stimmte, einerseits, andererseits wurde ich immer mehr auf den alten Franz Jäger aufmerksam und gelangte zu der Überzeugung, dass er in die Sache verwickelt war.

Ich wusste, dass er seine Frau und seinen Sohn verlassen hatte. Früher war er ja einmal Gast in unserem Kaffeehaus, kein Stammgast, wohlgemerkt, aber er hat doch immer wieder vorbeigeschaut – in Damenbegleitung, versteht sich. Er hat auch nie ein Geheimnis daraus gemacht, wie wenig er es zu Hause aushält. Auf einmal war er nicht mehr da, so was erfährt man. Dass er dann zu seiner Frau keinen Kontakt mehr gehabt hat, war für mich logisch. Aber hat das auch für den Sohn gegolten, der ihn so sehr verehrt hat? Das wollte ich wissen.«

Agnes Windbichler schüttelte den Kopf. »Nein, auf was für Ideen du kommst! Und ich habe geglaubt, du verdächtigst jemand ganz anderen.«

»Zunächst habe ich das ja auch, aber es wäre zu kompliziert, das jetzt zu erklären. Also: Ich finde heraus, dass man nichts über einen Kontakt zwischen Vater und Sohn weiß. Mehr noch: dass man über den Verbleib des Vaters gar nichts mehr weiß. ›Wo ist er‹, frage ich mich. In seinen kühnsten Gedanken lebt er hier irgendwo als U-Boot und steht seinem Sohn heimlich zur Seite, hat vielleicht einen Mord für ihn begangen. Aber da ist nichts Greifbares, kein Lebenszeichen. Hast du gehört, Tante? Kein Lebenszeichen!«

Agnes Windbichlers Augen blickten jetzt gebannt in Richtung Weinkeller, wo es den Anschein hatte, als würde das, was von Franz Jägers Leichnam übriggeblieben war, jeden Augenblick herausgebracht. »Da schaust du jetzt lieber nicht hin, so eine gut abgelegene Leiche hat überhaupt nichts mehr Schönes an sich«, riet Leopold ihr. »Dabei war er zu Lebzeiten wirklich ein fescher Mensch. Aber lasst euch weitererzählen: Kein Lebenszeichen also. Da fällt mir wieder die Geschichte mit dem Schlüssel ein, dass Sie, Frau Pelinka, ihn nicht finden. Dass Ihre Haushaltshilfe die Frau Jäger ist. Sie konnte den Schlüssel schon längst bei sich haben und Sie nur in dem Glauben gelassen haben, Sie hätten ihn wieder verlegt. Diese Annahme hat mir ziemlich gut gefallen. Jetzt weißt du auch, warum ich gestern so schnell in der Küche der Jägers verschwunden bin, nicht wahr, Tante?«

Die Tante machte eine tadelnde Bewegung mit dem Zeigefinger: »Du ungezogener Neffe, du! Tut man so was? Aber klar, du musstest versuchen, den Schlüssel zu finden.«

»Ja und nein. Es war zunächst einmal eine Chance, die sich plötzlich und zufällig ergeben hatte. Dass ich den Schlüssel so schnell finden würde, war eher unwahrscheinlich, mir ist es vor allem auf die Reaktion von Valerie Jäger angekommen. Und tatsächlich hatte ich eine gute Nase, es in der Küche zu versuchen. Valerie war sofort hektisch und hat in ihrem Kästchen nachgeschaut, mich dabei mit unfreundlichen Worten bedacht. Das hat mich davon überzeugt, dass sie den Schlüssel hat. Was aber bewegt sie dazu, verhindern zu wollen, dass jemand den Weinkeller betritt? Die Antwort: Sie hat ihren Mann umgebracht, und er liegt jetzt da unten.

Natürlich war das vorerst nur eine Hypothese, sie hat

mich allerdings nicht mehr losgelassen. Dank meinem Freund Thomas Korber hatte ich heute früh die Telefonnummer von Jägers Freundin Jutta Kowalczyk in Frankfurt – das heißt, ich habe mich durch einige Nummern durchtelefonieren müssen, aber dann war es so weit. Sie hat mir bestätigt, dass sie Jäger vor zwei Jahren wieder hinausgeworfen hat. Er wollte ihren Angaben nach wieder zurück nach Österreich, zu seiner Frau. Also, klingelt's bei euch? Übrigens hat sie sich sogar noch an unser Kaffeehaus erinnert. Ein beachtliches Weibsbild! Ich hab mich dann mit Richard Juricek in Verbindung gesetzt. Natürlich war die Beweislage dünn. Er wollte das Schloss zum Weinkeller nicht aufbrechen lassen. Angst vor einer Blamage hat er gehabt. Wahrscheinlich wollte er einen Tag vor Weihnachten, noch dazu an einem Sonntag, niemanden in einen unnötigen Einsatz schicken. Ich seh's ja selbst, wie die Beamten dreinschauen. Fröhliche Gesichter sind das nicht gerade.«

»Das ist, weil es schon wieder dunkel und kühl wird, Leopold«, stellte Agnes Windbichler fest. »Aber war es wirklich notwendig, meine Freundin Gerlinde in die Sache hineinzuziehen?«

»Natürlich«, antwortete Leopold wie aus der Pistole geschossen. »Das war schließlich die einzige Möglichkeit, um Richard umzustimmen. Wenn Valerie Jäger auf den Köder mit dem zweiten Schlüssel hereinfiel, konnten wir davon ausgehen, dass sie wirklich Dreck am Stecken hat. Und passieren hat nicht viel können. Richard und ich haben im Haus auf der Kellerstiege gewartet und konnten jederzeit eingreifen.«

»Ein bisserl gefürchtet hab ich mich schon«, gestand

Gerlinde Pelinka. »Genau genommen, hab ich am Schluss richtig Angst gehabt.«

»Aber gut ist es ausgegangen, und Sie haben Ihre Rolle wirklich großartig gespielt und uns sehr geholfen. Eins haben Sie jedenfalls bewiesen: Auch wenn Sie manchmal das eine oder andere vergessen, sind Sie noch toll in Schuss, besser, als es Ihnen manche zutrauen.«

»Meinen Sie wirklich? Na ja«, nahm Frau Pelinka das Lob bescheiden auf. »Froh wär ich halt, wenn schon wieder alles vorüber wär und ich meine Ruhe hätt.«

»Ist diese junge Dame auch von Frau Jäger getötet worden?«, wollte Agnes Windbichler wissen.

Leopold wollte zu einem weiteren Teil seiner Erzählungen ausholen, da bemerkte er, wie sich die Gestalt Richard Juriceks mit dem breitkrempigen Sombrero langsam und bedächtig näherte. Er zwinkerte Leopold freundschaftlich zu, ehe er kurz Mitteilung machte: »War ganz schön zäh, die Dame, aber jetzt hat sie beide Morde gestanden. Auf dem Kommissariat nehmen wir anschließend ihre detaillierte Aussage auf. Ich bedanke mich besonders bei Ihnen, Frau Pelinka, mein Kompliment.« Er lüftete kurz den Hut. »Wir sehen uns doch morgen auf einen Sprung im Kaffeehaus?«, wandte er sich dann an Leopold. Aber ohne eine Antwort abzuwarten, machte er wieder kehrt und entfernte sich ebenso ruhig, wie er gekommen war.

*

»Ich war nie glücklich über die Weibergeschichten meines Mannes«, begann Valerie Jäger ihre Ausführungen auf dem Kommissariat. »Aber anfangs ging es noch so halbwegs. Ich wusste, dass es ihm dabei rein um das Körperliche ging, nach dem ich selbst kein allzu großes Bedürfnis hatte. Darum habe ich zunächst über die eine oder andere Eskapade hinweggesehen. Aber als er mir dann eine seiner Nutten vorstellte und mir mitteilte, dass er Franzilein und mich verlassen und zu ihr nach Deutschland ziehen würde, hat mich das tief getroffen. Er hatte mich also wirklich hintergangen, auch seelisch. Meine erste Reaktion war, dass er einfach nur auf Nimmerwiedersehen verschwinden sollte. Vielleicht war es ein Fehler, keine Scheidung anzustreben, aber es hätte nichts an meiner Bitterkeit geändert und die Situation nur unnötig verkompliziert. Im Laufe der Zeit normalisierte sich die Situation einigermaßen. Nur Franzilein gab sich abstrusen Träumen und Vorstellungen hin. Stark wollte er sein, den Frauenheld wollte er spielen, wie sein Vater. Dadurch blieb mein Mann auf eine diffuse Weise allgegenwärtig.

Dann stand er plötzlich vor der Tür. Ich traute meinen Augen nicht. Es war ein Montagnachmittag im Spätherbst, ich weiß es noch genau. Franzilein war Gott sei Dank nicht zu Hause. Mein Mann wollte wieder zu uns ziehen. Er sah das als eine Selbstverständlichkeit an. Er hatte keine andere Bleibe, also waren wir ihm gut genug. Er hatte schon etwas getrunken, das machte ihn besonders unerträglich. Ich bekam Kopfweh von seinem hässlichen Lachen. Für mich war eine Welt am Zusammenbrechen. Was war, wenn Franzilein ihn sah? Wie sollte es überhaupt weitergehen?

Nein, ich konnte mir das einfach nicht gefallen lassen. Franz war ohne Auto angereist, das hatte ich mitbekommen. Er saß bei einer Flasche Bier, die er mitgebracht hatte, und war gerade dabei, es sich gemütlich zu machen. Er hatte Sakko und Krawatte über den Sessel gehängt und das Hemd aufgeknöpft. Ich dachte nicht lange nach, es musste sein. Ich erwürgte ihn mit seiner Krawatte. Er war so überrascht, dass es ganz schnell und einfach ging.

Wie aber die Leiche loswerden, noch bevor Franzilein heimkam? In der Not kam ich auf die Idee mit dem Weinkeller. Ich war ja immer bei Frau Pelinka aufräumen und wusste, wo sie den Schlüssel aufbewahrte, also konnte ich unter einem Vorwand bei ihr vorbeischauen und ihn rasch organisieren. Ich erspare Ihnen die Details, wie ich als Frau den Transport allein bewerkstelligt habe. Immerhin hatte ich das Auto in der Garage stehen, und eine kleine Trage hatte ich auch. Aber es war die Hölle , und ich habe dabei einen Großteil meiner Sünden abgebüßt. Für ein paar Tage war ich fix und fertig, schließlich aber auch sicher, dass ich meinen Mann endgültig niemals mehr wiedersehen würde.«

Nach einer anfänglichen Nervosität war Valerie Jägers Stimme ganz ruhig geworden. Sie berichtete über die Ereignisse mit einer Selbstverständlichkeit, als ob sie mit ihrer Nachbarin darüber plaudern würde. Hätte die Einvernahme in ihrer Wohnung stattgefunden, so wäre sie dazwischen unter Umständen aufgestanden und hätte den Beamten angeboten, ein Gulasch oder ein Stück Braten für sie zu wärmen.

Nachdem sie ein paar Schlucke Wasser zu sich genommen hatte, redete sie gleich weiter, ohne dass man sie gesondert dazu auffordern musste: »Veronika Plank war ein Flittchen, das wusste ich. Sie können sich vorstellen, wie es mich in meinem Inneren traf, als ich merkte, dass Franzilein in sie verknallt war. Dazu seine lächerlichen Allüren, er werde wie sein Vater auftreten. Ich wollte mir Gewissheit verschaffen, was los war, deshalb fuhr ich in jener Nacht mit meinem Auto zum Café Heller, genauer gesagt, zu dem Parkplatz zwischen Schule und Hallenbad. Ich wusste ja, dass Franzi und Veronika bei ihrem Philosophenstammtisch waren. Tatsächlich sah ich, wie sie beide gemeinsam aus dem Kaffeehaus kamen. Zuerst wirkte alles ganz harmonisch, aber dann verpasste sie ihm eine Ohrfeige und ging einfach davon. Und er ließ sich das einfach gefallen. Welche Erniedrigung!

Sie war natürlich bereits auf dem Weg zu ihrem Liebhaber, denn das Haus, auf das sie zusteuerte, war nicht ihre Bleibe. Als sie dort dieser Kerl überfiel, wurde mir ganz warm ums Herz. Das hatte sie verdient! Es war ein erhebendes Gefühl, mit anzusehen, wie sie schreien wollte, aber nicht konnte. Doch schließlich gelang es ihr, sich loszureißen. Franzilein, dieser Dummkopf, lief ihr noch nach. Der grobschlächtige Mann kam inzwischen in meine Richtung, Stimmen tönten vom Kaffeehaus – ich ging schnell zurück zu meinem Auto und setzte mich hinein.

Auf einmal war Veronika wieder da, der Mann attackierte sie von Neuem. Ich hoffte, dass er sie jetzt endgültig fertigmachen würde. Aber ich merkte schnell, dass er nur auf eines aus war: auf Sex. Das konnte für Veronika, so brutal es auch herging, nun tatsächlich keine Strafe darstellen. Also beschloss ich einzugreifen. Ich drehte die Scheinwerfer auf. Der Kerl stand genau gegenüber. Gott sei Dank ließ er von ihr ab und verschwand.

Ich prüfte kurz die Lage. Für den Augenblick war alles ruhig, also ging ich hinüber zu ihr. Ich stellte sie zur Rede, sagte, wer ich war und forderte sie auf, sich für ihr unmögliches Benehmen meinem Sohn gegenüber zu entschuldigen. Da begann sie auf einmal lauthals zu lachen. Ihre Worte klingen mir heute noch im Ohr. Das ist ja nicht die Möglichkeit, sagte sie. Jetzt kommt die Mutter von dem behämmerten Franz auch noch daher. Sie musste dann spucken und husten und kämpfte um Luft, aber glauben Sie, dass sie deswegen zu lachen aufgehört hätte? Es prustete nur so aus ihr heraus.

In mir vereinigten sich Verachtung und Wut. Ich sah den Schal, den ihr Franzilein gegeben hatte, damit sie sich wärmt, dieses undankbare Biest. Als sie mir beim Husten den Rücken zudrehte, zog ich ihn ganz fest zu, bis sie nicht mehr atmete. Ich habe den Schal anschließend mitgenommen, in tausend kleine Stücke geschnitten und entsorgt. Bei Mistkübeln kenne ich mich aus, glauben Sie mir.«

Valerie Jäger nahm wieder das Glas Wasser zur Hand. Es war sozusagen das Zeichen, dass sie ihre Aussage beendet hatte. Juricek schaltete das Aufnahmegerät aus, Frau Inspektor Dichtl legte Block und Kugelschreiber zur Seite. »Vielen Dank für Ihre ausführliche Schilderung«, sagte Juricek nach einigen Augenblicken der Stille. »Sie wissen hoffentlich, dass wir Sie jetzt nicht wieder gehen lassen können?«

Valerie Jäger nickte. »Sagen Sie bitte nur meinem Franzilein Bescheid«, bat sie. »Er wird sich schon Sorgen um mich machen. Und suchen Sie sich eine gescheite Putzfrau. Auf diesem Kommissariat sieht es ja fürchterlich aus!«

14

Schnee!

Er überzuckerte noch immer die Dächer, die Baumkronen und die nicht benutzten Autos. Aber von Westen her näherte sich Tauwetter, und zwar mit Riesenschritten. »Heute bleibt der Schnee vielleicht noch liegen für die Weihnachtsromantiker«, stellte Leopold mit einem zynischen Seitenblick auf seine Chefin fest. »Aber schon morgen wird das ein unendlicher, unnötiger und nervenaufreibender Gatsch. Dann werden die Autos dreckig, weil sie von anderen Autos angespritzt werden, die Fußgänger, weil sie von allem Möglichen angespritzt werden, der ganze Gehsteig ist dreckig, und den gesammelten Dreck holt man sich schließlich nach Hause, weil es keine Möglichkeit gibt, ihn vorher loszuwerden. Da nützt eine Türmatte dann auch nichts mehr. Jetzt sage mir noch einer, dass das einen Sinn hat und dass man sich darauf freuen soll.«

»Ich verstehe nicht, wie man so einen Grant haben kann, wo doch heute Heiligabend ist und Sie noch dazu diesen Mordfall gelöst haben«, erwiderte Frau Heller kopfschüttelnd.

»Das macht die Sache gerade noch erträglich.«

»Es würde mich jedenfalls freuen, wenn Sie sich wieder beruhigen könnten und mit Ihrer Tante die Bescherung bei uns feiern.«

»Die Tante!« Leopold seufzte. Er hatte ihretwegen schon die ganze Zeit ein schlechtes Gewissen, und das war der wahre Grund seiner Gereiztheit. »Ob sie mir jemals verzeihen wird, dass ich sie beim Christbaumkauf im Stich gelassen habe?«

»Machen Sie sich deswegen keine Sorgen. Sie haben mir ja gesagt, dass sich der Herr Korber um sie kümmert.«

Thomas hatte sich erbötig gemacht, zusammen mit Julia einen Christbaum für Agnes Windbichler zu besorgen und ihr beim Aufputzen zu helfen, da sie selbst keinen brauchten und sich so ein wenig für das Fest in Stimmung bringen wollten. Leopold konnte dadurch ein bisschen durchatmen und sich seiner Arbeit widmen. Der Mordfall war ja erledigt.

Viel war allerdings nicht mehr zu tun. Langsam leerte sich jetzt, knapp nach zwei Uhr nachmittags, das Lokal. Jeder eilte nach Hause, um letzte Vorbereitungen für den Heiligen Abend zu treffen. Vielleicht würde noch der eine oder andere, der gerade seine letzten Einkäufe getätigt hatte, auf einen Sprung hereinkommen. Das war's dann aber auch schon.

»Leopold, zahlen«, hörte er von einem der hinteren Tische. Diensteifrig kassierte er und durfte auch noch eine kleine Kranzspende in Empfang nehmen. Eine leise Melancholie schlich sich bei ihm ein. Er würde das Kaffeehaus jetzt ein paar Tage gegen die traute Zweisamkeit mit seiner Tante eintauschen müssen. Mein Gott, die Tante! Wie wenig hatte er sich in den letzten Tagen um sie gekümmert. Er konnte nur hoffen, dass sein Anruf heute früh etwas bewirkt hatte.

Plötzlich stand Mario Schweda vor Leopold und überreichte ihm wortlos ein Paket. Leopold atmete auf. »Wie ausgemacht?«, fragte er. »Ein Geschenk des Hauses?«

»Wie ausgemacht, vorausgesetzt, dass Sie …«

»Schön eingepackt haben Sie's ja auch. Na, dann bedanke ich mich sehr herzlich.«

»Vergessen Sie jedenfalls nicht …« Bei diesen Worten stieß Schweda beinahe mit Oberinspektor Juricek zusammen, der soeben das Heller betreten hatte. Er schaute ihn kurz ehrfürchtig mit großen Augen an, stand sozusagen da wie das Kaninchen vor der Schlange. Nach dieser Schrecksekunde beeilte er sich mit einem flüchtig gemurmelten »Frohe Weihnachten allseits« an Juricek vorbei zur Tür hinaus.

»Servus Leopold«, grüßte der Oberinspektor. »Mario Schweda, wenn ich mich nicht irre. Der hat es aber eilig. Eine kleine Galgenfrist geben wir ihm noch. Nach den Feiertagen werden wir ihn dann ein bisschen gröber in die Mangel nehmen.«

»Ich hoffe doch, es wird nicht zu grob«, beeilte sich Leopold zu sagen.

Juricek stutzte. »Warum nicht? Wahrscheinlich war er beim Überfall auf seine Filiale nicht ganz unschuldig, da waren wir uns doch einig. Außerdem steht zu befürchten, dass er sich an der Toten vergriffen und ihr Geld entwendet hat.«

»Glaubst du? Also ich denke, er hat damals nur herumgebrüllt, weil er besoffen war. Und was den Überfall betrifft: So ein Komplott traust du ihm zu? Das ist doch ein armes Bürscherl, das schon zu stottern beginnt, wenn sie in der U-Bahn seinen Fahrschein kontrollieren. Der könnte bei so einem Ding gar nicht dichthalten. Nein, nein, wenn der nichts sagt, dann war er's auch nicht. Schweda ist nur ein bisschen unglücklich in die Sache hineingeraten.«

»Leopold, ich traue meinen Ohren nicht«, schüttelte Juricek den Kopf. »Du hast ihn doch beschuldigt, Beweise hast du gehabt, am liebsten hättest du ihn gleich verhaften lassen.«

»Da hab ich ihn ja auch noch des Mordes verdächtigt«, schwächte Leopold ab. »Aber im Grunde ist das ein unbescholtener Mensch, der sich ein wenig ungeschickt verhalten hat. Wenn ich mir dahingegen den Angerer anschaue ...«

»Klein hat er niedergeschlagen, dieses Geständnis haben wir ihm heute Vormittag abgeluchst. Danke an deinen Freund Korber für den Hinweis. Angerer hat Klein sowieso aus Eifersucht gehasst, dann auch noch für den Mörder gehalten. Als er ihn zufällig mit Caha auf dem Weg ins Leonie gesehen hat, ist er auf dumme Gedanken gekommen und hat ihn später abgepasst. Die Flasche Rotwein hatte er mit, mit der hat er sich beim Warten Mut angetrunken. Deshalb war sie schon halbleer. Den Raub streitet er noch ab, aber das ist nur eine Zeitfrage. Dass er Schweda mitbelasten wird, steht für mich außer Frage.«

»Na und? Da steht Aussage gegen Aussage. Das beweist noch gar nichts.«

»Was hast du denn auf einmal für ein sanftes Gemüt?«, wunderte sich Juricek. »Das kann doch nichts mit Weihnachten zu tun haben.«

»Ich bin eben gegen jede Vorverurteilung«, äußerte sich Leopold verhalten. »Stell dir vor, der arme Mann verliert seinen Posten, nur wegen eines Justizirrtums.«

»Früher einmal warst du nicht so zimperlich. Sag einmal, was hast du da in deiner Hand, so schön weihnachtlich verpackt? Täusche ich mich, oder hast du das vorhin von Schweda zugesteckt bekommen?«

»Das ist nur eine kleine weihnachtliche Aufmerksamkeit für die Tante«, erklärte Leopold. »Du weißt, ich kann nicht so einfach von der Arbeit weggehen, und da war der Schweda eben so nett und hat es vorbeigebracht.«

»Und was hast du dafür bezahlt?«, lauerte Juricek.

»Bei einem Geschenk fragt man nicht nach dem Preis«, druckste Leopold herum.

»Na schön, ich frage auch nicht mehr weiter, aber das eine sage ich dir: Wenn du Schweda irgendwelche Versprechungen gemacht hast, seine unangenehme Situation in dieser Angelegenheit betreffend …« Juricek hob drohend den Zeigefinger.

Leopold wurde die Sache unangenehm. »Ist schon gut«, lenkte er ab. »Erzähl mir lieber, was gestern bei dem Verhör herausgekommen ist.«

Und so informierte Juricek Leopold in kurzen Worten, schlürfte dazwischen immer wieder von seinem Punsch und knabberte an der Weihnachtsbäckerei, die Frau Heller vor ihn hingestellt hatte. »So hab ich mir's gedacht«, sagte Leopold, als er mit seinem Bericht zu Ende war. »Alle Verdächtigen so knapp beieinander, und doch hat keiner etwas vom anderen gewusst. Keiner hat etwas gesagt, um sich nicht selbst zu belasten. Dann taucht auf einmal das Auto auf dem Parkplatz auf. Von da an habe ich begonnen, in eine andere Richtung zu denken.«

»Wir auch«, pflichtete Juricek ihm bei. »Und weißt du was, Leopold? Bollek hat von Beginn an prophezeit, dass der Mord vom Parkplatz ausgegangen ist.«

»Lass mich doch bitte mit deinem Bollek zufrieden«, bat Leopold händeringend. »Eine Schwalbe macht noch keinen Sommer.«

»Sei nicht ungerecht, es ist Weihnachten. Außerdem hat der Arme in der Hitze des Gefechtes das Weihnachtsgeschenk für seine Freundin geopfert. Wir haben ihm das Parfum noch schnell aus der Kaffeekasse ersetzt.« Juricek trank aus und stand auf. »Ich werde mich jetzt besser auf den Heimweg machen«, sagte er. »Bei uns zu Hause werden die letzten Vorbereitungen getroffen, da wird man langsam auf mich warten. Die ganze Sache wird uns ohnehin noch länger beschäftigen: die Geschichte mit dem Überfall auf das Kleidergeschäft, Angerers Attacke gegen Klein, schließlich noch Bianca Roths Ausraster im Spital. Da ist nach den Feiertagen genug zu tun.« Einen Augenblick wurde er nachdenklich. »Für euren Philosophenzirkel ist das alles ja fatal«, fiel ihm ein. »Der ist dadurch praktisch in Auflösung begriffen.«

»Die Sorge habe ich nicht«, meldete sich da Frau Heller lautstark von hinter der Theke zu Wort. »Heute hat uns Herr Stolz besucht, um uns frohe Weihnachten zu wünschen. Und wessen Bekanntschaft hat er da gemacht, glauben Sie? Die eines gewissen Herrn Beck, eines Deutschen, der seit kurzer Zeit in Österreich arbeitet und öfters zu uns ins Lokal kommt. Dieser Beck hat ihm zu erkennen gegeben, dass er sich sehr für philosophische Gedanken interessiert, insbesondere für irgendeinen kantigen Imperativ. Die beiden waren sofort ein Herz und eine Seele, gleich nach den Feiertagen werden sie hier eine Besprechung abhalten. Für weitere geistig hochstehende Debatten wird also gesorgt sein, meine Herren, und ich werde meinen Punsch dazu liefern.«

*

Als sich die letzten Gäste anschickten, das Heller zu verlassen, trafen Agnes Windbichler, Julia Leichtfried und Thomas Korber ein. Frau Heller lud Thomas und Julia gleich ein, zur Bescherung zu bleiben.

»So ein schöner Baum«, schwärmte Tante Agnes zu Leopold. »Du wirst staunen. Deine Freunde haben sich ja eine solche Mühe gegeben.«

»Das freut mich«, lächelte Leopold verlegen. Gleichzeitig winkte er Thomas Korber zu sich. Er stellte sich mit ihm ein wenig abseits der anderen. »Na, wie waren so die letzten Nächte mit deiner neuen Bettgenossin?«, fragte er aufdringlich. »Hast du dich ordentlich ausgelebt?«

»Leopold, bitte rede nicht von Dingen, die du nicht verstehst«, protestierte Korber.

»Von so etwas versteh ich immer noch genug. Erstens kenne ich dich, und zweitens habe ich Augen im Kopf. Dein Griff auf Julias Popsch vorgestern Abend war ja ziemlich eindeutig. Du hoffst also, dass es bei der einen was wird und übst zwischenzeitlich mit einer anderen. Eine schöne Einstellung ist das!«

»Halt mir keine Moralpredigt! Zwischen Geli und mir herrscht derzeit Funkstille, wie du weißt. Ich habe alles versucht, sie wieder zu versöhnen, aber sie hat den Kontakt zu mir abgebrochen. Ich muss mich damit abfinden. Julia ist nur ein paar Tage bei mir. Wir mögen uns. Was ist also dabei, wenn wir …«

»Schon gut«, unterbrach ihn Leopold. »Du hast recht, im Grunde geht mich ja das nichts an. Andererseits: mitgehangen, mitgefangen! Ich muss dich dringend ersuchen, jetzt noch schnell einen Anruf bei ›Licht ins Dunkel‹

zu tätigen und dort eine anständige Spende aufzugeben, sagen wir 100 Euro oder noch besser 200.«

»Du spinnst wohl«, entfuhr es Korber. »Mir ist nicht zum Scherzen zumute. Ich habe noch nie etwas für ›Licht ins Dunkel‹ gespendet.«

»Dann ist es ja höchste Zeit!«

»Jetzt sag bloß, das ist die Strafe für mein kleines Liebesabenteuer.«

»Nur bedingt«, bemerkte Leopold. »Hauptsächlich ist es die Strafe dafür, dass deine neue Freundin Julia ein ganz schön ausgefuchstes Luder ist. Sie war es, die Mario Schweda bestohlen hat, nicht Veronika Plank. Ich habe die Auseinandersetzung zwischen Veronika und Schweda gesehen. Sie ist mit ihren Händen nie auch nur in die Nähe seiner Taschen gekommen. Sie kann's also nicht gewesen sein. Und wer ist vorher die ganze Zeit neben dem angeheiterten Schweda gesessen und brauchte nur einen Griff zu machen, um die Scheine aus seiner Tasche zu ziehen? Deine Julia!«

»Leopold, du träumst!«

»Ich träume nicht. Wer sonst hätte es tun sollen? Schweda sagen wir davon besser nichts, er rastet sonst wieder aus. Außerdem hat er sich ja ein bisschen Kohle von der toten Veronika Plank besorgt. Aber irgendeine Buße muss sein. Und da Julia vermutlich ziemlich flach ist, wirst du herhalten. Du kannst es dir ja später von ihr zurückholen.«

Korber wiegte den Kopf ungläubig hin und her. »Es ist wahr«, hörte er da Julias Stimme. »Ich habe mir das Geld damals genommen. Ich wollte zuerst nicht, aber es sah aus, als würde es jeden Augenblick herausfallen. Der hat ohnehin genug, dem geht das nicht ab, und ich kann's dringend brauchen, habe ich mir gedacht. Du musst das verstehen, Thomas. Bitte!«

Korber sah sie mit fragenden Augen an. »Sei ehrlich! Hast du von mir auch …?«

»Nein«, beeilte sich Julia zu sagen. »Das heißt, nicht wirklich. 50 Euro habe ich mir ausgeborgt, aber die bekommst du, sobald ich wieder bei Kasse bin. Tatsache!«

Korber fiel buchstäblich die Gesichtslade herunter. Julia berührte kurz seinen Arm, dann drehte sie sich verschämt von ihm weg.

»Das Schönste am Verliebtsein sind die ständigen Überraschungen«, kommentierte Leopold süffisant. »Das hält jung. Und jetzt komm und überweise endlich das Geld an die armen Kinder. Brauchst du vielleicht die Telefonnummer?« Er winkte mit einem Zettel.

Korber verneinte. Mehr oder minder teilnahmslos gab er telefonisch seine Spende ab, Leopold immer mit wachem Ohr an seiner Seite. Kaum war er fertig, klatschte Frau Heller in die Hände und bat alle Anwesenden, sich um den Christbaum und die darunter liegenden Geschenke zu versammeln.

Die Zeremonie begann. Ein kleiner CD-Player wurde eingeschaltet, Glöckchen erklangen, und Frau Heller stimmte das Lied ›Stille Nacht‹ an. Nach und nach begannen alle zu singen, zuerst zurückhaltend mit vorsichtigem Blick zum Nachbarn, dann immer lauter werdend, ehe bei der ›himmlischen Ruh‹ alle tonalen Möglichkeiten voll ausgeschöpft waren. Das Licht war so schön schummrig, dass sich niemand genieren musste, dabei ein leichtes feuchtes Glitzern in den Augen zu bekommen.

Jetzt wurden die Geschenke ausgepackt. Man dankte einander, prostete sich mit einem Glas Sekt zu, wünschte frohe Weihnachten, war glücklich und zufrieden. Agnes Windbichler hielt es vor lauter Neugier nicht aus. »Du weißt ja schon, was du von mir bekommst«, schmunzelte sie und tätschelte Leopold liebevoll am Oberarm. »Aber was mag da wohl drinnen sein?« Vorsichtig wiegte sie Leopolds Paket in beiden Händen. »Schwer ist es ja nicht«, befand sie.

Sie öffnete das Päckchen so langsam, als gälte es, eine Werbepause im Fernsehen zu überbrücken. Dabei verzog sie immer mehr ihr Gesicht. »Ein Schal?«, fragte sie pikiert.

»Ja, ein schöner seidener«, sagte Leopold stolz. »Mit Liebe ausgesucht. Gegen die Kälte im Waldviertel.«

»Es ist furchtbar«, schüttelte die Tante verzweifelt den Kopf. »Was soll ich zu solchen Weihnachten mit dir, meinem Neffen, sagen? Nicht nur, dass du es kaum der Mühe wert befunden hast, deine Zeit mit mir zu verbringen; dass es dir egal war, ob ich in eine festliche Stimmung komme oder nicht; dass dir jeder dahergelaufene Mörder lieber war als ich. Nein! Jetzt möchtest du auch noch, dass man mich hinterrücks brutal erwürgt!«

ENDE

GLOSSAR DER WIENER AUSDRÜCKE

aufblattln = bloßstellen, entlarven
begeln = regeln, bereinigen
Binkerl = Sorgenlast
Jeder tragt sein Binkerl = Jeder hat so seine Sorgen
Deuter = leichter Stoß, Schubser
Gscherter = Land-, Provinzbewohner
Häfn = Knast, Gefängnis
den Hahn geben = hinauswerfen
Heiße = Burenwurst oder Klobasse
herumkiefeln = nagen
Kieberei = Polizei
Kieberer = Polizist
Kracherl = Limo
Lercherl = harmloser Mensch
Marie = Geld
Schließlich sind wir nicht auf der Nudelsuppe dahergeschwommen = Schließlich sind wir nicht ganz vertrottelt
Pflanzerei = Neckerei
piperln = (Alkohol) trinken
Radl = Spielrunde beim Tarock
Sandler = Penner
Stesser = Stoß
Tschoch = schwere Arbeit
Tschopperl = Dummkopf
Unterlage = Grundlage (beim Essen)
valat = ohne etwas (hier: ohne Geld)
Waserl = harmloser Mensch
Wickel = Streit

*Weitere Krimis finden Sie auf den
folgenden Seiten und im Internet:*

WWW.GMEINER-SPANNUNG.DE

PETRA K. GUNGL
Tannenglühen

978-3-8392-2122-8 (Paperback)
978-3-8392-5487-5 (pdf)
978-3-8392-5486-8 (epub)

SCHMUTZIGES GELD Eigentlich wollte Franziska Ferstl ihre Strafverteidigerkarriere an den Nagel hängen, doch in ihrer Kanzlei wird einer der Partner mit einer Lichterkette erdrosselt und ihr bester Freund wegen Mordverdacht inhaftiert. Noch einmal muss sie ihr ganzes Können in die Waagschale werfen: dubiose Offshore-Geschäfte, Kontakte zur Russen-Mafia, ein außereheliches Verhältnis – viele hatten Grund, Siegfried Fürstenstein zu töten und je näher Franziska der Lösung kommt, desto gefährlicher wird es für sie …

Bitte beachten Sie auch die Leseprobe
auf den folgenden Seiten.

SAMIRA

Niemand mag den Montagmorgen.

Ganz besonders nicht mit einem Brummschädel vom Weihnachtspunsch und abgefrorenen Fingern, die kaum den Schlüssel spüren, der in den schmalen Schlitz des Schlosses gesteckt werden soll.

Ihr Blick fällt auf das Messingschild, auf dem in schnörkeliger Schrift »*Frank, Fürstenstein & Ferstl, Rechtsanwälte und Verteidiger in Strafsachen*« steht. Wieder ein Jahr vorbei, ohne in ihrem Lebensplan weitergekommen zu sein. Samira seufzt. Wenn man in Wien Samira Dinic heißt, glauben alle, man ist Putzfrau oder Friseurin. Samira jedoch hat etwas aus sich gemacht – hat die Sekretärinnenakademie besucht, einen guten Job an Land gezogen und endlich auch Aussichten auf eine gute Heirat. Wobei, das mit der Heirat ist zum Problem geworden. Egal. Das neue Jahr wird ihr Neubeginn. Keine Spielchen mehr, dafür Nägel mit goldenen Köpfen machen.

Licht an, die Bühne ist bereit für das alltägliche Theaterspiel der Justiz. Mantel an den Haken, Mütze und Handschuhe zum Trocknen auf den Heizkörper. Er ist brennheiß. Im ganzen Vorraum kocht die Luft. Muffig, mit einem leichten Anflug von Fäkalien. Die Tür zur Toilette war geschlossen, und die Porzellanmuschel ist sauber, trotzdem betätigt Samira zur Sicherheit die Spülung. Diese Hitze! Der Thermostat ist auf 30 Grad Celsius eingestellt; kopfschüttelnd tippt sie eine 20 ein, klappt das Kästchen zu. Es fehlt an Sauerstoff, Schweiß klebt die Bluse unter ihren Achseln fest. Sie geht ins Sekretariat, lässt Winterluft hereinströmen, atmet auf. Radio an, gerade noch die Acht-Uhr-Nachrichten erwischt. Es bleibt kalt. Zeit für Kaffee.

In der Teeküche ist die Spüle randvoll mit Geschirr. Also haben die Anwälte am Wochenende gearbeitet und wie üblich den Geschirrspüler nicht gefunden. Sie füllt den Tank der Espressomaschine mit frischem Wasser und lässt Kaffeebohnen durch das Mahlwerk rasseln. Nebenher wird der Geschirrspüler ausgeräumt. Im Kühlschrank finden sich zwei Milchpackungen. Einem Caffè Latte steht nichts im Weg, dieser Montag ist gerettet.

Mit dem Kaffeeglas in der Hand macht Samira ihre Runde durch die Büros ihrer Chefs, öffnet die Fenster, nimmt unterwegs eine schmutzige Kaffeetasse mit und geht damit in die Teeküche. Bis zum Erscheinen des ersten Anwalts um 9.30 Uhr hat sie noch reichlich Zeit.

»Der Weihnachtsbaum also«, spricht sie mit sich selbst. Siegfried Fürstenstein hat zwar versprochen, das alljährliche Baumschmücken zu übernehmen, doch in den fünf Jahren ihrer Tätigkeit für die Anwaltskanzlei hat am Ende immer sie selbst den Baum aufgeputzt.

Vorraum oder Besprechungszimmer sind die möglichen Standorte für die Tanne, und dieses Jahr hat sich wegen der extrem ausladenden Zweige das Besprechungszimmer durchgesetzt. Kein Wunder, der Raum ist riesengroß, größer als Samiras eigene Wohnung. Bei Bedarf übernachten die Anwälte hier. Es gibt zwei Schlafsofas, einen Flachbildschirm, Barbereich und

einen ovalen Besprechungstisch. Ein dicker Wollteppich liegt auf dem Eichenparkett wie eine verirrte
Wolke. Sogar ein eigenes Bad steht zur Verfügung. Und
immer noch reichlich Platz für einen Dreimeterbaum.

Samira nimmt einen Schluck Kaffee und stößt die
Tür auf. Beißender Gestank, durch die hohe Tempe-
ratur im Raum verstärkt, raubt ihr den Atem – eine
Mischung aus Ammoniak, Schwefel und Butter-
säure – haben sich die Tore der Hölle geöffnet, just
in der heiligsten Zeit des Jahres? Wenn, dann treffsi-
cher in einer Rechtsanwaltskanzlei, verzieht Samira
angewidert das Gesicht und hält sich den Arm vor
Nase und Mund, hastet auf ein Fenster zu, um es aufzureißen. Erleichterung setzt ein, als die frische Luft
ins Zimmer strömt.

Im Nacken fühlt sie ein Befremden, ein Prickeln
und Nagen; sie möchte sich umwenden, scheut jedoch
davor zurück. Das dämonische Gefühl entwickelt ein
Eigenleben, bläht sich wie eine Kröte auf, droht zu
platzen. Irgendetwas stimmt heute ganz und gar nicht,
und ohne es zu wissen, ist sie dem Epizentrum der
Ungeheuerlichkeit ganz nahe gekommen, das weiß
irgendeine geheime Instanz in ihrem Kopf. Samiras
Härchen an Armen und Beinen richten sich auf, sträu-
ben sich gegen die Vorahnung, die jede Zelle ihres Körpers erfasst. Das Kaffeeglas in der Hand zittert in der
eisigen Luft, die ihre Frisur zerzaust. Aus dem Radio
im Sekretariat schmettert »Last Christmas« herüber,
ganz normal, ganz alltäglich. Alles nur Einbildung,
Fantasterei, redet sie sich gut zu. Samira dreht sich
um, sieht zuerst die silberne Spitze der Tanne, folgt

mit dem Blick der Lichterkette, die nur eine Hälfte der Zweige bedeckt.

Die untersten Äste berühren Männerbeine, das Gesicht ist im zentimetertiefen Wollteppich verborgen, die Arme sind angewinkelt, die Hände zum Hals ausgerichtet. Der Hals … Samiras Brust hebt sich, saugt Luft in die Lungen, atmet gegen das Schwarz an, das in sie eindringen will. Diesen dunkelblonden Haarschopf kennt sie, der weiße Hemdkragen, das Muttermal hinter dem Ohrläppchen … Sie hat es tausendmal geküsst, weil es ihn stets erregte und zu neuen Taten anstachelte. Jetzt zieht ein dünnes Kabel eine tannengrüne Trennlinie rund um den Hals, und Splitter von Glaslämpchen schneiden in die lila Haut. Darm und Blase haben ihre Dienste längst eingestellt und sich entleert. Marionettenfäden zwingen sie näherzukommen. Die Beine bewegen sich mechanisch. Sie sieht den Körper auf der weißen Wolke. Kein Arzt der Welt kann ihm mehr helfen – sie weiß es. Ihre Hände sind taub, das Glas entgleitet, verspritzt seinen Inhalt über Leiche und Teppich.

»Siegfried?« Ihre Stimme krächzt den Namen des Geliebten. »Siegfried?« Auf Knien kauert sie über seinem Leichnam. Berührt sachte seine Schultern, sein Haar, starrt wie hypnotisiert auf das Kabel, das um seinen Hals läuft. Ihre Kehle ist trocken. Er ist tot. Tot, ohne Zweifel, ohne Rückkehr. Das kann nicht sein. Jetzt rüttelt sie an seinen Schultern, hört sich »Nein« schreien, zieht und zerrt, bis er sich herumwälzen lässt und ausdruckslose Augen sie anstarren. Alles in ihr bäumt sich auf, Säure in ihrer Kehle lässt

sich nicht aufhalten. Kaffee und heller Frühstücks-
brei ergießen sich über das Unfassbare. Keuchend liegt
sie auf die Unterarme gestützt neben ihm, fühlt nur
die Krämpfe in Magen und Gedärm. Alle Gedanken
sind abgeschnitten, dumpfer Wahnsinn breitet seine
Schwingen über ihren Verstand. Er wird an Siegfrieds
statt bei ihr bleiben.

KAPITEL EINS

1. ADVENTWOCHE

Ganz Wien war weihnachtssüchtig.

Im August Lebkuchen, ab September Lametta, und spätestens der Oktober brachte Adventskalender und Nikoläuse in jeden Supermarkt; Weihnachten hatte den Vorlauf einer Fußballweltmeisterschaft. Mitte November schossen die Punschstände und Christkindlmärkte aus jedem unbebauten Flecken Asphalt mitsamt den dazugehörigen, dicht gedrängten Pulks an Menschen. Man musste schon einen starken Glauben haben, um das auszuhalten – welchem man auch immer frönte – lediglich an die Vernunft der Menschheit zu glauben, reichte jedenfalls nicht aus.

Franziska schob die Mütze tiefer in die Stirn und zog den Reißverschluss ihrer Jacke ganz nach oben. Die letzten zwei Geschenke einkaufen, und Weihnachten wäre erledigt, dann stand einem vollständigen Rückzug aus den Einkaufsstraßen und Marktplätzen für die kommenden vier Wochen nichts mehr im Wege. Ein weiterer Pluspunkt ihres Entschlusses, mit kommendem Jahr auszusteigen und sich einen vorzeitigen Ruhestand zu gönnen. Keine panischen Weihnachtseinkäufe am 23. Dezember mehr, sondern am Vormittag shoppen, wenn alle anderen arbeiteten. Wenigstens war es in dieser ersten Adventwoche eiskalt. Nichts war schlimmer, als bei plus 15 Grad Cel-

sius an jeder Ecke den Geruch von Glühwein ein-
zuatmen und unentrinnbar von Weihnachtsliedern
beschallt zu werden. Aber was soll die ganze Nörgelei,
Ziska, rief sie sich selbst zur Raison, ist die Alterna-
tive vielleicht verlockender? Durchgehende Düsternis
von Oktober bis März? Dann schon lieber Lichter-
zauber und Glitzerkram mangels echtem Schneefall.
Das grimmige Grinsen in Franziskas Gesicht weckte
das Interesse eines Zettelverteilers an der Ecke zur
Rotenturmstraße.

»Kommen S' zum Stadttheurigen. Ein Punsch gra-
tis!«

»Nicht mal wennst mir einen Liter spendierst, Bur-
schi«, zwinkerte sie dem Jungen im Vorbeigehen zu
und nahm den Gutschein nicht entgegen. Er schmunzelte und ließ den Zettelarm sinken.

»Du kennst di' aus, Omi.«

»Pass auf, was d' sagst!«, drohte sie ihm mit dem
Zeigefinger und lachte amüsiert auf. Omi, sagt der zu
mir. Junghupfer! Ich bin doch erst … Franziska dachte
an ihr Geburtsjahr und schürzte die Lippen. Rein rech-
nerisch gesehen war sie fast 60, aber mental – höchstens 28. Sie blickte nach oben; die überdimensionalen
Glitzerkugeln der Rotenturmstraße baumelten, roten
Planeten gleich, träge im Wind. Als wäre das alles ein
großes Bordell – und mit diesem Bild im Kopf genoss
Franziska den Einkaufsbummel gleich um ein Viel-
faches.

»Guten Morgen, Frau Doktor!«, rief ihr die Betrei-
berin des Teeladens in der Wollzeile entgegen, kaum
dass sie den Fuß über die Schwelle setzte. »So früh

haben S' ja noch nie die Weihnachtspackerln abgeholt.« Ausgewählte Spirituosen kombiniert mit einer speziellen Teemischung kamen jedes Jahr gut bei der Stammklientel der Kanzlei an.

»Das geht auch nur, weil ich die Juristerei an den Nagel gehängt habe. Ein bisserl unterstütze ich noch die Kollegen …« Franziska bemerkte die Wehmut in ihren Worten und senkte den Blick auf die Hände der Ladenbesitzerin. Aus einer Teekanne goss diese jadefarbigen Tee in zwei Schalen.

»Ein China Oolong, ganz neu hereinbekommen. Den werden Sie lieben. Würzig und fruchtig, voller Körper.« Sie hielt ihr die dampfende Schale hin. Vorfreude erfüllte Franziska bei dem Gedanken, die steif gefrorenen Finger daran zu wärmen. »Nicht zu fassen, dass Sie mit dem Ruhestand ernst gemacht haben. Sie waren doch mit Ihrem Job verheiratet«, ergänzte sie und schob einen Porzellanteller voller Miniaturkekse näher zu Franziska. »Zimtstern?«

»Gesundheit geht vor.« Franziska nahm einen kräftigen Schluck und genoss die sich ausbreitenden Wellen an Wärme und Wohlgefühl. »Ich mache seit sechs Monaten täglich Sport. So fit war ich mit 20 nicht.« Was so eine Brustoperation alles auslösen konnte. Ein gesamtes Lebenskonzept war mit einem Streich hinfällig geworden. Sie hatte sich neu erfinden müssen, feilte nach wie vor an dieser ungewohnten Form ihrer selbst. »Allerdings, aus einem Fiakergaul macht man nicht von heute auf morgen einen Lipizzaner.«

Die Ladenbesitzerin gurrte das Lachen der Solidarität. »Sie sind mein Vorbild, Frau Ferstl. Noch zwei

Jahre und ich übergebe das Geschäft meinem Nach-
folger. Dann genießen mein Mann und ich endlich,
was wir uns aufgebaut haben. Bevor es zu spät ist.«

»Genau das habe ich auch vor«, stimmte Franziska
zu, »im Frühling geht's auf nach Südfrankreich.«

»Ernsthaft?« Der Nachsatz – in ihrem Alter – hing
zwischen den Frauen. »Mit dem Motorrad?«

»Kein Motorrad – auf meiner Harley Davidson.
Ein feiner, alles entscheidender Unterschied.« Einer
Burgtheater-Inszenierung gleich ertönte just im sel-
ben Moment aus Franziskas Handtasche die Hymne
»Born to be wild«. »Pardon«, entschuldigte sie sich
und kramte das Handy hervor. Die Ladeninhaberin
wandte sich ab, holte die vorbereiteten Tragetaschen
aus der Abstellkammer.

Am Display stand das Wort »Kanzlei«.

»Ferstl«, meldete sich Franziska gewohnt scharf.

»Frau Doktor, sind Sie in der Nähe?« Das Lehr-
mädchen war am Apparat, Franziska erkannte sofort
den schwerfällig-schleppenden Tonfall mit dem zar-
ten Lispeln. Ein schlechtes Zeichen allemal, die Kleine
ließ man nur in Notfällen telefonieren.

»Nathalie, was ist los? Ist wer krank?«

»Krank? Wieso?«, kam es verwirrt von der anderen Seite der Leitung, und Franziska verdrehte reflexartig die Augen zur Decke. »Nein, Frau Doktor. Es
ist viel schlimmer. Kommen S' bitte. Gleich. Ich weiß
einfach nimmer, was ich tun soll …« Die Verbindung
riss ab. Franziska lauschte dem Besetztzeichen nach
und versuchte, sich einen Reim auf diese wirre Ansage
zu machen. Nathalie Pospischil konnte man durch-

aus als eigenartiges Mädchen bezeichnen. Sie hatte schwarz gefärbtes Haar, kajalschwarze Augen, natürlich gleichfarbigen Nagellack. Die Tattoos immerhin waren grau und genauso düster, wie kleine Totenköpfe und Drudenfüße nun eben mal aussehen. Derart seltsam wie eben hatte Franziska sie jedoch noch nie erlebt.

Die Rechnung war rasch beglichen, und Franziska verabschiedete sich von ihrer Teefreundin mit einem kurzen Gruß, in Gedanken schon in der Kanzlei.

»Die anderen Taschen holt das Lehrmädel?«, fragte die Ladenbesitzerin.

»Wenn sie nicht komplett übergeschnappt ist, jedenfalls. Ich schau mal besser nach.« Damit trat Franziska zurück auf die Straße, nur wenige Gassen von ihrer ehemaligen Kanzlei und einer Katastrophe biblischen Ausmaßes entfernt.

*

Das Neueste aus der Gmeiner-Bibliothek

Unser Lesermagazin

Bestellen Sie das kostenlose Krimi-Journal in Ihrer Buchhandlung oder unter www.gmeiner-verlag.de

Informieren Sie sich ...

www ... auf unserer Homepage:
www.gmeiner-verlag.de

@ ... über unseren Newsletter:
Melden Sie sich für unseren Newsletter an unter www.gmeiner-verlag.de/newsletter

... werden Sie Fan auf Facebook:
www.facebook.com/gmeiner.verlag

Mitmachen und gewinnen!

Schicken Sie uns Ihre Meinung zu unseren Büchern per Mail an gewinnspiel@gmeiner-verlag.de und nehmen Sie automatisch an unserem Jahresgewinnspiel mit »mörderisch guten« Preisen teil!

GMEINER SPANNUNG